KB129672

히토가미신앙의 계보

사람을 신으로 섬기는 신앙

ヒトガミ信仰の系譜

히토가미신앙의 계보

사람을 신으로 섬기는 신앙

사토 히로오 지음

권해주 · 성해준 옮김

學古房

저자 서문

「『ヒトガミ信仰の系譜』韓国語版序文」

佐藤弘夫

今日、世界的規模で人文科学の学問が壁に突き当たっていることは、多くの識者の指摘するところです。人文科学の究極の目的は、人間というこの不可解な存在の本質を解き明かすところにあります。今日存在する哲学・歴史学・文学といった学問分野は、いずれもこの課題に解答を提示することを最終的な目的としていたはずです。しかし、残念ながらそうした学問の本来の目標は忘れられ、個々の学問分野の維持そのものが目的化しているのが学界の現状です。

21世紀に生きる私たちは、かつて近代の草創期に思想家たちが思い描いたような、直線的な進化の果てに生み出された理想社会にいるのではありません。近代化は人類にかつてない物質的な繁栄をもたらす一方で、人間の心に、昔の人が想像もしえなかったような無機質な領域を創り出してしまいました。いま世界中で問題になっている異常なナショナリズムや民族差別もそこから生まれてきたものです。原子力発電所の事故や環境汚染も、根本的な要因は人間の心の劣化にあると私は考えています。

この問題の深刻さは、それが文明の進歩に伴って浮上したものだということです。いまそこにある危機が近代化の深まりのなかで顕在化したものであれば、人間中心主義としての近代ヒューマニズムを相対化できる長いスパンのなかで、文化や文明のあり方を再考していくことが必要です。人類が直面している課題と危機を直視しつつ、人類が千年単位で蓄積してきた知恵を、近代化によって失われたものをも含めて発掘していくこと、それこそがいま人文科学に求められている任務であると私は考えています。私たちはいま、「人間とはいったいなにか」という問題を追究する人文科学の原点に立ち返る必要があるのです。

広く現在の人文科学の分野の現状を見渡したとき、方法や視座の面において、アジアの学界は欧米のアカデミズムに対し圧倒的な輸入超過の状況にあります。欧米の研究者が作り上げたルールに従って競技に参加するプレイヤーの地位に甘んじているのが、いまのアジアの研究者の現状です。

私たちはなによりも世界的レベルでのルール作りに参加できるまで、自分たちの研究の水準を引き上げていく必要があります。そのためには既存の学問分野の棲み分けに甘んじていてはいけません。積極的に他分野と関わり、脱領域的研究の舞台に打って出ていかなければならない。たとえ限られたフィールドであっても、世界に通用する方法と視座を求めて、私たちの足下をどこまでも深く掘り下げていく不断の努力が求められているのです。それが必ずや政治を超える、学問の持つパワーを再生させるエネルギーになっていくに違いありません。

本書が私の敬愛する東明大学校の成海俊教授の手によって翻訳され、韓国の関心あるみなさまの目に触れることを心より嬉しく思います。これまで地球上のあらゆる民族において、宗教を持たない民族は存在しませんでした。カミは地域や国境を超えた比較研究を推し進めていく上で、格好の素材です。韓国でもこの分野では豊富な研究成果が蓄積されているものと思います。今後志を同じくする韓国の研究者の皆様と、ぜひ共同研究を進めていけることを念願しています。そして、その成果を共に世界に向けて発信していくことを強く希望しています。

本書は「How Like A God- Deification in Japanese Religion」というタイトルで、英訳版もまもなく刊行される予定です。本書が二種類の言語に翻訳されて、世界の人々の目に触れることは、私にとって何よりの喜びです。成教授をはじめ、翻訳と出版の作業に関わっていただいたすべての人々に、改めて深く感謝申し上げます。

「한국어판 저자 서문」

사토 히로오

오늘날 세계적으로 인문과학이라는 학문이 벽에 부딪치고 있는 것은 이미 많은 지식인들이 지적하고 있는 대로입니다. 인문과학의 궁극적인 목적은 인간이라고 하는 불가사의한 존재의 본질을 해명하는 것에 있습니다. 오늘날 존재하는 철학·사학·문학이라고 하는 학문분야는 모두 이 과제에 해답을 제시하는 것을 최종 목적으로 하고 있습니다. 그러나 유감스럽게도 이러한 학문의 본래 목표는 잊혀지고, 개개 학문분야의 유지 그 자체가 목적화 되어 가는 것이 학계의 현실입니다.

21세기를 살아가는 우리들은 근대 초창기에 사상가들이 생각해낸 것과 같이 직선적인 진화의 끝에 생겨난 이상사회에 있는 것은 아닙니다. 근대화는 인류에게 이전에 없던 물질적인 번영을 가져온 한편 인간의 마음에 옛날 사람들이 상상 할 수 없었던 무기질(無機質)적인 영역을 만들어 내고 말았습니다. 지금 세계적으로 문제가 되는 비정상적인 내셔널리즘이나 민족차별도 거기서 생겨난 것입니다. 원자력발전소 사고나 환경오염도 근본적인 요인은 인간 마음의 열등화에 있다고 나는 생각합니다.

이 문제의 심각성은 그것이 문명의 진보에 동반하여 부상한 것이라는 점입니다. 지금의 위기가 근대화의 심화가운데에서 현재화(顯在化)한 것이라면 인간 중심주의로서의 근대 휴머니즘을 상대화 할 수 있는 긴 거리 가운데에서 문화나 문명의 존재방식을 재고해야할 필요가 있습니다. 인류가 직면하고 있는 과제와 위기를 직시하면서, 인류가 천년단위로 축척해온 지혜를 근대화에 의해서 잃어버린 것을 포함하여 발굴해

가는 것, 그것이야 말로 지금 인문과학에 요구되는 임무라고 나는 생각합니다. 우리들은 지금, 「인간이라고 하는 것은 도대체 무엇인가」라고 하는 문제를 추구하는 인문과학의 원점으로 되돌아 갈 필요가 있습니다.

현재의 인문과학 분야의 현상을 널리 살펴보면 방법이나 시좌(視座)의 면에서 아시아의 학계는 서구의 아카데미즘에 대해 압도적인 수입초과 상황에 있습니다. 서구의 연구자가 만든 규칙에 따라 경기에 참가하는 선수의 지위에 만족하고 있는 것이 아시아 연구자의 현상입니다. 우리들은 무엇보다도 세계적인 레벨의 규칙제정에 참가할 수 있을 때까지 자신들의 연구 수준을 끌어올릴 필요가 있습니다. 그렇게 하기 위해서는 기존의 학문분야의 구분에 만족하고 있어서는 안 됩니다. 적극적으로 다른 분야와의 관계를 구축하여 탈영역적 연구 무대에 나아가지 않으면 안 됩니다. 예를 들어 한정된 필드라 하더라도 세계에 통용되는 방법과 시좌를 구축하여 우리들의 발밑을 끊임없이 깊이 파고 들어가는 부단한 노력이 요구되고 있습니다. 그것이 반드시 정치를 초월한 학문이 가지는 힘을 재생시키는 에너지가 될 것으로 확신합니다.

본 서적은 내가 경애하는 동명대학교 성해준 교수의 손에 의해 최종 번역되어 한국에서 여러분들이 접할 수 있게 된 것을 진심으로 기쁘게 생각합니다. 지금까지 지구상의 모든 민족에게 있어 종교를 가지지 않은 민족은 존재하지 않았습니다. 가미(カミ)는 지역이나 국경을 넘어 비교연구를 추진하기에 좋은 소재입니다. 한국에서도 이 분야에 풍부한 연구 성과가 축척되어 있을 것으로 생각합니다. 앞으로 뜻을 함께 하는 한국 연구자분들과 반드시 공동연구를 진행할 수 있기를 염원합니다. 그리고 그 성과를 함께 세계를 향해서 발신해 나갈 것을 간절히 희망합니다.

본 서적은 「How Like A God- Deification in Japanese Religion」 이라고 하는 제목으로 영어판 번역도 곧 출판될 예정입니다. 본 서적이 두 종류의 언어로 번역되어 세계의 사람들이 접할 수 있게 된 것은 나에게 있어서 무엇보다도 큰 기쁨입니다. 성해준 교수와 권해주 교수를 비롯하여 번역과 출판 작업에 관계한 모든 분들에게 다시 한 번 깊이 감사드립니다.

역자 서문

이 책의 저자인 사토 히로오(佐藤弘夫) 교수는 불교학 전공으로 일본 도호쿠대학 일본사상사 연구실에서는 살아있는 부처로 불리는데, 이 호칭은 그의 인품과 연구 태도를 한 마디로 압축한 말이다.

이 책은 그가 중년을 넘기면서 스스로 설정한 테마인 「죽음」과 「신」에 대한 오랜 연구의 결과물이기도 하다. 역자가 도호쿠대학에서 유학하던 시절 일본사상사 연구실에서 공부하던 우리들은 비가 오나 눈이 오나 밤늦게까지 꺼지지 않던 그의 연구실 불빛을 등대로 삼아 각자의 연구에 매진하였다. 그의 두 개의 연구 테마인 「죽음」과 「神」은 인문과학의 목적인 「인간」이라는 이 불가사의한 생물의 본질을 해명하려고 한다는 점에서 매우 중요하다. 죽음은 인간이라면 누구나 피할 수 없는 숙명이다. 또한 신은 먼 과거로부터 현재까지 일관되게 사람들과 함께하는 파트너이다. 사토교수는 이러한 문제를 추상적인 차원에서 논하는 것이 아니라, 직접 일본열도의 고고학 현장과 현지에서 조사한 구체적인 자료를 바탕으로 해명하였다. 죽음에 대해서는 이미 2008년에 『사자의 행방(死者のゆくえ)』(岩田書院), 한국어 번역 『일본 열도의 사생관』(도서출판 문, 2011)으로 출판하였다. 『神國日本』(ちくま新書), 한국어 번역 『신국일본』(논형, 2015) 출판 이후 「神」 문제에 집중하여 본 역서의 원서인 『ヒトガミ信仰の系譜』(岩田書院, 2012)를 출간하였다. 특히 이 책은 저자인 사토교수가 살고 있는 센다이(仙臺)에서 2011년 3월 11일 일어난 동일본 대지진으로 생사의 문턱을 넘은 후의 어려움 속에서 출간한 것으로 신에 대한 진지한 역사적 사유가 담겨있다.

이 책의 내용은 조몬시대부터 에도막부 말기까지 일본열도의 히토가미 탄생과 변모의 발자취를 구체적으로 고증한 것이다. 그 단서가 되는 초기 일본열도의 사람들에게 있어서 인간이 갖지 못한 능력을 소유한 뱀 · 여우 · 곰 등의 동물이나 거대한 바위나 오래된 고목 · 천둥 · 화산분화 등의 자연현상은 그 자체가 가미로서 두려움의 대상이었다. 이렇게 개개현상을 가미로 보는 원초적인 가미 관념에서 그 배후에 다마(魂) 등으로 불리는 영이를 일으키는 추상적 · 근원적 존재로서의 가미를 상정하는 단계로 나아갔다. 이러한 전환은 지금부터 약 4천 년 전 조몬시대(縄文時代) 후기부터 서서히 진행되었다. 조몬 토기를 대표한 토우는 본래 인간을 모방해서 만들었지만 조몬시대 후기가 되면 하트 모양 토우나 차광기 토우 등 사람과 전혀 다른 형상을 가진 작품들을 만들었다.

야요이시대(弥生時代)에는 가미의 의지처로서 나무나 가미를 모시는 신전, 제사 주재자로서 무속인이 그려졌으며, 가미 그 자체가 표현되는 일은 없었다. 즉 가미가 추상화된 것이다. 당시 가미는 대체로 저쪽에 있다는 기준은 있어도 어느 한 곳에 머무르는 일은 없었다. 이러한 관념을 전제로 일본열도에서 최초로 사람을 가미로 모시고자 한 명확한 실체는 전방후원분이다. 전방후원분은 가미가 산에 산다는 당시 통념을 전제로 하여 수장한 영을 새로 탄생한 국가전체의 수호신으로 모심과 동시에 그 거주지를 인공적으로 만들어내고자 하는 장치였다. 제사도 봉분 자체를 산기슭에서 숭배하는 형식이 아니라 봉분 주변에서 그 때마다 조령을 의지처로 권청(勸請)하여 행하는 방법이었다.

당나라나 신라에 대항할 만한 강력한 왕권 확립을 목표로 한 이 시기에 국가가 취한 방책은 왕을 성스러운 존재로 높이는 것이었다. 이 목적을 실현하기 위해 천황이란 칭호가 채용되었고, 아마테라스 오미카미로 부터 당대에 이른 신의 계보가 만들어졌다. 그리하여 천황은 사후에도 산릉에 머물며 국가를 수호해 나가는 천황령으로 여겨졌다. 이후 죽은 자가 가미가 되어 자손을 지킨다는 관념은 국가방침 아래 체계화 · 가시화되었다. 이것이 바로 히토가미 신앙의 원류라고 할 수 있다.

중세 히토가미 신앙은 불교적인 세계관의 보급과 함께 선택된 사람들이 본지수적 구조에 포함되어 이승과 저승을 잇는 구제자의 구조를 가지고 있었다. 그러나 근세에는 중생들을 피안으로 인도하는 역할이 면제되어 히토가미들은 사회에서 활동하는 자리와 기능을 비약적으로 확대하였다. 이제 히토가미는 보통 인간과 그 본질을 달리하는 존재가 아니었다. 근원적 존재의 빛을 받아서가 아니라 스스로 내적인 성스러운 성품을 발현시킴으로써 누구나 상황에 따라 가미가 될 수 있는 시대가 도래 한 것이다. 근세에 들어와 먼저 신이 된 자는 도요토미 히데요시나 도쿠가와 이에야스와 같은 천하인이었다. 에도시대 후기에는 신분에 관계없이 극히 평범한 사람 누구나가 가미가 될 수 있었다. 그러나 실제로 신으로서 모셔지기 위해서는 남을 위해 목숨을 바친다고 하는 영웅적인 행위가 필요하며 일반사람들이 주체적으로 그것을 실천하는 것이 쉬운 일은 아니었지만 민중종교의 교조들은 대부분 신으로 자처했다. 근대 메이지 정부는 히토가미로 모셔지기를 원하는 사람들의 욕구를 신국가의 정신적 기축으로 여긴 천황에 대한 귀의로 연결시켰다. 즉, 막부 말기의 내란으로 목숨을 잃은 관군 병사들을 충혼사에 모신 것이 그 첫 시도였다. 이 전사자들은 천황을 위해 목숨을 바쳤기 때문에 신으로 모셔졌다. 그러므로 이들은 호국의 신이 되어 그들 위의 신인 「아라히토가미(現人神)」, 즉 천황 곁에 머물면서 그 위업을 영원토록 칭송받게 되었다. 그곳이 바로 야스쿠니신사이다.

이러한 히토가미의 내력을 이데올로기에 치우치지 않고 학자적인 양심으로 역사적인 관점하에 논리적 · 객관적인 시각으로 전개한 것이

본 서적이다. 본 서적과 관련된 사토교수의 죽음과 신의 연구 시리즈는 일본 학계에서 많은 주목을 받고 있는 동시에 서양인들에게도 일본인의 사생관 이해의 좋은 길잡이가 되고 있다. 그 결과 한국에서 본 서적이 번역 출판됨과 거의 동시에 미국에서도 영문판으로 출판될 예정이다. 아무쪼록 본 역서가 일본인의 사생관 및 신관념의 총체적인 이해에 많은 도움이 되었으면 한다.

끝으로 이 책의 공동번역자로 번역을 위한 강독세미나를 지도한 경상대학교 권해주 교수님과 그 세미나에 참여하여 함께 고생한 경상대학교 대학원 일본학과 일본문화 세미나실(이현숙, 하야시 유미코, 요시다 마사요, 전은영, 하타사 타에, 오자키 타카에, 김미영, 곽성자, 박지은, 히로세 에이코, 홍고 타미오) 대학원생 여러분들의 노고에게도 깊은 위로와 감사의 마음을 전한다. 또한 이 책의 출판을 흔쾌히 허락해 주신 학고방(學古房) 출판사의 하운근 사장님을 비롯하여 장기간의 번거로운 교정 작업을 함께해준 명지현 디자인팀장님의 노고에도 심심한 감사의 뜻을 전한다.

2016년 3월 吉日

역자 삼가 씀

목차

서장

사람이 신이 되는 것

평소 우리와 함께 생활하면서 희노애락을 같이 하던 사람, 그러한 사람이 죽은 후에 어느 정도의 기간이 지나면 일정 조건하에서 모셔지게 된다. 보통은 종래의 전통방식에 따라 특정 토지의 하나의 신으로 소중히 모시면서 숭배하는 것이 최근까지의 일본 풍습이었다는 것을 일본인이라면 누구나 알고 있을 것이다.[1)]

가미カミ를 찾는 인간

인류역사를 되돌아보면 일반적으로 이 지구상에서 종교를 가지지 않은 종족이나 민족은 없었다. 역사시대보다 아득히 먼 이전부터 인간을 초월한 어떤 존재(일본의 신과 구별하기 위해서 본 서적에서는 가미(カミ)라고 표기하고자 한다.)를 인식하고 그 모습을 찾으며 그 목소리에 귀를 기울여왔다. 이러한 것을 생각하면 종교를 가진다는 것, 그 자체가 인간과 다른 동물을 구별하는 기준이라는 지적이 보

1) 야나기타 구니오(柳田国男) 『사람을 신으로 숭배하는 풍습(人を神に祀る風習)』

다 정확한 표현이라는 생각이 든다. 그렇다고 해도 우리는 왜 가미를 필요로 하는 것일까. 무엇 때문에 그렇게도 집요하게 가미를 찾아 헤매는 것일까.

처음부터 가미가 존재했다고 믿는 종교인의 입장에서 본다면 그러한 의구심은 논할 가치가 없을 것이다. 가미의 실재를 전제로 하는 일련의 시각에 대해 나는 처음부터 부정할 생각은 추호도 없다.

왜 사람은 자연에서 신의 모습을 보는 것일까
(나라, 사루다히코 신사(奈良, 猿田彦神社)

그러나 여기에서는 그러한 입장을 취하지 않을 생각이다. 본 서적의 목적은 가미의 탄생과 성장을 학문적인 시각에서 객관적으로 파악하는 것이다. 「처음부터 가미가 있었다.」가 아니라 일본열도의 아득히 먼 과거에 어두컴컴한 인간의 마음 한구석에서 초월적인 것이 싹트기 시작하여 언제부터인가 모습을 나타내고 결국 인간은 그 초월적인 존재 앞에 무릎 꿇게 되는 과정을 구체적인 자료에 근거하여 명확하게 밝혀나가는 것이 본 서적의 지향 목표이다.

그것은 인간에게 가장 중요한 동반자였던 가미의 정체를 추구하는 작업인 동시에 항상 가미를 필요로 해왔던 인간이라고 하는 불가사의한 존재의 본질에 다가가기 위한 중요한 첫 걸음이 될 것으로 믿는다.

인지과학認知科学이 밝힌 것

이미 언급한 것과 같이 동서고금 세계 어느 나라에서도 가미(カミ)를 가지지 않은 나라는 없었다. 특히 그중에서도 전근대 사회에서의 종교는 압도적으로 큰 의미와 역할을 가지고 있었다. 그 때문에 가미를 신앙의 대상으로 하는 사람들 사이에서 뿐만 아니라 학문의 세계에서도 가미는 지속적으로 중요한 연구테마로 여겨져 왔다. 또한 중세의 신학이나 종교학에서는 가미의 존재를 증명하는 것이 가장 중요한 과제였다. 근대에 들어와서는 철학·역사학·문학·미술사학·건축학·종교학 등의 학술분야에서도 가미와 관련된 연구가 시작되었다. 이러한 여러 학문분야에서 「방대하다」라는 말로밖에 표현 할 수 없는 수많은 연구가 발표되어 그 연구업적이 축적되어

왔다.

그러한 연구 성과에 대해서는 본문에서 차차 언급 할 예정이다. 단지 여기에서 미리 한 가지 언급하여 두고자 하는 것은 최근에 이 문제와 관련하여 가장 큰 영향력을 발휘하고 있는 방법론중의 하나인 인지고고학에 관한 것이다.

고고학을 포함한 종래의 역사과학의 연구방법은 구분과 분류에 있다고 할 수 있다. 이 지구상에는 수많은 생물이 살아 숨 쉬고 있으며, 그 생물 중의 하나인 인간도 여러 민족으로 분리되어 각각 고유의 역사와 문화를 가지고 있다. 이러한 것들을 상호 비교하여 각 문화의 독자성을 부각시킴과 동시에 어떤 지표(指標)에 따라서 그것들을 계통적으로 분류하고, 그러한 다양한 문화의 내력과 그 출현 유래를 과거의 역사 속에서 찾아간다. 이것이 현재의 역사학, 특히 그 중에서도 문화사라고 불리는 학문분야의 주류를 이루고 있는 연구방법이다.

그러나 인지고고학은 그러한 방법을 취하지 않는다. 인지고고학이 주목하는 것은 다양성이 아니라 생물의 분류구분으로서의 인간이라는 속(屬)이 가지는 인지구조의 공통성이며 사람이 진화하는 과정에서 획득한, 어떤 발전단계에 있어서의 심적 작용의 보편성이다.

지금 지구상에는 얼굴색이나 언어가 다른 많은 인종과 민족이 살고 있다. 언뜻 보면 사람으로서의 본연의 모습에는 한 시대만 보아도 다양성이 있는 것처럼 보인다. 그러나 사람을 인간이라는 하나의 속(屬)으로 묶어 생각하면 인종이나 지역을 초월한 놀라운 공통성을 찾을 수 있다. 시각이나 청각, 언어취득능력 등 기초적인 인지능력에 있어서는 인종에 의한 구분은 거의 의미가 없다. 올림픽이나 과학경연대회에서 서로 다른 인종이 동일한 조건하에서 능력을 겨루는 것이 가능한 것은 이 때문이다.

인지고고학이 중시하는 것은 이 속(屬)이라는 차원에서의 인지구조의 공통성이다. 본 서적의 테마인 가미에 대해서 말하자면, 지금부터 3~4만 년 전의 것으로 상반신이 사자의 모습을 한 조각상이나 동굴벽화 등, 현실에 존재하지 않으면서, 실제 생활에 도움이 되지 않는 것들이 세계 각지에서 등장한다. 일만 년 전에는 장례의식이 널리 행해진 흔적이 나타난다. 이러한 것은 인간을 초월한 어떤 존재의 인지와 밀접한 관계가 있는 현상이며 종교적 사고의 원형이라 불러도 좋을 것이다.

인지과학에서의 설명에 의하면 이러한 심적 능력은 지금부터 6만 년 전쯤, 이 지구상에 등장한 현생인류(호모사피엔스)의 뇌 속에서 일어난 인지구조의 혁명적인 변화에서 유래하는 것이었다. 빅뱅[2]이라 불리는 이 변혁을 거쳐 사람은 신을 인식하는 능력을 처음으로 획득했다. 이후 인간사회의 복잡하고 다양한 전개, 그 모든 것의 단서는 이 사건에 의거하였다.[미즌(ミズン) 1998]

이러한 견해를 전제로 하여 기초적인 인지능력의 전개라는 시각에서 유적이나 유물의 배경에 있는 당시 사람들의 심적 작용을 파악하려는 한편, 그 점에서 역으로 사람의 인지구조의 특성을 명확히 밝히려는 것이 인지고고학의 기본적인 입장이다.

고단샤 선서(講談社選書) 메치에(メチエ)[3]에서 간행한 나카자와 신이치(中沢新一)의 「가이에 소바주(カイエ・ソバージュ)」[4] 시리

---

2) 물리학자인 스티븐 호킹 박사의 빅뱅이론으로 우주에 대폭발이 일어나 작은 점이 빛의 속도로 확대하여 우주가 탄생했다는 우주탄생설이다.

3) metier, 프랑스어로 직업, 조각·그림·문학 따위의 기교를 말한다.

4) 나카자와 신이치(中澤新一)의 철학적 야생적사고의 산책 시리즈. ① 신화 인류최초의 철학 ② 곰에서 왕으로 ③ 사랑과 경제의 로고스 ④ 신의 발명 ⑤ 대칭성 인

즈, 그 중에서 『곰에서 왕으로(熊から王へ)』[나카자와 2003 a], 『신의 발명(神の発明)』[나카자와 2003 b]은 이 인지고고학의 성과를 응용한 가미의 탄생과 관계되는 최신의 가장 충격적인 가설을 제시한 것이다. 또한 조몬(繩文)토기와 유적을 깊이 연구하여 그 변화 속에서 초자연적 존재의 탄생과 성장을 찾기 시작한 마쓰모토 나오코(松本直子)의 일련의 연구 작업도 나에게 있어서는 지금까지 고고학에 대해 품고 있던 개념을 무너뜨리는 획기적인 내용이었다.[마쓰모토 2003]

가미カミ를 연구하는 관점

본 서적에서는 이러한 인지고고학의 최신성과를 가능한 한 적용시키고자 한다. 인지과학 뿐 만 아니라 여러 학술분야의 최신이론과 성과에 대해서도 주의깊이 살펴볼 예정이다. 단지 나는 시초부터 인간이 보편적인 인지구조를 가지고 있었다는 전제는 세우지 않을 것이다. 특정이론이나 방법을 사용하는 것이 아니라 먼저 가지고 있는 자료와 가까이 있는 소재를 연결하여 하나하나 자료를 확인하면서 나름 나의 관점에서 일본열도에서 가미가 탄생하여 성장해 나가는 모습을 찾아가고자 한다.

오해가 없도록 미리 말해두고 싶은 것은 사람이 공통의 인지능력을 가지고 있다는 것에 회의적이기 때문에 그러한 방법을 취하려고 하는 것은 아니라는 점이다. 나는 인간이 일정의 보편적인 인지구조를 가지고 있다는 것은 부정 할 수 없는 사실이라고 생각한다. 선사시대 뿐 아니라 역사시대에도 민족이나 지역을 초월하여 인류가 놀

류학의 5권으로 구성되어 있다.

랄 정도로 비슷한 문화를 만들어 낸 것은 자주 보이는 현상이다. 근년에 언어과학의 성과에서 밝혀진 것처럼 인간의 뇌도 백지상태에서 출발한 것이 아니라 동물이 생존하기 위해서 필요한 고유의 본능을 가지고 있는 것처럼 이미 기본적 기능이라고 할 수 있는 부여된 능력을 갖추고 있었다고 생각해야 할 것이다.

최근의 역사학자 중에는 이러한 견해에 찬성하는 사람이 거의 없지만, 나는 역사에는 「법칙」이 반드시 존재한다. 사람이 보유하는 인지 시스템의 보편성과 그 발현형태를 규정하는 환경인자의 다양성이 각 지역 역사의 유사점과 특색을 탄생시키고 있다고 생각한다.

물론 본 서적에서는 그러한 법칙의 발견을 최종 목표로 하지 않는다. 그것은 솔직히 말해 나의 능력을 초월한 과제이다. 그러한 엄청난 시도가 아닌, 모든 선입관을 배제하고 어디까지나 자료에 근거하여 나의 관점으로 일본열도의 가미의 성장을 가능한 한 세심하게 더듬어 확인해 가는 것이 목표라 하겠다.

당연한 것이지만 지도와 나침반이 없는 이 탐구는 후퇴와 제자리걸음의 반복이며 더듬거림의 여정이 될 것이다. 자료를 중시한다 하더라도 한계가 있고 도처에 있는 자료의 결점과 균열을 뛰어넘기 위한 도약이 필요한 것은 말할 것도 없다.

어쨌든 유사(有史)이전에 대해서는 단편적인 사실과 사실을 연결해 맞추어 통일적인 이미지를 어디까지 구축할 수 있는가가 이 시도의 성과를 결정짓는 포인트가 될 것이다.

예를 들어 노력이 결실을 맺어 전체적으로 잘 구성된 도면을 완성한다하더라도 「정밀하고 치밀하게 완성되어 있다」라는 표현과는 거리가 멀 것임에 틀림없다. 그것은 정밀한 설계도를 바탕으로 전문적인 선반공이 주조한 배에 비하면 뼈대도 없이 이어 붙인 이음새 투성이의 수재 보트에 불과 할 것이다. 물 위에 뜨는 순간 전복되거나 물속에 빠질지도 모른다.

그러한 위험성을 충분히 알면서도 나는 통나무배를 타고 먼 바다에 나간 조몬인(繩文人)의 대담성을 본으로 일본열도의 「가미」의 탄생과 그 전개라는 큰 주제에 도전하고자 한다.

가미カミ와 히토가미人神

가미에 대한 문제는 「인간이란 무엇인가」라는 물음을 추구하는 인문과학에 있어서 가장 중요한 과제의 하나였다. 접근방법도 보는 시각도 다양하다. 그 때문에 막연히 이 문제에 머물러 있으면 논점이 지나치게 확산될 위험성이 있다. 그래서 본 서적에서는 어느 한 시점에서 고찰해 가고자 한다. 그것은 역사상 실재한 인간이 가미가 되는 현상, 즉 「히토가미」에 대한 문제이다.

사람이 가미가 된다고 하는 말을 들었을 때 대부분의 일본사람들은 먼저 야스쿠니 신사(靖国神社)를 연상하게 될 것이다. 야스쿠니 신사에는 막부 말기의 보신전쟁(戊辰戰爭, 1868～1869년)[5]에서 제2차 세계대전에 이르는 대내외 전쟁의 전사자 246만 신주(柱)를 신으로 모시고 있다. 일본 각지에서 죽은 사람을 모시는 신사 중에서도 제2차 세계대전 전(終戰)까지 국영의 별격 관폐사(別格官幣社)였던 야스쿠니 신사의 규모와 모시는 신의 수가 가장 압도적이다. 나라를 위해 목숨을 바친 전사자 등을 추도하는 국영시설은 일본 이외에 다

5) 신정부군과 구 막부 사이에 있었던 내전으로 신정부군의 승리로 메이지 시대라는 통일국가가 완성되었다.

른 많은 나라에도 있지만 모든 사람을 신으로 모신다는 점이 야스쿠니신사의 특색이라 할 수 있다.

그 제사의 형태가 아주 독특하여 야스쿠니신사는 지금까지 반복적으로 여러 가지 논쟁의 대상이 되어왔다. 매년 8월 15일 종전기념일이 되면 동아시아의 여러 나라와 격렬한 논쟁을 일으킨 각료의 야스쿠니신사 참배는 그 대표적인 것이다.

야스쿠니신사에서는 확실히 사람을 가미로 모시는 「히토가미」 신앙을 찾아 볼 수 있다. 여기에서 문제가 되는 것은 이 히토가미신앙이 어디에서 유래 되었는가 라는 것이다. 이점에 대해서 야스쿠니신사는 다음과 같은 공식적인 견해를 발표하고 있다.

> 일본인은 옛날부터 죽은 자의 고료(御霊)는 이 국토에 영원히 머물면서 자손을 보호하고 지켜준다고 믿어왔습니다. … (중략) … 일본인은 가정이라는 공동체뿐 만 아니라 지역사회나 국가라는 공동체에 있어서도 중요한 역할을 한 죽은 자의 혼령을 지역사회나 국가의 수호신이라 생각하고 소중히 모셔왔습니다 야스쿠니신사나 전국에 있는 호국신사는 이러한 일본 고유의 문화적 실례(實例)의 하나라고 할 수 있을 것입니다. [야스쿠니신사 홈페이지에서. 2011년 11월 11일]

야스쿠니신사의 히토가미 제사는 죽은 자의 고료(御霊)가 영원히 일본국토에 머물며 사람들을 지켜준다는 「일본 고유문화」의 실제예 중의 하나라고 말하고 있다. 죽은 자의 고료가 계속 이 세상에 남아 자손을 지켜준다는 관념이 일본인의 전통적인 사상을 바탕으로 한다는 것은 현재 많은 연구자나 지식인들이 인정하고 있는 것이다. 오늘날 통용되고 있는 일본문화론도 대부분은 이러한 견해를 밑바탕으로 하고 있다. 이 이론의 기반을 만든 사람은 죽은 자의 고료가 산으로 돌아가 신이 되어 자손을 지킨다고 논한 야나기타 구니오(柳田国男)였다.[야나기타 1990 a] 서두에 게재한 야나기타의 말은 이 견해를 단적으로 나타낸 것이다. 야스쿠니신사는 자신들의 제사방법이 이러한 일본의 전통적인 형태를 취하고 있다고 주장하고 있는 것이다.

여기서 신이 되어 자손을 지키는 선조에 대한 관념이 일본고유의 문화라고 한다면 그것은 도대체 언제 형성된 것인가. 다시 말하면 야스쿠니가 「옛날부터」라고 말하는 그 옛날은 언제를 말하는 것인지가 다음 문제로 떠오른다.

야스쿠니신사, 제2토리이(靖国神社, 第二鳥居)

이점에 대해서 연구자들 사이에서는 크게 두 가지 견해가 보인다. 한 가지는 헤이안시대(平安時代)의 고료신앙(御霊信仰)인 일본의 원령신앙이다. 헤이안시대에 들어오면 죽은 고료의 힘이 강해지는데 그중에서도 정치적 패자인 스도천황(崇道天皇), 이요(伊予)친왕, 스가와라노 미치자네(菅原道真) 등을 거대한 힘을 가진 「고료」로 생각하여 두려워하였다. 그러나 이들은 신으로서 신사에 모셔져 숭배와 위로를 받으면서 마침내 사람들에게 선을 베푸는 존재로 그 성격이 변용되었다. 많은 연구자들은 이 고료신앙에서 일본의 히토가미(人神) 신앙의 원류를 찾고 있다.

또 다른 하나는 에도시대의 의민신앙(義民信仰)이다. 에도시대에는 자신을 희생하여 사람들을 고난에서 구제한 인물을 신으로 숭배하는 현상이 각 지역에서 널리 보인다. 사쿠라 소고로(佐倉惣五郎)는 그 대표적 인물이다. 여기에서는 앞에서 언급한 고료와 달리 정치적인 지위나 권력을 가지지 않은 서민도 다수 포함되어 있다. 이 점에 착안하여 신분이나 지위에 상관없이 모든 사람이 평등하게 신으로 모셔지는 야스쿠니의 신앙세계의 원류를 여기에서 찾으려는 견해도 있다.

히토가미신앙人神信仰의 다양성

나는 지금 사람이 가미가 된다는 심성의 원류로 헤이안시대의 고료신앙과 에도시대의 의민신앙 이렇게 두 가지 유력한 학설을 소개했다. 확실히 이 학설들은 양쪽 모두 사람이 가미가 되는 실제 예인 것은 틀림없다. 그러나 한편으로 나는 이러한 예를 근대의 야스쿠니

신사 문제에 직결시키는 것에 대해서는 강한 위화감을 가지지 않을 수 없다.

그 첫째 이유는 사람이 가미로 모셔지는 현상은 헤이안시대, 그 이전으로 거슬러 올라가는 것은 아닐까 라는 의문 때문이다. 본론에서 상세히 논하겠지만 나는 이미 3세기에 시작되는 전방후원분의 제사의례에서 사람을 가미로까지 상승시키는 명확한 의도를 알 수 있을 것이라 생각한다. 그리고 그 시원(始原)은 나의 사견에 의하면 먼 조몬시대까지 거슬러 올라간다고 생각한다.

두 번째 의문점은 각 시대의 히토가미신앙은 실질적으로 확실히 동질성을 가지고 있는가 라는 문제이다. 고료신앙도 의민신앙도 분명히 사람을 가미로 모시는 히토가미신앙이라는 점에서는 동일한 범주 안에 있다고 볼 수 있다. 이 두 가지 문제점 이외에도 일본열도에는 사람의 모습으로 이승에 나타난 신이라고 하는 「아라히토가미(現人神)」와 이승에 현신(顯神)하는 신이라고 하는 「이키가미(生き神)」[6]·「즉신불(卽身仏)」등 인간을 가미로 모시는 신앙을 여러 곳에서 찾아 볼 수 있다. 그러나 그 내면을 상세히 살펴보면 그 속에는 「히토가미신앙」이라는 개념으로 일괄적으로 표현하기에는 곤란한 많은 다양성이 있다.

종래의 연구는 이러한 히토가미신앙의 내실이나 변용의 문제에 어느 정도 관심을 가져왔을까. 자칫 히토가미의 문제를 「일본고유의 문화」로 단정 지어 사람이 가미가 되는 과정과 구조 그 자체의 해명에 대해서는 간과 해온 것은 아닐까.

일본의 히토가미의 문제에 대해서 야나기타 구니오(柳田国男)는

---

6) 이승에 현신한 신을 말한다.

「사람을 신으로 숭배하는 풍습」은 일본열도의 보편적인 풍습이지만, 또 한편으로 과거부터 현재에 이르기까지의 「일관된 일본인의 기질」이라고 할 수 있는 점도 찾기 어렵다고 언급하고 있다.[야나기타(柳田) 1990 b] 이러한 문제점 때문에 민속학의 분야에서는 히토가미신앙의 변용에 대한 이해와 그 유형화에 대한 시도가 계속되어 왔다.

호리 이치로(堀一郎)는 야나기타(柳田)의 히토가미론을 계승하여 그것을 우지가미형(氏神型)과 히토가미형(人神型)으로 구분하여 각각의 특색을 논하고 있다. 특정 혈연이나 지연공동체에 공유되어 그 통합적 상징으로 역할을 해온 우지가미가 폐쇄적 배타적인데 반해, 히토가미는 인격신으로 개방적인 성격을 가지고 폐쇄적 공동체를 초월하여 넓은 신앙권을 지향한다고 한다.[호리(堀) 1961] 미야타 노보루(宮田登)는 근세의 히토가미신앙의 기능을 설명함에 있어 「권위궤배형(權威跪拜型)」·「다타리극복형(祟り克服型)[7]」·「구제지향형(救濟志向型)」·「구세주형」의 4가지로 구분하여 논하고 있다.[미야타(宮田) 1970] 고마쓰 가즈히코(小松和彦)는 사람을 숭배하는 신앙의 고층(古層)에는 고료를 받들어 모시면서 위로하여 그 악한 기(氣)를 억누르지 않으면 재앙을 일으킨다고 하는 「다타리가미(祟り神 지벌신)」계이며, 생전에 남긴 걸출한 업적을 일컫는 「현창신(顯彰神)」계의 히토가미는 거기에서 파생한 것이라고 한다.[고마쓰(小松) 2001]

이러한 것들은 모두 중요한 성과이며 히토가미를 「일본고유」라는 말로 일축해버리려는 방향성에 대하여 중요한 이견(異見)을 제시하는 것이다. 그럼에도 불구하고 나는 이러한 범주화, 개념화에도 아직 충분히 파악하지 못한 다양성과 풍양성(豊穰性)이 일본의 히토가

---

7) 신불을 잘못 건드려 당하는 지벌극복형이다.

미신앙에 내재하고 있다고 생각한다. 무엇보다도 히토가미신앙의 변용을 명확히 확인하는 통시적 고찰이 결정적으로 부족하다. 지금 필요한 것은 우리들이 접할 수 있는 자료와 각 분야에서 축적되어온 연구 성과를 가능한 한 폭넓게 활용하고 선입관을 배제하여 세심하게 히토가미신앙의 흐름을 더듬어 확인해 가는 것이라고 생각한다.

본 서적의 과제

이상의 문제 제기에 입각하여 본 서적에서는 먼저 일본열도에서 히토가미가 어떻게 하여 생겨났는지를 가능한 한 시대를 거슬러 올라가 분명히 밝히고자 한다. 또한 히토가미 관념이 어떠한 변용과 전개를 거쳐 근대의 충혼사상에 까지 흘러들어 갔는지를 시대별로 살펴보면서 역사적·문화적 흐름 속에서 검토할 것이다. 여기에 더하여 시선을 일본열도 밖으로 옮겨 사람이 초월자로 변신한다고 하는 시점에서 해외의 각 예와 비교하면서 일본열도의 가미신앙의 독자성에 대해서 대략적인 전망을 제시하고자 한다.

이러한 검토를 통해, 본 서적에서는 일본열도에 있어서 가미의 발견과 히토가미 탄생이 깊은 관계를 가지고 있다는 점을 명확히 하고 그러한 시각에서 가미의 출현과 그 관념의 발전을 둘러싼 하나의 가설을 제시할 예정이다. 이상의 문제에 대한 해명을 목표로 하는 본 서적에서는 일본 「신」의 독자성이나 야스쿠니신사를 둘러싼 논의에 대해서도 더 깊이 발전시킬 수 있는 새로운 소재와 논점을 제시 할 수 있을 것이라 생각한다. 그와 동시에 「일본인은 왜 무종교인가」라는 물음에 대표되는 「일본인」의 종교성을 둘러싼 논의에도 하나의 방향성을 제시 할 수 있을 것이다.

이상과 더불어 본 서적이 일본열도를 넘어 가미를 탐구하는 세계의 연구자들에게 조금이라도 도움이 될 수 있다면 더할 나위없는 큰 기쁨이다.

제 1 장

천황령의 탄생

1. 가미カミ, 神로서의 「천황령」

히토가미人神[1)]의 시원始原을 찾아서

인류는 언제부터 같은 인간에게서 인간을 초월한 가미의 모습을 찾아내었을까. 야나기타 구니오(柳田国男)가 「사람을 신으로 숭배하는 풍습(人を神に祀る風習)」에서 기술한 대표적인 예는 헤이안시대(平安時代, 794~1185) 초기 무렵의 하치만 신앙(八幡信仰)이다.[야나기타(柳田)1990b] 하치만(八幡)은 원래 오진천황(応神天皇)을 신격화한 것이지만, 그 이후에도 원한을 품고 죽어간 인물을 하치만신으로 모시는 현상은 각지에서 볼 수 있다. 야나기타는 이 하치만신을 일본의 히토가미신앙의 전형이라고 생각했던 것이다.

서론에서도 기술한 바와 같이 야나기타 이후의 연구에서도 히토가미의 시원(始原)을 논할 때는 먼저 헤이안시대의 고료신앙(御霊信仰)[2)]

---

1) 이 세상에 인간의 모습으로 나타난 신. 인간이면서 동시에 신이라고 하는 의미로도 사용한다.

을 참고로 하는 것이 통례가 되고 있다. 이러한 견해의 배경에는 헤이안시대를 시점으로 하는 「다타리가미(祟り神)[3]」숭배가 일본열도의 히토가미신앙의 원점이라는 현재 일본 학회의 공통적인 이해가 있다고 생각된다.

이것은 과연 옳은 견해일까. 우리들은 우선 고료신앙을 일본의 히토가미신앙의 출발점이라고 보는 이 통설을 재검토하기로 하자.

지금까지 히토가미 연구의 대다수가 ① 그 시원(始原)을 헤이안시대까지 거슬러 올라가는 것과, ② 그 원점을 다타리가미(祟り神)로 인식하고 있다는 두 가지 전제는 이미 지적했다. 그것을 뒤집기 위해서는 당연한 말이지만 ① 히토가미의 시원이 나라시대(奈良時代, 710~794년) 이전에 존재했다는 것과 ② 그것이 다타리가미와는 다른 계통의 신이라는 두 가지 견해를 논증할 필요가 있다고 해야 할 전략은 명백하다. 가능한 한 시대를 거슬러 올라가 이른바 다타리가미가 아닌 히토가미의 실례의 발견을 목표로 하면 된다.

과연 그러한 실례는 존재하는가. 이 의문에 대하여 먼저 내가 말하고자 하는 것은 「천황령(天皇靈)」에 대한 문제이다.

720년 요로(養老) 4년에 완성된 일본 최초의 정사인 『니혼쇼키(日本書紀)』와 이어서 797년 엔랴쿠(延暦) 16년에 완성된 『쇼쿠니혼키(続日本紀)』의 여러 곳에서 천황령이라고 할 수 있는 존재를 찾아볼 수 있다. 예를 들면 『니혼쇼키』에서는 야마토타케루노미코토가 게이코천황(景行天皇)에게 예전에 자신은 「천황령의 위력(皇祖の威)」

2) 천재나 전염병을 원한을 품고 죽은 인간의 원령 탓으로 생각하고 원한을 풀고 평온을 회복하려고 하는 일본의 신앙을 말한다.

3) 천변지이를 일으키고 병을 유행시켜 사람의 마음을 황폐시켜서 싸우게 만드는 신이지만, 극진하게 제사 지내 드리면 강력한 수호신이 된다고 신앙하는 신들이다.

橿原神宮 神武天皇을 모심

의 힘을 빌려서 구마소(熊襲)[4]를 쳤다고 말했다. 진구황후(神功皇后)[5] 섭정(摂政) 전기에는 신라 공격[6]을 목전에 둔 진구황후가 「신기(神祇[7])의 가르침」을 받아서, 「황조령(皇祖の靈)」의 지원을 받고, 몸소 바다를 건너 서쪽 나라를 치려고 생각한다고 기록되어 있다. 『쇼쿠니혼키(続日本紀)』에 기록된 무쓰노쿠니(陸奥国)[8]에서의 황금 발굴을 기뻐하는 749년 덴표쇼호(天平勝宝) 원년 4월의 센묘(宣命)[9]

4) 고지키와 니혼쇼키의 신화에 등장하는 소수민족. 규슈 남부에 본거지를 두어 야마토정권(大和政権)에 저항한 종족으로 지역 이름과 나라 이름도 같다.

5) 오진천황(応神天皇)의 어머니로 기록되어 있고 201년~269년간 섭정을 하였다고 전한다.

6) 니혼쇼키에 의하면 오진천황을 임신한 채로 한반도에 출병하여 신라를 정벌했다고 기록되어 있다.

7) 천신(天神)과 지신(地神).

8) 일본의 옛 나라. 혼슈 북동부에 해당하는 오늘의 후쿠시마현(福島縣), 미야기현(宮城縣), 이와테현(岩手縣), 아오모리현(青森縣)과 아키타현(秋田縣) 북동부에 해당한다.

에는 이 금이 부처님이나 천신지기(天神地祇) 「천황령」의 조력에 의해 획득된 것이라는 말이 있다.

사료에 따라서 표현은 다르지만 8세기 조정관계자 사이에서 무엇을 이루고자 할 때 힘이 되어 주는 초월적 존재로서의 천황의 영령이 상정되고 있었던 점은 의문의 여지가 없다.

오리구치 시노부折口信夫와 「천황령」

이 천황령에 착안한 사람이 유명한 민속학자인 오리구치 시노부(折口信夫)였다. 쇼와(昭和)부터 헤이세이로 바뀔 때 새 천황의 즉위를 널리 국내외에 알리는 「소쿠이노 레이(即位の礼)」가 거행된 것을 기억하는 사람들이 많을 것이다. 새 왕이 즉위한 것을 천하에 알리는 즉위 의식은 동서고금을 막론하고 온 세계에서 볼 수 있는 것이다. 소쿠이노 레이는 그것에 해당하는 것이었다. 그런데 일본에서는 옛부터 이 소쿠이노 레이 이외에 또 하나 별도의 즉위 의례가 거행되고 있었다. 그것이 「다이조사이(大嘗祭)」[10]다.

소쿠이노 레이는 온 세계에서 빈객을 초빙하고 공개 장소에서 낮에 거행되었다. 그 상황은 텔레비전에서도 중계되었다. 그런데 다이조사이는 그것만의 특별한 시설을 설치하고 선정된 소수 사람들에 의해 11월 묘의 날 심야부터 미명에 걸쳐서 거행하는 것이었다. 그 목적은 물론 어떤 내용인지 밝혀지지 않았다. 소쿠이노 레이와 같은

---

9) 천황의 명령을 전하는 문서이다.

10) 천황이 소쿠이노 레이(即位の礼) 뒤에 처음으로 하는 니나메사이(新嘗祭). 니나메사이는 수확축제이고 11월23일에 천황이 오곡의 햇곡식을 천신지기(天神地祇)에 드리고 또 스스로도 이것을 먹고 그 해의 수확에 감사한다.

대규모의 의식이면서도 천황가의 사적인 것이라는 성격을 가지고 있어서 모두가 비밀리에 진행된다. 그 때문에 헤이세이로 바뀔 때 다이조사이의 비용을 공비(公費)로 해도 좋은지 논의가 되었을 정도다.

왜 일본에서는 즉위 의식이 두 번이나 거행되는 것인가. 이점에서 세계의 어떤 왕권제도에서도 그 예를 볼 수 없을 만큼 오래 지속된 천황제의 비밀을 밝힐 수 있는 단서가 있는 것이 아닐까. 이러한 예측을 밑바탕으로 지금까지 많은 연구자가 다이조사이에 관심을 가져 왔다. 연구자의 관심이 먼저 집중한 것은 비밀 의식인 다이조사이에서 도대체 무엇이 거행되는 것인가라는 문제였다. 이것을 둘러싼 다양한 견해가 발표되어 왔다. 그것들 중에서 오늘에 이르기까지 여전히 유력한 설이 다이조사이를 천황령 계승 의식으로 파악하는 것이다. 그리고 그 제창자는 오리구치 시노부(折口信夫)였다.

> 옛날 천자님 옥체는 혼의 그릇이라고 생각했다. 천자님 옥체를 스메미마노미코토라고 했다. 미마는 원래 육체를 뜻하며 옥체를 일컫는 것이다. … (중략) … 이 스메미마노미코토에 천황령이 들어가서 천자님은 훌륭한 분이 되시는 것이다. [오리구치(折口) 1995a]

오리구치는 여기서 천황의 신체를 「혼의 그릇」이라고 규정했다. 오리구치에 의하면 아직 즉위하지 않은 천황의 신체는 텅 빈 그릇과 같은 것이었다. 아무리 정통적인 즉위의 절차를 밟았다고 하더라도 세속적인 의식만으로는 천황이 될 수는 없었다. 천황의 지위에 오르기 위해서는 그 빈 그릇에 천황령을 채우는 것으로 보통사람과는 다른 권위를 가지는 과정을 필요로 했다.

다이조사이는 새 천황이 천황령을 받아드리는 의식이었다. 천황령이 다이조사이의 의식을 통해서 새 천황 몸속으로 들어감으로써 천황을 성스러운 존재로 변신시키는 것이다. 소쿠이노 레이와 함께 다이조사이가 필요했던 이유는 바로 이 점에 있었다.

그러면 이 천황령은 도대체 무엇이었을까. 오리구치는 그것을 역대 천황에 의해 계승되는 아마테라스 오미카미(天照大神)의 「마나(영혼)」라고 해석했다. 전대 천황이 돌아가신 후 그 유해에서 떠난 천황령은 다이조사이를 거쳐서 새 천황의 몸속으로 들어간다. 그 때 새 천황은 천황의 황조신(皇祖神)인 아마테라스 오미카미와 동등한 위광을 가진 존재로 변신하는 것이다.

이러한 시스템이 있기 때문에 일본 천황제에 있어서는 아무리 대를 바꿔도 천황이 가지는 성스러운 권위는 조금도 변질되지 않고 계승되어 이어지는 것이다. 오리구치의 표현에 의하면 「육체는 바뀌어도 이 혼이 들어가면 완전히 동일한 천자님이 된다.」는 것이다.

신이 된 천황

천황의 성스러운 권위를 둘러싼 오리구치 시노부의 주장은 천황령이라는 말이 떠오르게 하는 신비로운 이미지와 다이조사이에 대한 독창적인 해석에 의해 그 이후 천황제를 연구하는 연구자에게 큰 영향을 끼치게 되었다. 고고학 세계에서는 전방후원분(前方後円墳)[11]에서 거행된 제사를 대왕령(大王靈)계승 의식으로 보는 것이 통설이다. 예를 들면 데라사와 가오루(寺澤薰)의 다음과 같은 말은 분명히 오리구치의 주장을 전제로 한 것이다.

11) 일본에서 서기 3~6세기 고분시대에 지배층 사이에서 유행했던 무덤 양식이다.

> 나는 전기 고분시대의 수장(대왕)령 계승 의례는 후의 천황령 계승으로 발전해 본래의 다이조사이(大嘗祭)의 근간을 이루었다고 생각한다. 저명한 민속학자 오리구치 시노부(折口信夫)가 「다이조사이의 본의(大嘗祭の本義)」에서 다이조사이의 침잠좌에서 마토코오후스마(真床追衾)[12]에 싸여져서 새 왕이 죽은 왕의 천황령을 계승하는 제례야말로 다이조사이의 본질이라고 논했지만 그것은 전방후원분의 성립과 함께 완성된 것이 아닐까. [데라사와(寺澤) 2000]

다이조사이를 천황령의 계승 의식으로 생각하는 오리구치의 주장을 근거로 하여 주변자료의 발굴과 재해석에 의해 그것을 발전시킨 많은 연구가 나왔다. 예를 들면 다이조사이를 하기 이전에 돌아가신 주쿄천황(仲恭天皇)을 「반제(半帝)」라고 했다는 사실을 보면 천황이 천황이기 위한 불가결한 의식으로 다이조사이가 부각된 것이다.

반면 문헌을 다루는 역사학자를 중심으로 오리구치설에 대한 근원적인 비판도 시도되었다. 그 비판은 지극히 단순하다. 천황령의 용례를 문헌에 입각해서 해석해 가면 몇 가지의 종류를 알 수 있다. 현재 천황 [긴조(今上)]이 가지는 종교적인 위세를 천황령이라고 표현하는 것도 있다. 그러나 중심이 되는 개념은 천황을 수호하는 황조령(皇祖靈)의 집합체이며 아무리 생각해도 그것을 대대의 천황에 의해 계승되는 아마테라스 오미카미의 「마나(영혼)」이라고 이해하기는 어렵다는 것이다.[구마가이(熊谷) 1988] 문헌의 정밀한 해독을 근거로 한 이 비판은 대단히 설득력이 있는 것이었다. 그 결과 오늘날 문헌사학에 있어서 천황령의 핵심적 관념은 천황가의 선조의 영이라고 하는 견해를 받아들이고 있다.

---

12) 『니혼쇼키』에서 천손 강림 때 다카미무스비(高皇産靈)가 니니기(瓊瓊杵)를 싸서 내린 이불을 말한다.

천황령의 관념 내용에 대해서는 아직 검토해야 할 점이 남겨져 있는 것은 부정할 수 없다. 사료에 따라 그 개념에 작은 차이가 있는 것도 사실이다. 그러나 먼저 예로 든 사례로도 명확하지만 천황령을 천신지기(天神地祇)와 같이 황위를 지켜 준 존재로 인식하고 있었던 것은 의문의 여지가 없다. 그것은 헤이안시대에 이르러 등장하는 원령과는 완전히 범주를 달리하는 존재이며, 예전에 이 세상에 실재한 사자(死者)의 영혼이면서 기존의 신과 동등한 존재로 인식되었던 것을 나타내고 있다. 『니혼쇼키(日本書紀)』와 『쇼쿠니혼키(続日本紀)』를 편찬한 사람들에 있어서 천황령은 틀림없이 신이었던 것이다.

『니혼쇼키』에서는 진신의 난(壬申の乱, 672)으로 오토모노 오지(大友皇子)와 황위를 다툰 오아마노 오지(大海皇子)로 후의 덴무천황(天武天皇)이 신탁(神託)에 따라 진무릉(神武陵)을 참배하고 거기에 말과 무기를 봉납했다. 여기에는 진무천황이 초월적인 수호신이라는 관념이 확실하게 나타나 있다. 『니혼쇼키』에 천황령이 부각된 배경은 난의 승리를 진무의 영이(靈異)에 의한 것이라고 하는 덴무천황의 인식이 있었음을 짐작하게 하는 사료이다.

감시하는 천황령

천황령을 신과 같은 위치로 파악할 수 있었던 것은 다른 사료에서도 확인할 수 있다. 581년 [비다쓰천황(敏達天皇) 10] 윤2월 에미시(蝦夷)[13]의 움직임이 불온한 것을 들은 천황은 그 수장을 불러

13) 일본의 도호쿠지방(東北地方) 및 홋카이도(北海道) 지역에 살면서 일본인 [야마토민족(大和民族)]에 의해 이민족시 되었던 민족집단을 일컫는 말. 시대에 따라 에조, 에비스라고도 읽는다.

하쓰세가와(初瀬川)[14]의 강변에서 미모로노 오카(三諸岳)를 향해 충성하게 했다. 그리고 나서 만약 서약에 위반했을 경우는 천지의 여러 신 및 천황령이 그 자손을 끊기게 해도 상관없다고 맹세하게 했다. (『니혼쇼키』) 여기서는 천지의 여러 신과 천황령 사이에 어떠한 기능상의 차이를 찾아낼 수는 없다.

『쇼쿠니혼키(続日本紀)』 769년 진고케이운(神護景雲) 3년 5월 29일 쇼토쿠천황(称徳天皇)의 조칙(詔)은 아가타 이누카이노 아네메(縣犬養姉女)들이 천황을 저주하고 시오야키왕(塩焼王)의 아이를 즉위시키려고 한 음모를 밝히고 사형이 합당하지만 특별히 한 단계 감형해 유죄로 하도록 명하는 것이었다. 그 속에 아네메(姉女)들의 반역이 발각된 것은「루샤나 여래(盧舎那如来), 사이쇼오쿄(最勝王経), 관세음보살(観世音菩薩), 불교 신자를 지켜 주는 신인 범천(梵天)·제석천(帝釈)·사대천왕(四大天王)으로 사람의 지혜를 초월한 힘, 말씀드리기 황공하지만 신들이 천지를 조형한 이래 이 세상을 통치하고 계시는 천황의 영령, 천지의 신들이 보호해 준 힘」에 의한 것이라는 말이 있다.

여기에 등장하는「루샤나 여래(盧舎那如来)」는 752년 [덴표쇼호(天平勝宝) 4]에 개안 공양이 거행된 도다이지(東大寺)의 대불이다.「사이쇼오쿄(最勝王経)」곤코묘 사이쇼오쿄(金光明最勝王経)는 나라시대(奈良時代, 8세기)에 중요시 된 호국경전이다. 도다이지와 함께 건립된 고쿠분지(国分寺)는 정식으로는「곤코묘 사천왕호국사(金光明四天王護国寺)」라고 불렸다. 관세음보살은 후다라쿠 정토(補陀落浄土)에 있는 보살이지만 대불 뒤에 온 것으로 보아 이것은 타계적인

14) 나라현(奈良縣) 북부를 흐르는 야마토가와(大和川) 상류의 별칭. 『고지키(古事記)』 『만요슈(万葉集)』등에 읊어졌다.

존재가 아니고 후쿠켄사쿠 관음(不空羂索観音)과 같은 특정한 관음상(観音像)을 가리키고 있다고 생각해야 할 것이다. 「호법선신(護法善神)」도 천공(天空)에 있는 범천(梵天)·제석천(帝釈)·사대천왕(四大天王) 등의 천계에 있는 수호신이라기보다는 그것이 형상화되어 당사(堂舎)에 안치된 구체적인 상(像)을 가리키고 있을 가능성이 높다. 천신지기(天神地祇)는 일본의 신들이고 천황의 영령은 역대 천황의 영혼이다. 말할 필요도 없지만 이것들은 각각 출신경위와 성격을 완전히 달리하는 존재다. 그런데 여기서는 그것들이 모두 같은 동급의 존재로서 권청(勧請)[15]되고 있는 것이다.

四天王(多聞天)像(法隆寺)

15) 신불의 분령(分霊)을 다른 곳으로 옮겨서 모시는 것.

에도시대의 국학자 모토오리 노리나가(本居宣長)는「가미」에 대해서「옛날의 책에 쓰여져 있는 하늘이나 땅을 담당하는 여러 신들을 비롯해, 신사에 모시는 영혼은 물론 사람이 신이라고는 부르지 않는 생물이나 초목 류, 바다나 산 등 다른 것에도 보통이상의 뛰어난 덕이 있는 신들이 있어 황송하게도 가호해 주신다.」

『고지키덴(古事記伝)』권3 이라고 기록되어 있다. 현대인 감각으로서는 전혀 이해가 되지 않는 것이지만 8세기 사람들은 대불도 경전도 일본의 신들도 예사롭지 않은 영위(신령스런 힘)를 가진 성스러운 존재인 가미로 관념되고 있었다. 9세기 초에 편찬된『니혼료이키(日本靈異記)[16)]』에는「영이(靈異)」를 나타내는 주체로서 역시 불상이나 경전이나 신이 같은 수준으로 등장한다. 이 책에는 역대「천황의 영령」은 전통적인 천신지기(天神地祇)를 포함시킨 그러한 여러 가지 잡다한 신과 같은 범주의 존재로서 파악되었다.

이상에서 살펴본 것과 같이 나라시대에는 이미 과거에 실재한 천황의 영령이 전통적인 신들과 함께 왕궁 안팎의 특정한 땅에 있으면서 항상 천황을 지키고 있다고 인식하였다. 가미로 인식되었던 진무천황(神武天皇)이나 오진천황(応神天皇)을 비롯한 역대 천황령은 강한 원한을 품은 정치적인 패배자가 아니었다. 그 점에 있어서 천황령은 후의 헤이안시대의 고료(御霊)와는 확실하게 일정한 거리를 두었다.

사람을 신으로 모시는 신앙의 원류는 우선 나라시대에 부상하는 천황령의 관념으로까지 거슬러 올라갈 수 있다. 게다가 그것은 히토가미의 첫 출현 예로 자주 언급되는 고료(御霊)와는 이질적인 신이었다.

---

16) 불교설화집. 일본의 설화 문학집의 시조적(始祖的) 작품.

2. 아키츠카미アキツカミ의 사상

신비화되는 천황

여기까지 살펴보았을 때 새로운 의문이 생긴다. 첫 번째는 8세기의 천황령이 정말로 일본열도에서 확인할 수 있는 최초의 히토가미인가라는 문제다. 두 번째는 왜 이 시기에 히토가미의 관념이 성숙되어 천황령이 출현하게 된 것인가라는 문제다. 먼저 후자의 의문인 천황령 출현의 배경부터 생각해 보기로 하자.

덴지천황(天智天皇) 사망 후 진신의 난(壬申の乱, 672)에 승리해서 즉위한 덴무천황(天武天皇)은 도읍지를 오쓰(大津)에서 아스카키요미하라(飛鳥淨御原)로 옮기는 동시에 다양한 제도개혁에 착수했다. 덴무천황과 그 후를 이은 지토천황(持統天皇)시대에 진행된 신체제 구축에 있어서 최대 목표는 천황을 국가의 유일한 대표자로 끌어 올리고 그 지위를 절대화하는 것이었다. 그 때까지의 「대왕(大王)」을 대신해서 천황이라는 칭호가 채용된 것은 이 시기의 일이라고 생각된다. 하쿠스키노에전투(白村江の戦い, 663)[17]로 당과 신라 연합군에 져서 한반도에서 패퇴 할 수밖에 없었던 야마토정권(大和政権)은 그패배를 반성하며 천황 밑에서 각국에 대항할만한 강력한 집권국가의 수립을 목표로 하였다.

천황 초월의 움직임은 신들의 세계에도 영향을 미쳤다. 아마테라스 오미카미가 천황가의 시조신이 되고 아마테라스를 정점에 둔 여러 신의 서열화와 신들의 계보 재편성이 진행되었다. 천황이 다른 신민

17) 663년 8월에 한반도의 백강(현재의 금강 부근)에서 벌어진 백제·왜의 연합군과 당·신라의 연합군 사이의 전투. 당·신라 연합군의 승리로 끝났다.

(臣民)과 격리된 존재임을 보여주기 위해서 황조(皇祖)인 아마테라스를 최고신으로 모시는 것과 동시에 역대 천황들은 그 자손으로서 일본열도 개벽이래 신들의 계보에 들어가게 된 것이다.

천황이 신의 자손이 된 것 만이 아니었다. 그것과 동시에 재위중인 천황자신이 신(아키쯔카미)이라는 것이 강조되었다.[고노시(神野志) 1990]

> 천황은 신이시니까 하늘구름의 번개 위에 계실지도.
>
> 『만요슈(万葉集)』

이 노래는 지토천황(持統天皇), 일설에는 덴무천황(天武天皇)이 이카즈치노 오카(雷岳)에 갔을 때 가키노모토 히토마로(柿本人麻呂)가 읊은 것으로 되어 있다. 이카즈치노 오카에 오르고 있는 것에 맞춰서 천황은 신이기 때문에 뇌운(雷雲) 속에서도 살 수 있다고 천황의 위력을 찬미하고 있다. 이 외에도 『만요슈(万葉集)』에는 천황을 신이라 칭하는 노래가 몇 개나 있다.

『고지키(古事記)』나 『니혼쇼키』등을 읽으면 바로 알 수 있는 것이지만, 거기에 묘사되어 있는 「신」은 천황의 선조 등 특정한 혈맥에 한정되는 것이 아니었다. 신화시대에는 모든 사람들이 신이었다. 『니혼쇼키』는 니니기가 지상에 강림했을 때 당시의 「아시하라노 나카쓰쿠니(葦原中国)[18]」의 상황을 「그 땅에는 반딧불이 빛나는 것 같은 신들 및 파리와 같은 성가신 사신(邪神)들이 많이 있다. 또 초목마저도 말을 하며 사람을 위협한다.」고 기술되어 있다. 7세기 각 씨족들은 각각 신화시대의 선조를 신으로 모시고 있었다. 그 의미는

18) 일본 신화에 있어서 다카마가하라(高天原)와 요미의 나라(黄泉の国) 사이에 있다고 하는 세계, 즉 일본 국토를 말한다.

그 시대의 사람들은 모두가 신의 자손이라는 것이다. 인간뿐만 아니라 동물이나 초목도 말을 하는 신이었던 것이다.

그런데 『만요슈』에서는 분명히 「신」이라는 개념이 가지는 의미가 바뀌었다. 신이 보통 사람과는 이질적인 존재라는 점이 강조되었다. 신의 초월성을 한없이 높임과 동시에 그것을 천황 한사람에 한정하는 이데올로기상의 조작이 있었던 것이다.

때마침 몬무천황(文武天皇)의 즉위센묘(即位宣命)[19]에는 「아키츠카미(現御神)와 오야시마쿠니(大八洲国)를 아시는 천황」이라는 말이 있다.[『쇼쿠니혼키(続日本紀)』] 즉위 때 스스로가 성스러운 존재인 「아키츠카미(現御神)」라고 선언하는 것이 이후의 즉위센묘(即位宣命)의 상투표현이 되었다. 이러한 과정을 통해서 7세기말부터 천황은 일반 시민과는 격리된 초월적 존재로 점차 상승되어 간다. 천황의 아키츠카미화(現御神化)를 전제로 해서 천황＝신이라고 하는 각본에 현실성을 가지게 하기 위해 창설된 것이 천황을 신으로 변신시키는 무대장치인 다이조사이였다.

능묘[20]제陵墓制의 제정

천황을 모든 면에서 초월적 존재로 끌어 올리려고 하는 텐무·지토시대(天武·持統時代)의 기본정책을 묘제(墓制) 면에서 상징하는 것이 능묘제(陵墓制)의 제정이었다. 율령국가형성기에 제정되는 능묘제는 종래 지배층에 널리 허가를 했었던 봉분(墳丘)[21]이 있는 무

---

19) 즉위 때 내는 천황의 명령을 한자만의 일본식 문장체로 기록한 문서.
20) 천황·황후·황태후를 매장하는 능과 기타의 황족을 매장하는 무덤.

덤 조영(造營)을 일단 금지하고, 그것을 특정한 신분 지위이상에 있는 사람에 한정하려고 했다. 무덤의 조영을 허가 받은 계층이라도 신분마다 무덤의 크기는 달랐다. 천황을 정점으로 해서 피장자(被葬者)의 지위와 신분에 따라 무덤 규모를 엄격하게 규제하려고한 의도가 존재했다.

능묘제의 또 하나의 목적은 진무천황(神武天皇) 이래 역대 천황의 묘지인 능묘(陵墓)를 정하는 것으로 신화시대부터 계승한 「천황」혈통의 계보를 눈에 보이는 형태로 재현하는 것이었다.[기타(北) 1999]

이미 말한 것과 같이 덴무·지토시대에 있어서 천황권위의 상승을 밑받침하는 논리는 천황이 아마테라스 오미카미에 연결되는 신의 직계 자손이라는 것에 주안점을 두는 것이었다. 그러나 이 작업은 후대부터 거슬러 올라가서 역대 천황들의 계보를 끊김 없이 연결시키려고 하는 것으로 상당한 노력이 요구되는 것이었다. 초대 진무천황과 2대 스이제이천황(綏靖天皇)부터 9대 가이카천황(開化天皇)까지의 결사팔대(欠史八代)[22]라고 불리는 천황들은 그 일부에 모델이 되는 인물이 있었다고 하더라도 기본적으로는『고지키』나『니혼쇼키』의 편찬에 즈음하여 창작되어졌다는 견해는 오늘날 역사학계에서는 상식이다. 이러한 만들어진 천황가 혈통의 계보에 진실성을 띄게 하기 위해 진무(神武) 이래의 역대 천황들 각각에 대해서 구체적인 분묘(墳墓)가 정해졌다고 생각한다.

그렇다고 해도 원래 존재하지 않았던 무덤을 도대체 어떻게 정하

---

21) 사람을 매장하기 위해서 흙을 쌓아 올려서 만든 언덕.

22)『고지키』와『니혼쇼키』에 계보는 존재하지만 사적(事績)이 기록되어 있지 않는 2대 스이제이천황(綏靖天皇)에서 9대 가이카천황(開化天皇)까지의 8명의 일본 천황을 말한다.

려했던 것일까. 이 점에 대해서 이마오 후미아키(今尾文昭)는 아라마시노미야코(新益京)[23] 조영 과정을 거론하며 대단히 흥미로운 지적을 하였다. 아라마시노미야코는 지토천황(持統天皇)이 아스카(飛鳥)에 조영한 도읍지지만 그 안에는 고분 시대의 많은 봉분(墳丘)이 남아있었다. 그것들은 신도시 건설에 장해가 되었기 때문에 도시를 조성할 때 흔적도 없이 소멸되었다. 그런데 그 안에 손을 대지 않은 채 남겨진 몇 개의 고분들이 존재한다.

무엇을 위해서 굳이 고분을 방치한 것인가. 이마오(今尾)는 국가가 도읍지 안에 있는 고분군의 일부를 그 실제 피매장자와는 관계없이 역대 천황들의 능으로 만들었다고 추정한다.[이마오(今尾) 2008]

『니혼쇼키』나 『고지키』에는 아마테라스부터 시작하여 진무(神武) 이후 연면히 계승되어 온 천황가 혈통의 계보가 적혀 있다. 그것이 천황의 권위의 근거였다. 성립기의 율령국가는 이 계보의 신빙성을 뒷받침하기 위해서 거기에 실제로 누가 매장되어 있는지에 관계없이 보기 좋은 거대한 고분을 역대 천황들의 무덤으로 정했다. 반면 능묘(陵墓)의 지정을 받지 못한 도읍지안의 고분군은 이미 이용 가치가 없는 것으로 가차 없이 소멸당하는 운명이 되었다. 도읍지 안에서 볼 수 있는 봉분의 연결은 태고부터 계승된 천황가의 혈통인 신의 계보를 가시적으로 나타내는 상징적인 존재로서 다시 위치를 받게 된 것이다.

---

23) 근대에 만든 학술용어로 후지와라쿄(藤原京)라고도 불린다.

가미가 머무는 봉분墳丘

고분에 능으로서의 새로운 의미를 준 국가는 거기에 잠든 역대 천황들의 영혼에 대해서도 새로운 해석을 했다. 그것을 천황의 수호신인 가미라고 규정하는 것이다. 『니혼쇼키』나 『쇼쿠니혼키(続日本紀)』에 등장하는 천황령은 이러한 7세기말의 정치상황과 밀접하게 관계되면서 탄생한 관념이었다.

이와 같은 절차를 밟아서 확정된 역대 천황릉은 일반인이 출입 할 수 없는 신성한 공간으로서 료코(陵戸)[24]를 두고 엄중하게 지키도록 정했다 「장송령(葬送令)」. 또는 거기에 진좌(鎮座)하는 능령(陵靈)을 숭배하는 것이 능 관련의 여러 일을 담당하는 미사사기노쓰카사(諸陵司)의 가장 중요한 직무로 되었다 「직원령(職員令)」. 반면 황후 이하의 황족이나 귀족의 장송지(葬送地)는 「무덤」이고 「능(陵)」과는 구별되어 공적인 관리 체제로부터 제외되었다. 서민은 원칙적으로 무덤을 만들지 못 하게 되었다. 능묘제는 이제 지토천황시대때 정비되는 즉위 의식이나 다이조사이등과 함께 천황을 다른 신분과 격리된 존재로 차별화 하고, 신손(神孫)인 아키츠카미(現御神)로서 신성시 하는 기능을 하게 된 것이다.

역대 천황릉의 제정에 입각하여 국가가 때때로 천황릉에 사자(使者)를 보내는 노사키노쓰카이(荷前使)[25]나 호헤이(奉幣)[26]제도도 정

---

24) 천황·황족의 능묘를 지키는 것을 세습적인 임무로 한 천민이다.
25) 일본에서 매년 각국에서 온 처음 나오는 곡물을 노사키(荷前)라고 한다. 헤이안시대, 조정에서 이것을 이세진구(伊勢神宮)나 각 릉에 바쳤다. 이것을 하기 위해서 파견된 칙사를 노사키노쓰카이(荷前使)라고 한다.
26) 천황의 명령에 의해 신사(神社)·산릉(山陵) 등에 헤하쿠(幣帛)를 봉헌하는 것이다. 헤하쿠(幣帛)란 신도의 제사에 있어서 신에게 봉헌하는 공물 이외의 총칭이다.

해졌다. 이러한 산릉제사 시스템의 정비는 천황령이 거기에 상주해서 국가와 천황수호를 위해 감시의 눈을 번뜩이고 있는 것을 명시하려고 하는 것이었다.

때마침 그 때까지 떠돌아다니며 정주지가 없었던 전통적인 신들이 신전(社殿)에 상주한다는 관념이 정착하기 시작한 시기였다(3장 3절 참조). 그 이전의 신의 제사는 제사가 있을 때 요리시로(依代)[27]에 강림했다가 제사 후에는 어디론가 사라지는 형식을 취하고 있었다. 그런데 7세기말부터 호헤이시(奉幣使)를 통해서 국가가 신들을 위한 정기적인 제사를 하게 되면서 신은 언제나 신전에 있고 천황을 지킨다는 관념이 정착되어 갔다.

이렇게 해서 율령국가의 형성이 정비됨에 따라서 천황령과 전통적인 신들은 모두 국가의 수호자로서 가미라는 지위가 부여되었다.

3. 신이 사는 산

산으로 돌아가는 다타리가미

고분의 봉분이 「산릉(山陵)」이 되고 천황의 영혼이 머무는 땅이라고 한 배경에는 고향에서 바라볼 수 있는 단정한 형상의 산들을 신이 사는 땅이라고 보는 동시대의 관념이 있었기 때문이다. 나라(奈良)의 미와야마(三輪山)[28]나 히토코토누시신(一言主神)[29]이 출몰하

27) 신령(神靈)이 강림할 때 매체가 되는 것이다.
28) 조몬시대 또는 야요이시대부터 자연숭배를 하는 원시신앙의 대상이었다고 한다.
29) 유랴쿠천황(雄略天皇)이 가쓰라기산(葛城山)에 올랐을 때, 천황의 일행과 똑같은

는 가쓰라기산(葛城山)은 그러한 가무나비(神南備)[30]를 대표하는 존재였다.

『히타치노쿠니 풍토기(常陸国風土記)』[쓰쿠바군(筑波郡)]에는 미오야노 미코토(神祖の尊, 신들의 선조 신)가 각지의 신을 순행하던 중, 해가졌기 때문에 후지산에 사는 신이 있는 곳에서 묵기를 바랐지만 니나메사이(新嘗祭)의 모노이미(物忌み)[31]를 이유로 거절당해 쓰쿠바산(筑波山)의 신이 있는 곳에 가서 환대를 받은 이야기가 기록되어 있다. 『풍토기』에서는 이것이 원인이 되어 후지산은 일 년 내내 사람이 가까이 가지 못하는 추운 땅이 되고 반면 쓰쿠바산은 사람이 모여서 번영하게 되었다고 한다. 이 두 산 이외에도 『풍토기』에는 각지의 산에 신이 있다고 적혀 있다.

미야코노 요시카(都良香)[32]의 「후지산키(富士山記)」에는 875년 조간(貞観) 17년 11월 5일 산기슭에서 제사를 지내고 있었던 사람들이 후지산 정상에서 「흰옷을 입은 미녀 두 사람」이 나란히 춤추는 모습을 목격한 사건이 적혀 있다. 취락이나 제사의 장소도 자주 가무나비산(神南備山)을 바라볼 수 있는 곳에 설정되었다. 그러한 광경은 농지개발과 정주화가 진행되는 야요이시대에 널리 일반화 되었다고 생각한다.

신이 산에 살 이유는 무엇보다도 거기가 청정한 땅이었던 점에 있

한 무리가 산에 오르고 있었다. 누군지를 물으니까 흉사도 경사도 한마디로 말할 수 있는 가쓰라키(葛城)의 히토코토누시(一言主神)라고 대답했다. 천황이 두려워해서 가지가지인 물건을 헌상했더니 신은 기쁘게 그것을 받고 산 입구까지 천황을 배웅했다. (『고지키』)

30) 신도에서 신령이 머무는 대상물이 있는 영역이다.

31) 신지(神事)때문에 어떤 기간 음식 언행 등을 삼가하고 목욕을 하거나해서 심신을 깨끗하게 하는 것이다.

32) (834~879년 3월 21일) 헤이안시대 전기의 한시가인(漢詩歌人)이다.

다. 『히타치노쿠니 풍토기(常陸国風土記)』 구지군(久慈郡)에는 신이 가비레노다카미네(賀毘礼の高峰)[33]에 모셔지게 된 경위에 대해서, 다타리(祟り)[34]를 되풀이하는 신에게 곤혹한 사람들이 「지금 여기(신사가 있는 곳)는 서민의 집 근처이니까 아침저녁으로 더러워져버린다. 여기에 신사가 있는 것은 안 되므로 마을에서 신사를 이전시켜 높은 산의 청정한 곳에 계셔야 한다.」라고 요청한 것이었다고 적혀 있다. 『엔기시키(延喜式)[35]』 수록의 「다타루카미오 우쓰시야루코토바(遷却祟神詞)[36]」의 노리토(祝詞)[37]도 궁중에 있는 다타리를 내린 신을 전망 좋은 「산천의 청정한 땅」에 옮겨서 그 다타리를 진압시키는 것을 목적으로 한 것이었다.

신이 청정한 곳을 좋아하는 존재이기 때문에 신에 의한 다타리가 일어났을 때는 다타리를 내린 신 또는 그 소재지에 더러움이 있지 않은지 맨 먼저 의심했다. 『니혼쇼키』의 닌토쿠천황기(仁徳天皇紀)에는 천황이 아와지시마(淡路島)에서 사냥을 했을 때 섬에 있는 이자나기가 종자의 문신 상처를 싫어해서 「피 냄새를 견디지 못 한다」라는 신탁을 내렸다.[『쇼쿠니혼키(続日本紀)』] 782년[엔랴쿠(延暦)원년] 7월 29일 조(条)에는 관인(官人)들이 상복을 입고서 신지(神事)[38]에 참가하기 때문에 경사와 흉사가 섞여 이세(伊勢)를 비롯한 신들이 모조리 다타리를 일으키고 있다는 기술이 있다. 신은 죽음·피·배설물

---

33) 히타치 오타시(常陸太田市) 사토노미야(里野宮)로부터 본 동쪽의 큰 산.
34) 신불(神仏)이나 영혼 등이 인간에게 재난을 주는 것.
35) 요로리쓰료(養老律令)에 대한 시행 세칙을 집대성한 고대 법전.
36) 재화의 원인이 되는 신들을 모시고 그 마음을 누그러지게 하고 먼 곳에 옮기는 것을 목적으로 한 노리토(祝詞).
37) 신도에 있어서 신덕을 칭하고 숭경의 뜻을 표하는 내용을 신에게 주상해서 가호나 이익을 얻으려고 하는 문장.
38) 신에 관한 의식.

과 같은 인간의 세속생활에 있는 더러움을 철저히 멀리할 필요성이 있었던 것이다.

산은 신이 사는 청정한 땅으로 간주되고 있었기 때문에 거기는 일찍부터 초월적인 힘을 익히려고 하는 수행자들의 수행 장소가 되었다. 『니혼료이키(日本霊異記)』(상권 28화)에 기록된 엔노오즈누(役小角)[39]와 같은 공중을 자유자재로 비상해 귀신을 사역하는 수행자상(修行者像)이 사람들 사이에 공유되었다. 그 때 그러한 수행자의 힘의 근원이 심신의 청정성(淸淨性)이라고 생각된 것은 중요하다. 사람은 성지인 산에 들어가 속세로부터 멀리 떨어져 생활하는 것이 심신을 정화시켜 신에게 필적하는 강대한 위력을 익힐 수 있다고 믿었다.

정화淨化되는 영혼

지금 고대 신을 생각할 때 청정성이 가장 중요한 키워드인 것을 말했다. 신이 산에 있는 것도 거기가 청정한 땅이기 때문이었다.

야나기타 구니오(柳田国男)가 『선조 이야기(先祖の話)』에서 일본열도에서는 사자(死者)는 옛날부터 산에 돌아간다고 논한 이래, 그 학설은 민속학이나 종교학에 큰 영향을 주었다. 야나기타의 지적을 근거로 본미치(盆路)[40]등 산에서 선조령을 맞이하는 각지의 행사가

---

39) (634～701년) 아스카시대(飛鳥時代)부터 나라시대의 주술자(呪術者)이며 슈겐도(修驗道)의 개조로 여겨지고 있다. 슈겐도는 일본 고래의 산악신앙과 밀교, 도교 등이 결부되어서 헤이안시대말기에 성립한 종교로 영험을 얻기 위한 산중 수행과 기도 주술예의를 주로 한다. 엔노교쟈(役行者)라고도 부른다.

40) 백중맞이의 정령을 마중하기 위해서, 무덤으로부터 집까지의 풀을 베고 길을 가

발굴되어 소개되었다. 호리 이치로(堀一郎)는 『만요슈(万葉集)』의 만가(挽歌)를 분석하던 중에 거기에는 사자(死者)의 영혼이 높은 장소 특히 산언덕에 올라 숨는다는 표현이 많다는 것을 지적하고, 그 배경은 사자입산(死者入山)의 관념이라고 말했다.[호리(堀) 1963] 이후 야나기타와 호리(堀)의 주장은 많은 사람들의 지지를 얻어 일본에서는 사자(死者)가 산에 산다고 믿는 견해가 오늘날의 통설로 되었다. 그러나 고대 문헌을 보면 사자가 산에 있다고 하는 명확한 기술은 거의 보이지 않는다. 오히려 압도적으로 많은 것은 산에는 신이 있다고 하는 기술이다.[사토 히로오(佐藤弘夫) 2009]

고대에는 죽음이란 육체를 떠난 혼이 다시 신체에 귀환할 수 없게 되는 상태를 의미했다. 영령이 떠난 사자의 육체나 뼈는 단순한 빈 껍질이며 사람들의 관심은 혼의 본연의 모습에 집중되었다. 죽은 후 얼마 안 되는 영혼은 아직 사람에게 위해를 가할지 모르는 난폭한 위력을 가지고 있고 그것을 완화시켜 무해화(無害化)하는 것이 모가리(殯)[41]를 비롯한 고대 장송의례의 가장 중요한 과제였다. 그리고 그것은 영혼의 정화를 통해서 비로소 이루어진다고 생각했다. 청정성(清淨性)의 실현에 의한 신의 다타리 진정화와 거의 같은 프로세스를 사령(死靈)의 진혼에서도 찾아 볼 수 있다.

다양한 의식을 통해서 정화된 영혼은 조상령이 모이는 사자의 나라로 향했다. 『고지키』나 『니혼쇼키』에 나오는 요미의 나라(黄泉の

다듬은 것 또는 그 길, 동일본(東日本)에서 많이 행해지며 기일은 보통 7월 1일이다.

41) 일본에서 고대에 행하여진 장례식 의례로 사자(死者)를 본장 할 때까지의 상당히 긴 기간 관에 사체를 임시로 안치하고, 이별을 아쉬워하고, 사자의 영혼을 두려워하고, 위로하며 사자의 부활을 기원하면서도 사체의 부패·백골화 등의 물리적 변화를 확인하는 것으로 사자의 최종적인 「죽음」을 확인하는 것이다.

国)는 요모쯔 히라사카(黄泉平坂)[42]를 지나는 장소에 있었다. 『이즈모 풍토기(出雲国風土記)』 이즈모군에는 우카가이(宇賀)마을 해안에 있다는 요미의 고개(黄泉の坂), 요미의 동굴(黄泉の穴)에 관한 이야기가 보인다. 고대에 있어서 사자의 나라는 산중에 국한 되지 않고, 동굴, 해안, 땅 끝의 섬, 골짜기 등 각양각색인 장소에 있었다. 센다이시(仙台市) 아오바쿠(青葉區)에는 모가사키(茂ヶ崎)라고 불리는 구릉의 밑동에 해당한 부분에 다이넨지 야마요코아나군(大年寺山横穴群)을 비롯한 많은 동굴식 묘지가 남아 있다. 6세기부터 8세기에 걸쳐 1000체가 넘는 사체가 매장되었다고 추정된다.[「모가사키요코아나보군(茂ヶ崎横穴墓群)」1989] 문헌자료에서도 고고학 자료에서도 사자가 전부 산에 오른다는 관념은 찾아볼 수 없다.

성묘 습관이 정착되지 않았던 고대에는 사자의 영령이 매장된 땅에 정착한다는 감각은 희박했던 것 같다. 왕조시대의 가인인 이즈미 시키부(和泉式部)는 「12월의 그믐날 밤 읊는다.」라고 다음과 같은 노래를 읊었다.

> 고인이 방문하는 밤이라고 들었지만 당신은 없네. 내 주거는 「혼 없는 마을」일까.
> 『이즈미 시키부슈(和泉式部集)』

고대 사회에서는 평소 어딘가에 있는 사자의 혼이 섣달 그믐날에 친한 사람을 방문한다는 풍습이 널리 유포되어 있었다. 중고문학(中古文学)[43]에는 그러한 습속을 읊은 노래가 많이 남겨져 있다. 10세기에도 아직 사자는 한 곳에 정주하지 않고 산자(生者)가 아무리 원

---

42) 요미의 나라(黄泉の国)와 현세와의 경계에 있는 고개.

43) 일본문학사에 있어서 헤이안시대에 성립한 문학으로 가나문장의 사용과 그것에 따르는 국풍의 귀족문학을 중심으로 한다.

한다고 해도 간단하게 만날 수 있는 존재가 아니었다.

그러한 사자의 영령 중에서도 완전히 정화가 이루어져 특별히 위력이 있다고 생각된 영혼만이 특별히 가미로서 다루어졌다. 반대로 영혼이 산으로 올라가서 거주자가 되기 위해서는 영혼이 가미가 될 필요가 있었다.

산으로서의 산릉山陵

가미로까지 상승한 영혼이 최종적으로 머무른 곳이 산 정상이었다는 이해를 근거로 다시 한 번 율령국가정책을 살펴보면 대단히 흥미로운 점이 보인다.

앞에서 언급한 것처럼 7세기말에는 국가 방침에 따라 고분 시대에 조영된 특정한 분묘(산 모양의 봉분)가 그 실제 매장자와 관계없이 역대 천황들의 분묘로 정해졌다. 일단 천황릉으로 인정된 고분은 공적인 차원의 료코(陵戸)를 두고 정기적인 제사인 조헤이(常幣)의 대상이 되었다. 이런 시스템은 모신 천황령이 고분에 상주한다는 것을 사람들에게 인식시키는 역할을 했다.

그 때 영제(令制)에 있어서 천황릉에 대한 「산릉」이라는 명칭과 그 조영 담당관으로서의 「야마쓰쿠리 노쓰카사(山作司)」의 역할이 명확해진 것은 중요하다. 이것들은 가미가 산에 산다는 당시의 사회통념을 배경으로 가미로서의 천황령의 거주지인 산을 인위적으로 만들어 낸 장치였다고 이해할 수 있다. 헤이안시대에는 고분에 모셔진 천황령이 자주 명동(鳴動)을 되풀이하고 침범의 배제를 요구하면서 다타리를 일으켰다. 『쇼쿠니혼코키(続日本後紀)』 841년 10월 15

일 조(条)에서는 가시와바라노미사사기[柏原陵 간무천황(桓武天皇)의 무덤]의 나무를 벌채한 것이 원인이 되어 일어난 다타리 때문에 닌묘천황(仁明天皇)의 몸에 이변이 일어났기 때문에 사자를 파견해 능에서 독경을 하게했다.

이러한 산릉(山陵)의 다타리는 사령(死靈)의 기능이라고 생각했다. 그러나 그것은 오히려 동시대의 가미가 가지는 특징적인 기능이었다. 『니혼쇼키』에서는 사이메이천황(斉明天皇)이 아사쿠라 노미야(朝倉宮)로 도읍지를 옮길 때 아사쿠라샤(朝倉社)의 신목(神木)을 사용해서 궁(宮)을 조영했기 때문에 신이 분노 해 도깨비불이나 병의 유행 등 각양각색의 괴이한 현상이 일어났다고 생각했다. 847년 조와(承和) 14年에는 사스마이노 쓰카사(左相撲司)[44]가 가도노노코오리(葛野郡)의 구케(郡家)[45] 앞의 느티나무를 잘라서 북을 만들었기 때문에 신의 벌을 받았다. 그래서 그 분노를 가라앉히기 위해 북을 마쓰오샤(松尾社)에 봉납했다는 기사가 보인다. 수목의 벌채－다타리의 발생－사죄와 다타리의 원인 제거라는 일련의 과정은 앞에서 말한 천황릉의 경우와 똑 같았다. 천황릉은 신사와 등질의 존재로 인식되었다.

고대에 있어서 산, 특별히 그 정상은 이 세상에서 가장 청정한 장소이며 가미가 사는 땅이었다. 산은 신에 필적하는 청정성(淸淨性)을 몸에 걸친 특별한 영혼만이 머무를 수 있는 장소라고 생각했다. 율령기(律令期)에는 고분－산릉(山陵)도 또한 산이고, 거기에는 가미로서의 천황령이 실존한다고 믿었다.

---

44) 헤이안시대(平安時代)에 스모를 천황이 관람할 때 스모를 담당한 임시적인 관으로, 좌우로 나누어지고 있고 스모에 정통한 사람이 임명되었다.

45) 율령제도에 있는 군의 관공서.

천황령의 연원

나는 지금까지 앞에서 제기한 두 문제 중 하나인 왜 8세기에 가미로서의 천황령의 관념이 부상하는 것인지에 대해서 이야기 해 왔다. 화제를 또 하나의 의문으로 돌리면 천황령이 일본열도에서의 히토가미의 최초의 예이었던 것인가라는 문제다.

사자(死者)의 영혼이 제사나 기원의 대상이 된 것은 천황의 것뿐만이 아니었다. 다소 시대는 내려오지만 765년 덴표진고(天平神護) 원년 8월의 쇼토쿠천황(称徳天皇)의 조칙에 와케왕(和気王)이 모반죄로 추궁당한 근거로서 자신의 「선조령(先靈)」에게 일에 대한 성취를 기원한 문장이 인용되고 있다.[『쇼쿠니혼키(続日本紀)』] 730년 덴표(天平) 2년 9월 발해에서 보내온 신물(信物)이 산릉(山陵) 6군데에 바쳐져 후지와라 후히토(藤原不比等)의 무덤에 봉헌되었다. 755년 덴표쇼호(天平勝宝) 7년 10월에는 쇼무다이죠천황(聖武太上天皇)[46]의 병 때문에 덴지릉(天智陵)이하 역대의 산릉과 후지와라 후히토의 무덤에 호헤이(奉幣)[47]의 사자(使者)를 파견했다. 도노미네(多武峰)[48]의 후지와라 가마타리(藤原鎌足)의 분묘는 자주 길조를 나타내서 사람들에게 미래 세상의 변동을 경고한다고 알려졌다.[구로다 사토시(黑田智) 2007]

씨족의 선조가 자손을 가호한다는 이미지는 「천황령」 관념이 고

46) 다이죠천황(太上天皇)은 황위를 후계자에 물려준 천황에게 보내지는 존호 또는 그 존호를 받은 사람이다.

47) 천황의 명에 의해 신사(神社)·산릉(山陵) 등에 헤하쿠(幣帛)를 봉헌하는 것으로 헤하쿠(幣帛)는 신도의 제사에 있어서 신에게 봉헌하는 공물 이외의 것의 총칭이다.

48) 나라현(奈良縣) 사쿠라이시(櫻井市) 남부에 있는 산 및 그 일대에 있었던 사원이다.

양하는 7세기말 전부터 널리 퍼져 있었다고 생각된다. 『고지키』와 『니혼쇼키』에는 신대(神代)의 시조에서 파생한 각 씨족의 유래가 적혀 있다. 아마테라스 오미카미가 진무천황(神武天皇)을 가호한 것과 같이 선조신이 자손을 수호한다는 인식도 사회적으로 공유되고 있었다.

율령국가는 그러한 선조관을 전제로 하면서 역대 천황들에게 특정한 분묘를 할당하여 천황령이 사는 장소를 확보해 그 실재성에 강력한 리얼리티를 확보하려고 했다. 그리고 나서 『니혼쇼키』등의 정사(正史)의 자료조작에 의해 영령의 기능을 전통적인 신과 동등 또는 그 이상의 것으로까지 끌어 올려 가미로서의 천황령의 지위를 제도적으로 확립하는 것을 목표로 했다. 다른 한편으로는 능묘제(陵墓制)의 시행을 통해서 선조를 모시는 의례에 규칙을 가해 다른 씨족의 사령이 새롭게 가미로 상승할 가능성을 막으려고 했다.

그 때 조정내부에서 거대한 권력을 소유했던 후지와라씨(藤原氏)의 시조이며 사회적으로도 가미로서 인지되었던 가마타리(鎌足)나 후히토(不比等)는 예외로서 그 지위를 공인 하지 않을 수 없었다. 전술한 후지와라 후히토(藤原不比等)의 무덤에 봉헌사(奉獻使)를 파견한 4일후에는 천황이 조칙을 내려 아키(安芸) 및 스오(周防) 양국에서 거행하는「죽은 혼을 모시고 기도하다」라는 행위를 문제 삼아 금지하라고 명했다.[『쇼쿠니혼키(続日本紀)』]. 특권적인 영혼을 가미로 모시는 것과 그 이외의 사령의 제사를 금지하는 것을 동시에 실시했던 것을 나타내는 단적인 사례다.

천황령이 최초의 히토가미가 아니라고 하면 역사상 실재한 특정한 인물을 가미로 모시는 행위는 도대체 어디까지 거슬러 오를 수 있는 것일까? 이 문제를 생각하기 위해서는 그 전제로서 우리들은 먼저 가능한 한 시대를 거슬러 올라가서 일본 열도에 있어서 최초의 가미는 어떤 존재이었는지, 그것은 어떻게 모습을 나타낸 것인가라는 점을 이해할 필요가 있다. 그러나 여기부터 그 이전의 문헌사료는 존재하지 않는다. 우리는 고고학 등의 여러 이웃 분야의 성과를 가능한 한 채용하면서 이 문제를 넓은 시야에서 생각할 필요가 있다.

우선 인류의 활발한 활동을 확인할 수 있는 일 만년이상 이전의 이 열도로 거슬러 올라가 보기로 하자. 그리고 그 시대와 천황령이 탄생하는 7세기말의 시대를 잇는 긴 역사와 넓은 문맥 안에서 히토가미 발생의 메커니즘과 천황령 탄생의 의의를 추구하고 싶다.

多武峯山위에 있는 藤原鎌足의 묘

대륙의 선조관

그것을 파악하기 전에 하나만 확인 하고 싶은 문제가 있다. 그것은 중국대륙이나 한반도의 히토가미 관념과의 비교이다. 7세기는 군사적인 충돌도 포함하여 일본은 한반도를 포함한 대륙과 밀접한 교섭을 한 시대였다. 많은 사람들이 각양각색의 목적을 가지고 도래해왔다. 율령제도 그 자체가 중국에서 유래한 시스템이었다. 당연히 사상이나 세계관 면에서 일본열도는 대륙으로부터 엄청난 영향을 받았을 것으로 추측된다.

은나라 시대 중국에서는 왕의 권위를 정당화하는 역할을 했던 것은 선조인 제왕(帝王)들이었다고 한다. 돌아가신 선제(先帝)는 하늘에 올라가서 천제(天帝)가 된다고 믿었기 때문에 왕이 천제와 관계를 가지는 것은 지위를 차지하기 위한 중요한 과제였다. 이것은 천상의 초월자와 지상의 지배자 사이의 혈연관계를 인정하는 것으로 지금까지 보아 온 일본의 율령국가 성립기의 천황관과 공통되는 내용을 가지고 있다.

그러나 기원전 1100년경에 은나라를 정복하고 서주(西周)가 왕조를 수립한 시대가 되면 왕과 초월자와의 관계에 큰 변화가 생긴다. 하늘의 명을 받은 자가 하늘을 대신해서 지상을 통치한다는 천명사상의 성립이다. 그 결과 천상의 초월자(上帝)와 지상의 왕은 선천적인 혈연관계를 끊고 하늘의 명을 받기만 하면 누구나 제위에 오를 수 있고, 반대로 하늘의 명을 잃으면 당장 실각한다는 제왕관(帝王觀)이 정착되었다. 이 사고방식은 뒤에 유학에 있어서 혁명사상 등으로 체계화 된다.

여기에 이르러 제왕에 의한 선조제사는 국가지배를 확립하기 위한 의미를 완전히 잃어버린 것일까. 그렇지 않다. 상제(上帝)의 관념이 성립한 이후의 고대 중국에 있어서 당연한 것이지만 제왕에 있어서 가장 중요한 제사는 하늘을 모시는 교사(郊祀)[49]였다. 그런데 그것과 함께 여전히 천자가 거행해야 할 중요한 제사라고 생각했던 것이 선조를 모시는 종묘제사(宗廟祭祀)[50]였다.

그러면 교사(郊祀)와 종묘제사(宗廟祭祀)는 어떤 관계에 있었을까. 지상의 왕에게 명을 내린다는 하늘의 상제관념이 성립하면 선왕의 영령은 하늘로 올라가 상제의 좌우에 있게 된다고 생각했다. 천명은 직접 천제(天帝)로부터 왕위에 있는 사람에게 내려지지 않고 그 선령(先靈)을 통해서 제왕이 계승한다고 믿고 있었던 것이다. 종묘가 교사와 함께 제왕이 거행해야 할 대표적인 제사가 되고, 후한(後漢)이후 이 두 제사를 합쳐서 「교묘(郊廟)」라고 부르게 된 것은 이러한 이유 때문이었다.[가네코 슈이치(金子修一) 1988]

일본에서 천황과 그 역대 선조들을 가미로 모시는 시도가 진행되었던 7세기말은 중국에서는 이미 황제와 초월적 존재인 천제(天帝)와의 직접적인 혈연관계가 상실되고, 천상의 초월자와 지상의 지배자가 긴장감을 가지고 대치하는 구도를 형성하고 있었던 시대였던 것이다.

---

49) 고대 중국에서 천자가 교외에서 거행한 천지를 모시는 제사.
50) 조선시대의 역대 왕과 왕비의 신위를 봉안한 종묘에서 지내는 제사.

제 2 장 사령에서 가미로

1. 신들의 여명

네안데르탈인과 현생인

일본열도에 살던 사람들은 언제부터 인간을 초월한 존재＝가미를 의식하게 된 것인가. 가미의 탄생이라는 거대한 주제로 최근 가장 활발하게 활동하고 있는 것이 서장에 소개한 인지고고학 분야다.

인류학의 성과에 따르면 현대인의 직접적인 조상인 현생인류(호모 사피엔스)가 출현한 것은 지금부터 약10～20만 년 전 아프리카에서였다. 현생인류가 등장했을 때 이 지상에는 같은 인류이면서도 다른 그룹이 주인공으로 군림했다. 네안데르탈인을 비롯한 구인(旧人)이라고 불리는 일군(一群)이다. 그 이후 2～3만 년 전에 이르기까지 양자가 공존하는 시대가 계속되었다.

네안데르탈인과 현생인류는 외모에서 보면 현생인류가 조금 세련미가 있는 정도이며 그렇게 현저한 차이는 없다고 알려져 있다. 반면에 뇌의 용량에 있어서는 오히려 네안데르탈인이 더 큰 편이다.

그러나 그 뇌의 기능 자체를 비교했을 때, 양자 사이에는 비약적이라 할 만큼 큰 차이를 보였다. 그 차이란 무엇인가. 진화 심리학자가 자주 이용하는 스위스 아미 나이프(Swiss army knife)의 비유를 빌려 그 점을 설명하자.

스위스 아미 나이프는 칼과 숟가락, 톱, 깡통 따개 등의 많은 도구를 집어넣을 수 있게 되어 있는 대형 칼의 일종이다. 심리학자에 따르면 인간의 뇌 내부에는 이 칼의 특화된 하나하나의 도구에 해당하는 다양한 지능을 담당하는 영역(모듈)이 존재한다고 한다. 영역의 대표적인 것으로는 자연의 상징을 해석하는 박물적 지능(博物的知能), 의도를 전달하는 사회적 지능, 이미지에서 물건을 만들어 내는 기술적 지능 등이 있다.

네안데르탈인이나 초기 현생인류의 경우, 각각의 모듈은 독립되어 있고 서로 관계를 가지고 있지는 않았다. 용도에 따라 그때마다 스위스 아미 나이프에서 각각의 도구를 꺼내는 것이다. 그런데 지금부터 3~6만 년 전 현생인류의 머릿속에 「빅뱅」이라 불리는 극적인 변화가 일어났다. 모듈들을 옆으로 연결하는 통로가 열려 인지유동성(認知流動性)이라고 불리는 새로운 지성이 넘쳐 나오게 된 것이었다.

동물 의인화의 시작

인지 고고학의 개척자 중 한명인 스티븐 미슨(Steven Mithen)[1] 의

1) 레딩대학에서 초기 선사시대를 가르치고 있으며, 인간과 환경과학 학부의 학장이다. 그는 런던, 셰필드, 요크의 여러 대학에서 미술에서부터 컴퓨터과학에 이르는 다양한 분야를 공부한 후 케임브리지 대학에서 고고학을 전공했다. 1992년에 레딩대학으로 온 이후부터는 고고학 연구에 컴퓨터 시뮬레이션을 이용하면서 스코

설을 빌려 구체적인 예를 섞어가며 이 점을 좀 더 자세히 설명하고 싶다.[미슨 1998]

네안데르탈인이나 현생인류에게 있어서 가장 중요한 식량 획득의 방법은 사냥이었다. 그런데 이 양자 사이에는 그 방법을 놓고 큰 차이가 있었다. 네안데르탈인의 경우 사냥 방법은 어쨌든 눈앞의 사냥감을 닥치는 대로 사냥하는 것이었다. 이 점은 사자 등의 육식 동물과 크게 차이가 없다. 그에 비해 최종 빙하기가 정점을 맞는 시기(18,000년 전)의 현생 인류의 사냥 방법은 명확하게 정해진 사냥감에 목표를 좁힌 것이었다. 그래서 동물마다 행동 패턴을 읽고 나서 매복하는 등의 고등 전략을 이용하게 되었다. 보급기지의 건설이나 복잡한 역할 분담도 실시되었다.

양자의 차이는 무엇에 유래하는가. 그것은 후자가 인지유동성(認知流動性)을 갖춘 마음을 가지고 있었기 때문이라고 추측된다. 집단에서 식량을 모으거나 사냥을 하는 행위는 조금 전에 설명한 모듈로 말하자면 사회적 지능이라고 할 수 있다. 한편 동물을 분류하고 필요한 사냥감을 선별하는 능력은 박물적 지능이다. 네안데르탈인도 이러한 능력은 가지고 있었다. 그러나 두 가지를 융합시킬 수는 없었다. 가젤 떼를 만나면 그것을 먹잇감으로 인식하고, 곧 바로 공동으로 사냥 행위로 옮길 수는 있어도 미리 그것을 숨어서 기다리는 방법은 취하지 못했던 것이다.

그에 비해 현생인류는 미리 사냥감을 정해 놓고 그 행동을 예측하면서 특정 장소에서 각각 동물에게 가장 적합한 방법으로 사냥을 했다. 그것을 가능하게 한 것은 동물의 의인화다. 동물도 인간과 같은

틀랜드 서부와 요르단 남부에서 발굴조사를 감독하고 있으며, 현재 '인지고고학'의 발달을 이끄는 중요한 인물이다.

마음을 갖고 있을 것이다. 그렇다면 그 행동도 아무렇게나 하는 것이 아니라 의식적인 의사에 따른 일정한 패턴이 있을 것이다. 이러한 관념이 매복에 의한 사냥이라는 행동의 기초에 있었다고 생각할 수 있다.

동물을 인간과 동등한 존재로 인식하는 것은 사회적 지능, 박물적 지능 각각 단독으로 생기는 능력이 아니다. 인간에 대한 인식(사회적 지능)과 동물에 대한 인식(박물적 지능)의 장벽이 없어지고 양자 사이를 유동하는 지성이 생기고 나서야 비로소 가능하게 되는 힘이다. 동물의 의인화에는 스위스 아미 나이프를 넘어선 인지유동성을 가진 마음이 필요했던 것이다.

보이지 않는 것을 보는 힘

영역을 넘어 유동하는 인지 능력은 인류에게 또 하나 중요한 자질을 부여하게 되었다. 현실에 존재하지 않는 것을 유추하는 능력이다.

독일 남부에서 발견된 몸은 인간이면서 머리만 사자의 모습을 한 매우 유명한 상이 있다. 지금부터 3만 몇 천 년 전에 상아로 만들어진 것으로 추정된다. 이외에도 유럽에서는 4만년 전을 경계로 동물의 모습을 새긴 상아 및 사람과 동물을 그린 동굴 벽화 등이 계속해서 제작되었다. 인류 최고(最古)의 예술 작품은 이렇게 탄생한 것이다. 이 시기에는 또 구슬이나 목걸이 등 개인적인 장식품이 봇물 터지듯이 만들어지기 시작해 무덤에 부장품[2]을 볼 수 있게 되는 것도 간과할 수 없다.

2) 죽은 자를 매장할 때 함께 묻는 물건.

이러한 「문화의 폭발적 개화」 라고도 해야 할 현상은 미슨(Steven Mithen)에 의하면, 여러 영역을 연결하는 유동적인 마음의 발생 없이 있을 수 없었다. 사자인간(Lion man)은 현실 세계에는 존재하지 않고, 사람의 머릿속에서 만들어진 존재다. 그것은 뇌의 개별 모듈에서는 절대로 태어날 리가 없는 것이었다. 장식품이나 부장품도 실제 생활에서는 필요 없는 「의장(意匠)」에 지나지 않고 그 발생도 마찬가지로 생각할 수 있다. 다양한 국면에서 영역을 횡단하는 인지능력이 이 시기에 급속히 발달하는 모습이 엿보인다.

여기까지 오면 가미의 발견은 벌써 눈앞에 있었다. 오히려 유동하는 지성에 의해 차례로 만들어지는 구상성(具象性)을 초월한 예술작품은 가미의 탄생과 표리의 현상이라고 볼 수 있을 것이다. 사자인간상에서 당시 사람들이 자연적 존재를 넘어선 뭔가를 찾았던 것은 의문의 여지가 없다. 부장품을 넣은 묘지 조성도 사망자가 단순히 움직이지 않는 물질에 머물지 않고 초자연적 존재로 인식된 양상을 짐작할 수 있다.

이렇게 해서 사람은 주위의 자연과 환경 속에서 그것을 초월한 눈에 보이지 않는 힘을 감지하기에 이르렀던 것이다.

초월의 표상화

나는 여기까지 가미의 탄생에 관한 미슨(Steven Mithen)으로 대표되는 인지과학에 의한 가설을 소개했다. 매우 흥미롭고 또 자극적인 내용이지만, 여기에서는 일본 열도의 가미의 탄생에 대해 이 가설 그대로를 전제로 하지는 않는다. 이에 대해서는 서장에서도 밝혔듯이, 가능한 한 구체적인 자료에 입각해서 자신의 눈높이에서 가미의 흔적을 이 열도 상에서 찾으려는 생각 때문이다.

구석기 위조 문제[3]로 고고학계가 발칵 뒤집혔던 사건은 기억에 생생하지만, 일본열도에는 구석기시대에 이미 사람이 살았음이 확실하다. 조몬토기(縄文土器)[4]를 가진 신석기 사람들이 도래하기 이전에는 이 열도에 사람이 없었다는 것이 제2차 대전 전의 고고학의 상식이었다. 그것에 대해 구석기 문화의 실존을 증명한 것이, 아이자와 다다히로(相沢忠洋)에 의한 『이와주쿠의 발견(岩宿の発見)[5]』이었다.[아이자와(相沢) 969] 위조 문제에도 불구하고 틀림없이 구석기 시대로 거슬러 올라갈 것으로 보이는 유적과 석기류는 많이 존재한다. 하지만 그것을 통해 당시 사람들의 마음 속까지 들여다보는 일은 이 열도에 있어서만큼은 어려울 것이다.

다만 석기는 실용품으로 꾸며지고 있음에도 불구하고, 실제 용도를 넘은 장식인 「의장(意匠)」으로 보이는 것이 주목된다. 예를 들면, 후기 구석기시대 후반에 만들어진 미코시바형(御子柴型)이라 불리는 큰 석창(石槍) 중에는 좌우 대칭으로 얇게 형태가 다듬어진 것이 보이는데 망가지기 쉽고 실용적인 측면에서는 적합하지 않았다.[마쓰키(松木) 2007] 여기에서는 아름답고 균형 잡힌 석기를 만드는 것 자체

3) 고고학 연구가 후지무라 신이치(藤村新一)가 계속 발굴했던 일본 전기·중기 구석기시대 유물과 유적들이 모두 조작된 것으로 알려진 사건이다. 중·고등학교 역사 교과서는 물론 대학 입시에도 영향을 미친 일본 고고학계 최대 스캔들로 2000년 11월 5일에 발각되었다.

4) 일본의 선사시대 중 BC 13000년경부터 BC 300년까지의 기간으로 이 시대의 토기에서 볼 수 있는 새끼줄 문양의 한자어 조몬(縄文)에서 조몬시대라는 이름이 붙여졌다.

5) 군마현(群馬県) 미도리시(みどり市)에 있는 유적. 1949년[쇼와(昭和)24] 아이자와 다다히로(相沢忠洋)에 의해 발견돼 일본에서 처음으로 구석기시대의 존재가 확인되었다.

가 목적화 되었다. 「의장」은 인지고고학에 있어서 가미의 탄생을 측정하는 지표가 되었던 것이며, 일부의 석기가 단순한 도구인 물건을 초월한 존재로 받아들여지고 있었음을 엿볼 수 있다.

일본열도는 지금부터 만여 천 년 전을 기점으로 하여, 새로운 문명의 단계에 돌입하는데 그것이 조몬시대(縄文時代)의 시작이다. 「의장(意匠)」은 이미 구석기 문화에서 인정된 것이지만, 조몬시대의 석기와 토기들에서는 그것이 보다 현저하게 나타난다. 조몬시대 중기를 대표하는 화염토기(火焔土器)[6]는 어떻게 사용되었는지 확실하지 않지만, 이미 실용성이라는 관점을 완전히 벗어나고 있다.

한편 조몬시대에는 보다 직접적인 초월의 표상화가 시작된다. 조몬토기에 자주 표현되는 뱀(독사), 멧돼지, 개구리 등이 동물의 사실적 묘사가 아니라 성스러운 존재의 상징이었다는 것은 이미 많은 연구자가 지적하고 있다. 신성한 것에 대한 표현이라는 점에서 조몬시대에 방대하게 제작되는 토우(土偶)[7]는 바로 그 초월의 표상이다. 토우의 제작 목적에 대해서는 여러 설이 있지만 그것이 성스러운 것을 표현한다는 점에서는 대부분의 의견이 일치한다.

자립하는 사자死者의 세계

조몬시대의 정신문화에 대해서는 장례를 둘러싼 고고학적 접근이 진전되는 가운데 죽음의 관념이라는 관점에서도 흥미로운 다양한 의견이 제시 되었다. 특히 주목되는 것이 조몬(縄文) 취락에 있어서

---

6) 조몬토기의 일종으로, 타오르는 불길을 본뜬 듯한 형상 토기이다.
7) 일본의 토우는 조몬시대의 것을 말하고 야요이시대(弥生時代)와 고분시대(古墳時代) 토우는 「하니와(埴輪)」라고 한다.

주거지에서 묘지가 분리되는 현상이다.

조몬시대의 주거는 광장을 둘러싼 환상취락(環状集落)형태를 취했다. 그 광장의 중심을 이루고 있던 것이 무덤이었다. 중앙에 죽은 사람을 매장하는 묘역이 있고 묘역주위에 생자의 주거가 둘러싸는 구조가 조몬취락(縄文集落)의 기본형이었다. 그런데 지금부터 4천년 전 조몬시대 후기로 들어갈 무렵부터 그 방향성에 변화가 일어나기 시작했다. 묘지가 마을에서 떨어져 나와 일상 주거지에서 독립된 장소에 형성하게 된다. 동일본(東日本)에서 많이 볼 수 있는 환상열석(環状列石)[8]은 바로 그 전형이었다.

이 현상을 어떻게 해석해야할지를 두고 전문가 사이에서도 여전히 여러 가지 의견이 있다. 그들 중에서도 많은 사람들이 인정하는 견해는 이것이 생자의 세계와 사자의 세계에 뚜렷한 경계선을 나타내는 것이라는 점이 아닐까.[사사키 후지오(佐々木藤雄) 2002]

어느 단계까지 조몬인(縄文人)에게 있어 죽은 인간은 활동을 멈춘 동료였다. 죽은 자의 몸과는 별개로 사후에도 계속되는 인격이 명확하게 상정(想定)되지는 않았다. 젊은이가 입문 의례를 거쳐 공동체의 반열에 오르는 것과 같이 죽은 자도 공동체를 이탈하는 의례인 장례식을 마치고, 취락의 중심 광장 등 과거 생활하던 곳과 같은 공간 내에 묻혔다. 유아가 주거지 안 등, 보다 가까운 곳에 매장되거나 어머니의 태내와 비슷한 옹관묘에 넣어져 매장되는 사례가 있는 것을 보면, 죽은 자가 신생아라는 형태로 부활하는 것을 믿고 있었을지도 모른다.[오카무라(岡村) 2002] 생자와 사자는 같은 생활공간에서 같은 세계를 공유하고 같은 공기를 마시고 있었던 것이다.

---

8) 거대한 선돌이 둥글게 줄지어 놓인 고대 유적. stone circle.

그에 비해 묘지가 마을 밖으로 나가는 현상은 생자의 세계와는 이질적인 사자만의 세계가 존재한다는 것을 사람들이 널리 인식하게 된다는 것을 의미한다. 생자가 모여 공동체를 운영하면서 생활하고 있듯이 사자도 독자적인 공간을 보유하고 거기서 자율적인 생활을 하는 것이다. 묘지에서는 거기에서 생활하는 사자(死者)들인 조령(祖霊)을 위한 정기적인 제사를 지내게 되었다. 사람들 사이에서, 묘지에 살면서 제사를 받는 대상으로써 조령의 이미지를 공유하게 되는 것이다.

그러나 아직 이 단계에서는 제사를 지내야 할 조령은 묘지에 묻힌 익명의 사령(死霊)의 총체이며, 거기에서 특정 인물의 영혼만을 분리해 비대화하는 일은 없었다. 조령이 가미가 되기 위해서는 율령시대의 천황령이나 후지와라 가마타리(藤原鎌足)의 영혼처럼 한 인물

大湯環状列石(秋田県鹿角市)

의 영혼이 영혼의 집합체에서 벗어나 다른 여러 영혼에서 걸출한 존재로 성장해 나갈 필요가 있었던 것이다.

조령祖靈에서 가미로

그렇다면 어떤 과정을 거쳐서 사자(死者)들의 영혼의 일부가 가미로까지 상승할 수 있게 되었을까. 이 문제를 생각하는 전제로서 우리는 조몬시대에 「가미」가 어떤 것으로 받아들여지고 있었는지를 확인해 둘 필요가 있다.

이 열도에서 사람들이 처음 일상 세계를 초월한 영위의 존재인 가미를 어떻게 해서 느꼈을까. 그것은 세계의 다른 지역과도 공통된 것이지만 인간의 이해와 능력이 미치지 못하는 자연 현상에 대한 것이라고 추정된다. 『고지키』·『니혼쇼키』·『풍토기(風土記)』등 현존하는 일본열도 최초의 문헌에는 많은 신이 등장한다. 그 대부분은 동물과 자연현상 등 주위에 존재하는 현상 속에서 가미의 능력을 찾는 것이었다.

조몬시대 사람들에게 일월(日月) 교대극, 천둥과 번개, 종자 발아(種子発芽)와 성장이라고 하는 여러 현상은 가미의 능력 그 자체였다. 마치 무에서 유가 생기는 것과 같이 임신과 출산의 프로세스도 인지를 초월한 일이었다. 어떤 종류의 동물들이 지닌 초인적인 능력도, 가미의 특성으로 인식된 것이다. 두려워하는 마음을 품게 하는 거대한 바위나 큰 나무에도 사람들은 특별한 힘을 찾아내고 있었다.

가미는 당초 가미로서 인식된 대상과 일체한 것으로 파악되었다. 갈대의 새싹은 그 생명력 자체가 가미였다. 상어나 사슴, 백조는 하나하나의 개체가 그대로 가미로 인식되었다. 조몬토기(縄文土器)에 표현된 뱀이나 멧돼지도 가미였다.

가미의 관념은 곧 다음 단계로 전환한다. 특정 사물이나 현상을 즉시적인 가미로 간주하는 단계에서 그것들 각각의 현상의 배후에 있어서 그것을 일으키는 근원력(根源力)으로서의 가미를 상정하는 단계로의 이행이다. 가미가 가미로 인식된 구체적인 대상에서 분리해, 보다 추상화된 존재로서 인식하게 되는 것이다.

「가구쓰치(火神)[9]」「야마쓰미(山神)」라고 한 신의 이름 끝에 부쳐지는 「치」나 「미」란 말이나 「다마(魂)」라고 불리는 바로 그것이다. 「다마」는 이나다마(稲魂)[10]·고다마(木霊)[11]처럼 식물의 영혼으로 보는 한편, 동물이나 인간의 영위도 「다마」라는 말로 표현되고 있었다. 다마는 더 이상 숙주(宿主)와는 다른 차원의 존재이며 그 숙주에 영향을 주는 일은 있어도, 숙주가 가진 고유의 성질에 구속 되지 않았다.

물론 이러한 새로운 가미 관념이 생기더라도 어떤 대상을 그대로 가미로 인식하는 시각이 금방 사라져 버리지는 않았다. 야마토 다케루(日本武尊)[12]가 만난 이부키산신(伊吹山神)[13]은 하얀 멧돼지의 모습을 하고 있었다.[『고지키(古事記)』] 『히타치노쿠니 풍토키(常陸国風土記)』에

---

9) 일본신화에서 이자나기노미코토(伊弉諾尊), 이자나미노미코토(伊弉冉尊)의 아들, 화신. 호무스비노카미(火産霊).

10) 벼 속에 머문다고 믿어지고 있는 신령, 번개.

11) 수목에 머문 영혼, 메아리.

12) 일본의 전설적인 야마토(大和) 왕조의 왕자였다. 그는 일본의 12대 게이코천황(景行天皇)의 아들로 인상적인 인물의 비극적인 이야기는 일본연대기 『고지키(古事記)』와 『니혼쇼키』에 기록되어 있다. 그의 아들 중의 한 명이 주아이천황(仲哀天皇)이 되었는데, 그는 일본의 14대 천황이다.

13) 이부키산(伊吹山)은 시가현(滋賀県)에 있는 산이다.

는 뱀이 야토노가미(夜刀神)[14]로 등장하지만, 제사의례 등의 정비에 따라 가미관념의 일반화·추상화가 점차 진행되었음에 틀림없다.

앞에서 언급한 바와 같이 조몬시대 후기가 되면 주거지에서 묘지가 분리되어 사자의 세계가 자립해 가는 현상을 널리 볼 수 있게 된다. 또한 그 시기는 하트형 토우(土偶)[15]나 차광기 토우(遮光器土偶)[16]와 같은 인간의 모습을 벗어난 형상을 가진 토우들이 만들어지기 시작한 때이기도 하다. 추상성이 높은 토우의 출현은 구체적인 사물이나 현상에서 분리된 가미 관념의 성장을 나타내는 지표로 생각할 수 있다. 환상열석(環狀列石)의 유구(遺構)에서는 토우를 비롯한 제사 도구가 대량으로 출토되는 사례도 볼 수 있다. 인간을 초월한 존재, 눈에 보이지 않는 타계에 대한 이미지가 조몬시대의 어느 시기부터 급속히 팽창해갔다.

2. 조몬繩文 가미와 야요이弥生 가미

그려지지 않는 가미

신의 추상화는 야요이시대(弥生時代)에 들어가 더욱 진전되었다. 가미관념이라는 시점에서 봤을 때, 조몬시대(繩文時代)와 야요이시

---

14) 『히타치노쿠니 풍토기』에 등장하는 일본의 신, 사신(蛇神)이다.

15) 조몬시대 후반기에 관동지방 및 동북지방 남부에서 많이 제작된 하트모양의 얼굴을 가진 토우이다.

16) 조몬시대에 만들어진 토우로 일반적으로 「토우」라고 하면 이 형태를 연상하는 만큼 유명하다. 눈에 닿는 부분이 에스키모가 설중(雪中) 행동할 때 착용하는 차광기 모양을 하기 때문에 이러한 명칭이 붙여졌다.

대의 가장 큰 특색은 우상(偶像)의 소실이다. 조몬시대의 초월의 표상으로서의 특징적인 것은 토우였다. 그런데 조몬시대를 통해 대량으로 제작된 그 토우가 야요이시대에서는 거의 볼 수 없게 되었다. 토우뿐만 아니라 야요이시대는 성스러운 존재를 형태로 나타낸 광의의 신상(神像)이 없는 시대였다.

그렇다면 야요이시대에는 가미를 어떻게 표현했을까. 가미 자체의 모습이 아니라 가미의 상징 혹은 가미의 이미지로 묘사하게 된 것이다. 야요이시대의 토기나 동탁 등에는 다양한 그림이나 무늬가 그려져 있다. 거기에는 어떤 형태로든 가미 자체를 그렸다고 생각하는 표현은 눈에 띄지 않는다. 그러나 가미가 없는 대신 가미를 모시는 무속인의 모습이 등장하게 된다. 또 제사장을 상징하게 만드는 고상식(高床式) 건물과, 가미의 요리시로(依代)[17]를 생각하게 하는 수목 등이 자주 그려져 있다.

다쓰미 가즈히로(辰巳和弘)는 그림 1에 있는 4개 건물 중 위쪽에 있는 고전(高殿)의 오른쪽 어깨에 그려진 문양이 이곳에 왕림하는 신의 상이라고 해석하고 있다.[다쓰미(辰巳) 2009] 그리고 데라사와 가오루(寺沢薫)는 「사시문동탁(邪視文銅鐸)[18]」이나 「인면토기(人面土器)」에 그려진 얼굴을 「조령(祖霊) = 가미」를 표현한 것이라고 한다.[데라사와(寺沢) 2000] 그러한 해석의 가능성을 전면적으로 부인할 수는 없지만 반대로 확실하게 단언할 만한 증거가 없는 것도 사실이다. 만일 그것들이 신상이나 조상의 영혼이라 할지라도 결코 일반적인

17) 신령이 나타날 때 매체가 되는 것으로 나무가 가장 대표적이다.
18) 눈썹과 눈초리가 극단적으로 길게 표현된 특징적인 눈 그리고 큰 코, 조용히 무엇인가를 노려보는 듯한 그 독특한 눈은 악령이나 사악한 모든 것을 노리는 위협 「사시(邪視)」를 표현한 것으로도 알려져 있다.

예는 아니고, 그것을 굳이 신상으로 봐야 할 정도로 야요이시대에는 실제로 그려진 가미가 많지 않다.

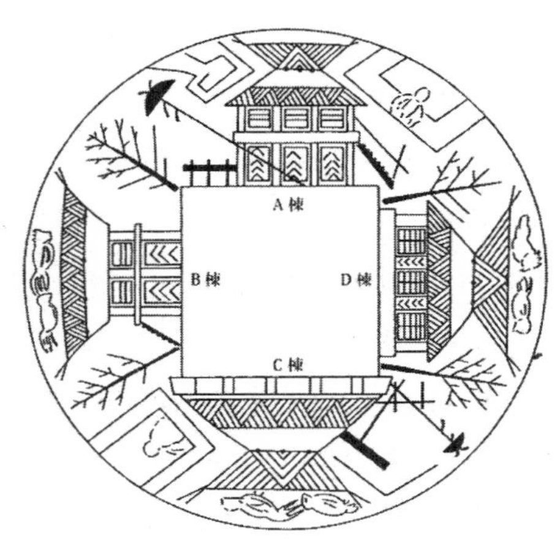

그림 1. **金同金竟**에 그려진 **弥生**시대의 가옥(辰巳和弘 1992에 의함)

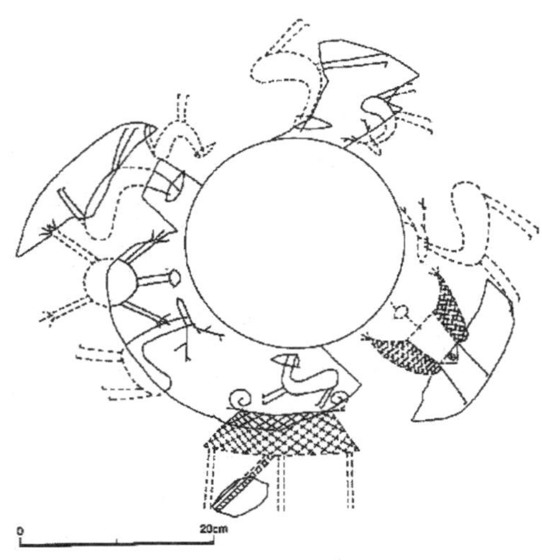

그림 2. **土器**의 회화(辰巳和弘 1992에 의함)

야요이시대부터 고분시대에 걸쳐서 다수의 하니와(埴輪)[19]가 만들어지고 다양한 모습을 한 인물상이 나왔다. 그 인물들의 대부분은 돌아가신 임금을 섬긴 문인·무인이나 매를 기르는 사람·농부 등 여러 직무에 종사하는 사람들이었다. 가미를 모신 무속인으로 생각되는 하니와도 상당수 현존한다. 그러나 거기에서도 가미 자체를 표현했다고 볼 수 있는 것은 전혀 없다. 야요이시대의 대표적인 유물로서 동탁이 있지만 그것도 성스러운 존재의 표상이 아니라 제사 때 사용되는 도구였다.

가미를 모시는 사람이나 모시는 도구는 있어도 가미는 어디에도 보이지 않는다. 조몬시대의 토우와 같은 성스러운 존재의 직접적인 표상도 존재하지 않는다. 야요이시대는 가미가 그 모습을 감춰버리고 마는 시대였다.

무속인의 역할

이것은 앞서 말한 가미의 추상화와 밀접하게 관련된 현상이라고 추정된다. 조몬시대는 아직 가미가 특정 현상이나 사물과 불가분으로 연결되어 인식되었던 시절이었다. 태양과 달, 뱀이나 멧돼지는 가미 그 자체였다. 임신과 출산 등 하나하나의 구체적인 사건사례는 가미의 작용으로 파악되었다. 토우도 또한 기본적으로는 그 자체가 완결된 존재이며, 토우의 배후에 그 신성을 보증하는 보다 고차원적인 초월자나 눈에 보이지 않는 「다마(魂)」가 상정되는 일은 없었다.

---

19) 옛날 무덤 주위에 묻어 두던 찰흙으로 만든 인형이나 동물 등의 상(像). 토용(土俑). 무덤의 장식품.

그러나 조몬시대 후기부터 이러한 특정 개별 현상이 아니라 그들의 배후에 있는 불가사의한 현상을 일으키고 있는 힘을 가미로 인식하는 것이 일반화되었다. 다마 등으로 불리는 초월적 존재는 눈에 보이지 않는 것이기 때문에 조상(彫像)과 그림으로 모습과 형상을 나타내는 일은 없었다. 대신 가미를 모시는 무속인을 그려 가미의 상징 혹은 「요리시로(依代)」로서 제전(祭殿)이나 나무가 등장하게 되는 것이다.

야요이시대에는 목우(木偶)라 불리는 고케시[20] 처럼 생긴 조상이 만들어진다. 그것도 역시 조몬시대의 토우와 같은 초월적 존재의 형상화가 아니고, 가미의 「요리시로(依代)」로 인식해야 하는 것이다. 명확한 눈이나 코가 없는 막대 모양의 목우(木偶)는 겉모습에서 풍기는 인상으로도 가미의 상징이라기보다는 가미가 머문 대상으로 보는 편이 적절하다고 생각한다.

이러한 눈에 보이지 않는 가미 관념이 성숙한 것을 전제로 야요이시대부터 고분시대에는 제사 때마다 나무와 바위 등의 요리시로에 가미를 권청(勧請)하고 종료 후에는 가미를 다시 보내는 방식이 전형적인 가미마쓰리(神祀り)형태가 되었다. 고정된 신사를 필요로 하지 않는 이런 타입의 가미마쓰리의 대표적인 유적으로는 오키노시마 유적(沖の島遺跡)[21], 미와야마 제사유적(三輪山祭祀遺跡)[22], 덴파쿠 이와쿠라유적(天白磐座遺跡)[23] 등을 들 수 있다.

20) 동북지방(東北地方) 특산의 손발이 없고 머리가 둥근 여아(女兒) 모양의 채색 목우(木偶)를 말한다.
21) 후쿠오카현(福岡県)에 있다.
22) 나라현(奈良県)에 있다.
23) 시즈오카현(静岡県)에 있다. 이와쿠라(磐座)는 옛 신도에서 신이 내린다고 한 큰 바위이다.

미와야마(三輪山)기슭에는 산중턱이나 산을 우러러볼 수 있는 곳곳에 제사유적이 있다. 고정된 제사장소를 마련하고 산에 비는 것이 아니라 산이 보이는 장소에 일시적인 시설을 만들어 제사 때마다 산에서 가미를 불러들이고 있었다는 것을 알 수 있다. 덴파쿠 이와쿠라유적은 삼면이 진구지강(神宮寺川)에 둘러싸인 원뿔형의 언덕 위에 높이 5미터가 넘는 두개의 큰 바위가 줄지어 솟아 있다. 고분시대 전기에는 여기에 가미를 권청하여 반복적으로 제사를 지냈다.[다쓰미(辰巳) 2006]

고분시대 이전의 사회에서 가미는 결코 요배(遙拜)의 대상이 아니었다. 서로의 목소리가 닿는 범위에 가미를 권청하여 사람이 신탁을 듣고 또 가미에게 말을 거는 스타일이 신을 모시는 가미마쓰리의 기본적인 형태였다.

토우土偶의 행방

지금까지 우리는 조몬시대부터 야요이시대에 이르는 가미관념의 변화에 대해 말해 왔다. 물론 조몬시대와 야요이시대 사이에 가미관념에 관한 명확한 구분선을 긋는 것은 쉽지 않다.

조몬시대 후기에 들어서면 추상성(抽象性)이 높은 토우가 제작 되지만 한편으로는 합장토우(合掌土偶)라고 불리는 마치 누군가에게 기도를 올리는 것 같은 자세를 한 토우들이 출현한다. 이소마에 준이치(磯前順一)는 그것을 「굴절상토우(屈折像土偶)」라고 명명했다. [이소마에(磯前) 1994] 이런 토우들을 만든 목적은 분명하지 않지만 집단적 제사 기도의 모습을 보다 직접적으로 표현한 것이라고 보고 있다.[하

라다(原田) 2009)]

이러한 형태의 토우들이 기도하는 자세를 표현한 것이라면 그것은 또 한 가지 중요한 문제로 이어지게 된다. 그것은 토우들이 이전에는 초월의 표상 그 자체였기 때문에 예배의 대상으로 여겨졌던 것에 반해 여기에서는 다른 초월적 존재에 대해 예배하는 자세를 표현하고 있는 것이다. 토우들 이외에 보다 초월적인 또 하나의 성스러운 존재＝가미가 상정되고 있는 것이다. 이것은 가미가 개별적 현상과 불가분으로 연결되어 있던 단계에서 그 배후에서 그것(개별적 현상)을 이루게 하는 보이지 않는 힘으로서 인식하는 단계로 이행하는 것과 밀접한 관련성을 갖는 현상이라고 추정된다.

한편 조몬시대부터 야요이시대로의 전환기에는 용기형토우(容器形土偶)라고 불리는 속이 빈 신체를 가진 토우들이 만들어지게 되지만, 이것은 오로지 장골기(藏骨器)로 사용된 것으로 추측되고 있다. 실제로 안에서 뼈가 나오는 것도 있다. 남녀 한 쌍을 연상시키는 짝토우들이 집단 묘지에서 출토되는 예도 많이 볼 수 있다. 하라다 마사유키(原田昌幸)는 이 현상을 조몬세계에서는 「제사」의 세계를 맡은 토우들이 야요이시대에서는 「장례」의 세계를 맡은 도구로 변질된 증거로 보고 있다.[하라다(原田) 2010b]

여기에서도 보이지 않는 가미관념의 팽창과 그에 대한 새로운 신앙의 고양에 대응하여 조몬토기인 토우가 제사 대상이라는 그 본래의 역할을 마치고 제사의 수단이나 장례의 도구가 되는 현상을 찾아볼 수 있다.

천신지기신앙神祇信仰의 시원始原

만약 지금 언급했듯이 조몬시대 후기부터 야요이시대까지 가미관념의 성장과 전환을 둘러싼 가설이 인정된다고 한다면 일본 신을 둘러싼 오늘날의 상식적인 이해는 대폭 수정해야 할 것임에 틀림이 없다.

신도를 태고 이래 오랫동안 계승되어 온 「일본고유」의 민족 신앙이라고 하는 언설은 지금도 종종 듣는다. 그러한 설명을 하는 사람에게 「태고의 옛날이란 도대체 언제를 말하는 것인가」 라고 물었을 때 아마 돌아오는 대답은 「벼농사가 시작된 야요이시대부터다」라고 하지 않을까. 천손강림(天孫降臨)[24]의 주역인 호노니니기(瓊瓊杵)가 이나다마(稲魂)[25]의 의인화였던 것처럼 일본의 신에는 벼와 깊은 관련성을 연상시키는 것을 많이 볼 수 있다. 니나메사이(新嘗祭)[26]를 비롯한 신기제사(神祇祭祀)[27]에서도 벼는 불가결한 소품이었다. 신과 벼와의 밀접한 관계를 강조하면서 신도를 야요이시대 이후 벼농사 문화의 전통 속에서 파악하려는 시각은 그러한 사실을 배경으로 만들어진 것이었다.

신도의 역사를 벼농사 문화로 연결하는 사고방식에 대해 최근 영향력이 강해지고 있는 또 하나의 학설은 일본문화와 일본의 신의 기원을 조몬문화에서 찾으려고 하는 견해이다. 과거 넬리 나우만

24) 아마테라스 오미카미(天照大神)의 명으로 손자인 니니기(瓊瓊杵尊)가 천상에서 휴가[日向＝미야자키현(宮崎県)]지방으로 내려왔다는 일본신화의 한 종류이다.

25) 벼 안에 머문다고 믿어지고 있는 신령. 번개.

26) 11월23일에 천황이 햇곡식을 천지(天地)의 신에게 바치고 친히 이것을 먹기도 하는 궁중 제사.(11月23日은 지금은 근로감사의 날)

27) 하늘의 신과 땅의 신으로 천신지기(天神地祇)라고 한다.

(Nelly Naumann)은 그의 저서 『산신(山の神)』에서 야나기타 구니오(柳田国男)가 농경민의 신앙과 산신을 결합한 것을 비판하고 산신은 오히려 농경사회 이전의 수렵민의 신앙대상이었다고 논했다.[나우만 1994] 일본의 신이 야요이문화(弥生文化)가 아니라 조몬수렵사회(縄文狩猟社会)에 기인한 것임을 지적하고 조령신앙(祖霊信仰)의 관점에서 일원적으로 산신을 인식하는 것을 비판한 점에서 나우만의 문제 제기는 중요한 의의를 가지고 있다. 그리고 수렵민의 산신과 벼농민과의 사이에 화전농경(焼畑農耕)의 산신을 두어야한다고 시사한 점도 빼놓을 수 없다.

나우만의 비판 이후에도 산신과 논의 가미 교체를 논하는 야나기타(柳田)의 설은 압도적인 위치를 계속 차지했지만 나우만의 견해도 그 후 수정이 더해지면서 사사키 고메(佐々木高明) 등 민속학자의 지지를 얻어 정착해갔다.[사사키 고메이(佐々木高明) 2006]

일본의 가미를 야요이문화보다 이전의 사회에 연결 짓는 시각이 큰 영향력을 갖게 된 것은 1980년대 우메하라 다케시(梅原猛)가 일본 문화의 원형으로 조몬문화에 주목한 것에서 시작된다. 우메하라에 의하면 오늘날 일본문화를 규정하고 있는 것은 야요이 농경문화가 아니라 그보다 빠른, 게다가 훨씬 오랜 시대에 걸쳐 계속된 조몬시대의 수렵채집문화였다. 그것이 생명의 순환과 「화(和)」의 사상으로서 오랫동안 일본 문화의 기층을 이루게 되었다. 우메하라(梅原)는 고도의 산업 사회가 한계를 보이고 있는 지금 다시금 조몬시대 사람들의 지혜에 주목해야 함을 주장하는 것이다.[우메하라(梅原) 1994]

하지만 오늘날 잔존하는 민속적 사례를 근거로 산신 신앙이나 반좌제사(磐座祭祀)의 유래를 조몬사회에 연결 짓는 시각은 논리적인 면에서나 자료 활용 면에서도 확실히 비약이 있다. 또 조몬시대와 야요이시대 사이에 확연히 구분선을 긋고 양자의 신앙 내용을 유형화하고 판별하는 방법도 객관적이고 명확한 근거를 찾기 어렵다. 우리가 첫 번째로 해야 하는 일은 후세의 자료와 사례에서 과거의 시대를 유추 하는 것이 아니라 어디까지나 같은 시대의 자료를 이용하여 해당시기의 사회와 문화 그 자체를 복원해 가는 방법이라고 생각한다. 조몬(縄文)·야요이(弥生) 두 시대에 대한 고고학적 지식이 과거와는 비교도 안 될 만큼 풍부해진 지금 그러한 방법의 중요성은 갈수록 증대되고 있다.

앞서 논한 것처럼 지금부터 4000년 쯤 전 조몬시대 후기에 들어설 무렵부터 가미에 대한 관념은 새로운 비약을 보였다. 가미가 구체적인 사물이나 현상에서 분리되어 그 추상화가 진행된다. 그것은 야요이시대에 들어 눈에 보이지 않는 가미로서 사회에 정착하기에까지 이르렀다. 이 열도의 가미관념은 수렵 채집, 수전농경(水田農耕)과 같은 사회구조의 변화와 깊은 관계를 가지면서도 그러한 시기적인 구분을 초월하여 연속해서 전개한다는 측면도 보여주고 있는 것이다.

3. 기억되는 영혼

가미가 된 영혼

이미 보아 온 것처럼 육체로부터 자립한 불사의 영혼 관념의 팽창은 조몬시대 후기부터 야요이시대에 걸쳐 진전하는, 눈에 보이지 않는 가미가 초월화하는 것과 긴밀히 연결된 현상이었다. 이 전환에 따라 눈에 보이지 않는 가미관념이 보급되어가는 상황에서 영혼「다마(魂)」역시 초월성을 높여 간 것으로 추측된다.

다만 가미와 영혼이 동질한 존재로 파악되었다고 해서 모든 인물의 영혼이 무조건 가미로 간주되는 것은 아니다. 몸에서 빠져나간 뒤 장례 의식에 의해 진좌되고 청정화된 일반인의 영혼인「다마」는 시간의 흐름 속에서 조용히 사람들의 기억에서 잊혀져 가는 운명에 있었다. 세대를 넘어 불특정 다수의 사람들에게 영향력을 갖는 특별한 다마(魂)인 가미가 되기 위해서는 그 기억을 공동체 구성원 모두에게 깊이 새길만한 특별한 지위를 차지한 인물, 역사에 남을 큰 사적(事跡)을 남긴 인물의 출현을 기다리지 않으면 안 되었던 것이다.

그러한 조건을 충족시키는 것으로서 우선 머리에 떠오르는 것은 수장이나 성직자, 특히 씨족이나 공동체의 시조 정도는 되어야 위대한 인물이 아닌가.

『고지키』나『니혼쇼키』에는 어느 씨족이 특정 동물의 자손이거나 그 일족에 동물의 피가 섞여 있다는 이야기가 담겨 있다. 잃어버린 낚시 바늘을 찾고 해신의 나라를 방문한 호오리노 미코토(火遠理命)는 해신의 딸인 큰 상어 도요타마 히메(豊玉比売)와 맺어지지만 둘 사이에 태어난 아이가 초대 천황인 진무(神武)의 아버지 우가야 후키아헤즈(鵜葺草葺不合命)였다. 천황가에는 면면히 동물의 피가 흐르고 있는 것이다.

『고지키』에 따르면 이쿠타마 요리비메(活玉依毘売)는 미와야마(三輪山)의 오모노누시노카미(大物主神)의 내방을 받고 아이를 낳았다. 미와야마신(三輪山神)의 정체는 뱀이다. 그래서 그녀가 뱃속에 품고 있는 아이는 신의 위력을 계승하는 존재였다. 이리하여 이쿠타마 요리비메(活玉依毘売)에서 시작하는 씨족의 계보가 성립한다. 『고지키』나 『니혼쇼키』 이외에도 비슷한 이야기는 많다. 『니혼료이키(日本霊異記)』 상권 「여우를 아내로 삼아 자식을 낳는 인연」에서는 미노노쿠니(三乃国)에 있는 기쓰네노아타이(狐直)가 여우의 혈통을 이어받고 있는데 그것 때문에 그 일족은 대단한 완력과 주력(走力)을 갖춘 사람을 많이 배출하게 되었다고 여겨진다.

동물의 파워를 계승하는 신의 자식으로서의 시조 개념의 성립은 자연 신과 조령(祖霊)과의 융합을 통한 조신(祖神)인 인격신의 탄생을 상징하는 일이었다.

왕묘의 탄생

부족을 통솔하는 야요이시대 수장은 당초 신과 사람을 중개하는 무속인적 요소가 매우 강했다. 스우진천황(崇神天皇)[28] 시대에 미와야마(三輪山)의 오모노누시노카미(大物主神)가 스스로 제사를 요구했을 때 사제(司祭)가 된 것은 그 아이 오호타타네코(意富多々泥古)였다. 가미마쓰리(神祀り)가 공동체의 유지를 위해 가장 중요한 위치를 차지했던 야요이시대의 사회에서 그 역할을 맡은 무속인이 큰 권위를 갖는 것은 당연했다. 야요이시대의 회화(絵画)나 하니와(埴輪)에 자주 표현되는 무속인의 모습은 그러한 상황을 반영했다고 볼 수 있다.

한편 야요이시대 중기에 들어서면 종교적인 무당보다 세속의 권력자의 지위가 상대적으로 부각 된다. 그 배경에 있었던 것은 부족

28) 『고지키』 『니혼쇼키』에 제10대로 전해지는 천황.

통합과 국가 건설을 향한 전쟁과 해외 협상이었다. 잇따른 무력에 의한 전란과 정치적 협상의 활성화에 따라 부족의 장은 고도의 정치적인 판단력과 유사시 즉각 대응할 수 있는 군사적 능력이 필요했다. 그 결과 군사적·정치적 측면을 관장하는 세속의 수장이 가지고 있는 권위는 급격히 상승했다. 이러한 상황의 영향으로 기타큐슈(北九州)지역에서는 기원전 2세기가 되자 다수의 청동기를 놓은 「왕묘」라 할 만한 분묘가 탄생한 것이다.[쓰네마쓰(常松) 2006]

기타큐슈 지역에서는 기원 전후부터 유력 부족에 의해 주변 부족을 병합하는 움직임이 활발해진다. 이윽고 유력 부족이 작은 국가로 발전하여 그것을 통솔하는 핵심적 국가가 탄생하고 중국 왕조에 대한 조공이 시작된다. 이러한 국가 형성의 움직임은 열도 각지에 파급된다.

부족의 통합이 진행되어 국가의 지배 영역이 확대되면서 왕의 지위는 점점 상승해 나가게 되었다. 그 지위가 높아지면 높아질수록 왕의 존재가 주위 사람들에게 미치는 영향은 막강해졌다. 먼 옛날 신화 속의 부족의 시조가 아니라 세상에 실제로 존재하면서도 사후 세대를 초월하여 기억에 새겨진 인물이 야요이시대 후기에는 널리 등장한다. 그 단적인 흔적이 2세기부터 서일본 각지에서 만들어지는 대형 봉분묘(墳丘墓)였다.

익명의 사자 무리에서 솟아오르는 「기억되는 사자」는 이런 과정을 거쳐 만들어졌다고 추측한다.

제 3 장

전방후원분前方後円墳에 깃든 것

1. 하시하카箸墓라는 사건

전방후원분前方後円墳의 출현

기원 3세기 중반, 나라분지(奈良盆地) 일부에서 역사에 획을 긋는 큰 사건이 발생했다. 거대한 전방후원분 하시하카(箸墓)의 건립이다. 전방후원의 형태를 가진 고분이 하시하카 이전에 존재하지 않았던 것은 아니지만, 전장 280미터에 이르는 하시하카는 그들과는 달리 현격한 규모를 자랑했다. 하시하카의 탄생을 계기로 이 열도에 300년에 걸친 고분시대의 막이 열리게 된다.

하시하카는 나라분지에서도 동남쪽 구석에 위치한다. 그곳은 옛날부터 「야마토」라 불리던 지역이다.

> 야마토라는 곳은 여러 나라들 중에서도 가장 훌륭한 나라다. 서로 겹쳐 푸르디푸른 울타리처럼 나라를 둘러싼 산들. 그런 산들에 둘러싸인 야마토는 아름답다.
>
> [『고지키(古事記)』]

箸墓 뒤에 보이는 구릉은 三輪山

원정의 여행에 지쳐 병으로 쓰러진 야마토타케루노미코토는 고향인 「야마토」를 생각하며 이렇게 노래했다. 3면이 푸른 산들로 둘러싸여 그 품에 안겨있는 듯한 하시하카 근방의 하코니와(箱庭)[1]와 같은 풍경은 오늘날에 이르기까지 많은 일본인들에게 있어 돌아가야 할 고향의 원풍경이 되고 있다.

나라분지의 역사는 깊다. 『니혼쇼키』에 따르면 초대천황인 진무천황(神武天皇)이 규슈(九州)의 히무카(日向)에서 말을 타고 나라(奈良)로 들어와 가시하라(橿原)에서 즉위했다고 한다. 기원전 660년의 일이었다. 이후 헤이조쿄(平城京)가 건설될 때까지 거의 모든 천황이 나라분지 일각에 궁전을 꾸미게 된다.

1) 얕은 상자에 모래나 흙을 담고 모형의 가옥·교량·배 따위를 만들어 산수나 정원을 모방한 것.

진무천황을 시작으로 하는 초기 천황의 실존에 대해서는 전후 대부분의 역사연구자가 회의적인 입장을 취하고 있다. 하지만, 한편에서는 『고지키』와 『니혼쇼키』의 기술 영향으로 나라가 태고적부터 일본열도의 중심적 위치를 점해왔다는 이미지가 국민들 사이에 정착되었다. 3세기가 되자 나라분지에서는 다른 지역에 앞서 하시하카고분으로 대표되는 거대한 전방후원분이 축조되지만, 그것도 야요이시대 이래 배양되어 온 첨단 기술과 문화의 축적을 전제로 한 것이라 할 수 있다.

하지만 머지않아 이런 상식에 대해 근본적인 의문이 제기된다. 그 근거가 된 것은 나라분지가 야요이시대까지는 결코 선진지역이 아니었다는 고고학상의 식견이다. 나라분지에서 출토되는 금속기와 거울 등 최첨단 야요이 문화의 유물은 여러 면에서 아주 빈약하다. 기타큐슈는 물론 오미(近江)[2]나 기비(吉備)[3]등의 주변지역과 비교해도 현저히 떨어지는 수준이었다. 생산도구로서의 철기 보급도 뒤쳐져 있었다. 나라분지를 중심으로 하는 일대는 열도의 문화적 중심과는 거리가 먼, 야요이시대에는 「기내(畿内)의 빈곤」이라 불릴 정도로 인구가 희박한 후진지역이었다.[모리(森) 1962]

3세기의 전방후원분 특히 하시하카고분은 그 당시 변경에 갑자기 출현한 거대한 유적이었다. 야마토인 기내(畿内)가 당시 열도의 선진지대라는 것을 전제로 야마토야요이 문화의 연장선상에서 거대 전방후원분의 성립과 야마토 조정의 탄생을 보려던 견해는 그 변경성(辺境性)이 증명됨에 따라 완전히 그 의미를 잃어버리고 만다.

그러면 도대체 누가 하시하카고분을 만들었을까. 왜 마키무쿠(纏

---

2) 일본의 옛 지명으로 현재의 시가현(滋賀県)이다.
3) 고대일본의 지방 국가로 오카야마현(岡山県)의 별칭이다.

向)[4] 땅이 선택되었을까. 그 목적은 무엇이었을까. 적어도 거대한 봉분을 가진 전방후원분의 건립이 다른 공동체구성원에 대한 피장자(被葬者)의 현격히 높은 지위를 나타내는 것임에는 틀림없다. 그것은 히토가미 관념의 전개라는 점에서도 매우 흥미로운 현상이다.

이러한 문제를 염두에 두고 전방후원분을 만든 당시 사람들의 정신세계의 깊은 곳까지 살펴보도록 하자.

전방후원분의 루트

3세기에 조영되기 시작한 마키무쿠의 전방후원분군, 그 중에서도 가장 큰 하시하카고분(箸墓古墳)은 초기 전방후원분을 대표하는 것이다. 그것은 형상적으로나 규모에 있어서도 당시 분묘와는 확연히 구분되는 것이었다.

왜 독자의 형상을 갖춘 이러한 거대 고분이 갑자기 탄생하게 된 것일까. 많은 역사학자와 고고학자들이 이 수수께끼의 답을 찾아 연구를 거듭해 왔다. 이 문제에 대해 아마도 누구나가 우선 머리에 떠올리는 해답은 전방후원분 문화를 가진 외부의 침입자가 나라분지에 정착했다는 가설이 아닐까. 일찍이 「기마(騎馬)민족」이 대륙에서 일본열도로 들어와 새로운 정복왕조를 수립했다는 설이 주목받은 적이 있지만 그런 것들은 그럴듯한 이론적 틀을 제공하는 것이다.[에가미(江上) 1967] 진무천황 실재론에 입각하여 후에 진무천황에 필적하

4) 마키무쿠유적(纏向遺跡)은 나라현 사쿠라이시(奈良県桜井市) 미와산(三輪山) 기슭 북서쪽 일대에 펼쳐진 야요이시대(弥生時代)말기～고분시대(古墳時代)전기의 유적군을 가리킨다. 유적범위는 JR마키무쿠역(JR巻向駅)을 중심으로 동서로 약 2km, 남북으로 약 1.5km에 이르며 면적은 300万m^2에 달한다.

는 유력한 왕이 야요이시대 선진지역인 규슈(九州)에서 나라(奈良)로 진격하였고 여기에 새로운 수도를 정했다는 가설도 매력적이다.

그러나 이러한 외래 왕조설은 하나의 결정적인 문제를 안고 있었다. 그것은 전방후원분을 가진 묘제(墓制)가 국내는 물론 한반도나 중국대륙에서도 거의 유례를 찾아볼 수 없다는 사실이다. 그렇기 때문에 연구자의 관심은 선행하는 전방후원분을 찾을 수는 없다 해도, 일부라도 그것과 공통되는 요소를 가진 묘제는 존재하지 않을까하는 문제의식에 입각해서 하시하카의 루트를 찾는 일에 집중하게 되었다. 그 결과 부상한 것이 예부터 독자적인 문화를 가지고 있었던 것으로 알려진 기비지역, 즉 현재의 오카야마현(岡山県)이었다.

전방후원분에는 그 등고선을 따라 여러 겹의 하니와(埴輪)[5]가 늘어서있는 경우가 많았다. 그 중에서도 가장 많이 쓰이던 것이 흙막이 역할을 겸한 원통 하니와이다. 그 하나의 타입인 특수 기대형 하니와(特殊器台型埴輪)의 루트가 기비의 고분에 사용되고 있던 토기라는 사실이 지적되고 있다.[데라사와(寺沢) 2000] 기비지역은 야요이시대 후반부터 대규모 분묘가 행해지고 있었다. 그 중에서도 다테쓰키고분[楯築古墳－구라시키시(倉敷市)]은 직경 40미터에 이르는 원분(円墳)[6] 전후에 사각의 돌출부가 붙어있는 것으로 이것을 전방후원분의 원형으로 보는 연구자도 있을 정도다. 고고학상의 유품도 풍부하고 나라분지에 앞서 번영했던 선진지역이었다. 하시하카에서 시작되는 전방후원분은 명백히 그 전통을 계승하고 있는 것이다.

하지만 하시하카를 기비고분(吉備古墳)의 계보로 모두 설명할 수 있느냐 하면 그것은 아니다. 하시하카에 있는 마키무쿠 지구에는 기

5) 일본에서 고분시대(250년경～500년경)부터 무덤 위와 주위에 놓아둔 토용(土俑).
6) 고분의 한 형식으로 평면형이 원형인 봉분을 말한다.

비 이외의 지역에서도 대량의 문물이 유입되고 있었다. 마키무쿠 유적에서는 서일본 각지에서 태평양에 이르는 다채로운 양식을 가진 토기가 출토된다. 전방후원분은 여러 지역에서 유입된 기술과 전통을 전제로 그들의 통합과 재편 위에서 창출되어진 전혀 새로운 문명의 산물이었다.[호조 요시타카(北條芳隆) 2007a]

그것을 완성한 중심적인 인물은 외부에서 나라분지로 새롭게 이주한 사람들이었다고 추정된다. 전방후원분 축조와 병행하여 마키무쿠 땅에서는 운하나 직선도로를 동반한 대규모 계획적 도시건설이 행해졌다는 사실이 알려져 있다. 그 이주자 집단은 특정 지역 출신자에 한정된 것이 아니었음은 마키무쿠 유적을 구성하는 다양한 요소에서 추측해 볼 수 있다. 이주·정착함에 있어 원주민과 다투었던 흔적은 찾아볼 수 없다. 이주자들은 인구가 희박하여 개척되지 않았던 미와야마(三輪山) 기슭 마키무쿠에 수리(水利) 등의 편의를 고려하여 평화적으로 정착했다. 그리고 주변 원주민들과 협력하여 당시 토목기술의 정수를 집약한 대규모 공사로 도시와 거대 분묘를 구축해 갔다.

매장된 신의 아내

왜 이러한 움직임이 생겨난 것일까. 그 하나의 배경에는 일본열도의 다른 지역에 앞서 기타큐슈지역에서 시작된 국가건설과 그 통합을 목표로 한 움직임이 있었다고 생각된다. 오늘날 하카타(博多) 연안에 펼쳐진 후쿠오카 평야(福岡平野)와 사와라 평야(早良平野)에는 야요이시대 중기부터 왕묘라 불릴 만한 다수의 부장품이 담긴 멋진 분묘가 만들어지게 된다. 그리고 얼마 후, 이들 소국가를 통합한 중추적 국가가 탄생하고 그 왕은 중국의 왕조에 조공을 시작한다. 기원 57년에는 나노쿠니왕(奴国王)이 후한에 조공하고, 107년에는 와코쿠왕(倭国王) 스쇼(帥升)가 160명의 노예를 헌상하였다.

그러한 선진성을 배경으로 이윽고 나(奴) 등의 중핵국가에 의해 주도된 기타큐슈 국가연합은 세토나이카이(瀬戸内海)를 따라 동방으로 지배지역과 영향력의 확대를 꾀하게 된다. 이 같은 정세 속에서 『위지왜인전(魏志倭人伝)』에 「왜국대란(倭国大乱)」으로 표현된 쟁란시대의 막이 오르고, 세토우치지역(瀬戸内地域)을 중심으로 전투와 방어를 의식한 고지성집락(高地性集落)이 탄생한다.

이 전란을 거친 2세기 후반부터 서일본 각지에서 독자의 형상을 갖춘 대형봉분묘(大型墳丘墓)가 출현하게 된다. 예를 들어 기비지역에는 야요이시대 후기부터 전방후원분의 원형으로 여겨지는 앞서 언급했던 다테쓰키 고분을 비롯하여 수많은 대형봉분이 조성되어 있다. 이즈모(出雲)지방에서는 2세기후반이 되자 방분(方墳)[7]의 네 모퉁이가 돌출된 모양의 사우돌출형방분(四隅突出型方墳)이라 불리는 대형봉분이 잇따라 축조된다. 또한 긴키지방(近畿地方)에서는 사각형의 낮은 봉분이 있고 주위에 도랑이 둘러쳐진 방형주구묘(方形周溝墓)라 불리는 타입의 분묘가 거대화하여 얼마 후 각지로 퍼져나간다.

어떤 타입의 분묘든 큰 것은 길이가 수 십 미터에 이르게 되는데 그곳에 매장된 인물이 보유하고 있던 걸출한 권력을 나타내는 것이다. 전쟁이라는 비상사태를 통해 각각의 지역에서 왕의 리더십이 각

7) 고분의 한 형식으로 평면이 네모난 것을 말한다.

별히 강화된 모습을 엿볼 수 있다. 하지만, 선행하는 기타큐슈연합은 그 지리적 우위로 인해 한반도의 앞선 문화와 기술, 철 등의 자재 유입을 거의 점유할 수 있는 이점이 있었다. 더구나 대륙왕권(후한)으로부터 독점적으로 정통성을 인정받을 수 있었다는 점에서 타 지역에 비해 압도적이었다.

이러한 기타큐슈 세력의 우위를 타파하기 위해서는 특단의 대책이 필요했다. 그것은 그들에 대항할 유력지역의 협력에 의한 신국가 야마토의 건설이었다. 마키무쿠로의 서일본 지역 일대에서의 식민지와 수도(首都)건설, 거대 전방후원분의 구축은 이러한 역사적 문맥에서 파악할 수 있지 않을까.

이상의 과정을 거쳐 형태를 갖춘 신국가 최초의 수장으로는 특정 지역의 왕이기 보다는 모든 지역이 이론의 여지없이 추대할 수 있는 정치적 이해관계를 초월한 인물이 적절했다. 그래서 야요이시대 이후 공동체 운영에 가미마쓰리(神祀り)를 담당하는 샤먼이 맡아온 중요성을 고려해 볼 때, 걸출한 영능자(靈能者)가 그 지위에 오를 가능성이 매우 높았다.

『니혼쇼키』에는 하시하카에 매장되어 있는 인물이 미와야마의 신, 오모노누시노카미(大物主神)의 아내였던 야마토 토토비모모 소히메노미코토(倭迹迹日百襲媛命)로 되어있다. 그 묘의 축조에 대해서 「낮에는 사람이 만들고 밤에는 신이 만들었다」며 분지를 끼고 대치하는 오사카산(大坂山)에서 사람들이 줄지어 손에서 손으로 돌을 날랐다고 기록되어 있다. 사람의 손에서 손으로 릴레이에 의한 돌의 운반은 모든 부족의 화합의 상징으로 건립된 하시하카의 성격을 암시하는 것이다. 또한 피장자가 신의 아내라는 전승도 초대 수장이 신과의 대화에 능통한 인물로 여겨지고 있었음을 보여주는 것이다.

이러한 점에 더하여 최신 고고학의 성과에 기초한 하시하카 축조 연대(3세기 중반)를 감안하면 이것은 야마타이코쿠(邪馬台国)의 여왕인 히미코(卑弥呼)의 묘일 가능성이 높다. 히미코는 239년 관리를 파견하여 위(魏)나라 명제(明帝)에게 조공하고 「친위왜왕(親魏倭王)」의 칭호를 받고 있다. 기타큐슈와의 대항을 의식했고 외교의 중요성을 인식한 행동이었다. 야마토에 의한 이러한 외교권탈환 시도는 성공하여 4세기에는 한반도와의 교섭 주체가 기타큐슈세력에서 기내(畿内)세력으로 옮겨간다. 또한 같은 시기에는 현해탄에 떠있는 오키노시마(沖ノ島)의 제사가 규슈(九州)세력이 아닌 기내(畿内) 야마토 세력에 의해 시작된다.[구마가이(熊谷) 2001]

3세기 후반은 규슈에서도 전방후원분이 축조되기 시작하던 시기였다. 야마토를 중심으로 한 열도규모에서의 권력재편성의 소용돌이는 권력과 문화의 중핵이었던 기타큐슈에도 휘몰아쳤던 것이다.

2. 거대 고분은 왜 축조되었는가?

공유되는 가미カミ의 조건

그렇다고는 해도 여러 지역 출신의 이주자가 하나의 공동체로 결집하기 위해 상징이 필요했다면 그것은 왜 거대한 분묘여야만 했을까. 이 의문에 대답하기 위해서 우리는 일단 전방후원분을 벗어나 그것에 선행하는 시대의 공동체 형태로 눈을 돌릴 필요가 있다.

아오모리현(青森県)의 산나이 마루야마유적(三内丸山遺跡)에서 대표적으로 볼 수 있듯이 조몬시대에는 이미 이 열도 위에 많은 집락이 형성되어 있었다. 집락의 규모가 커지고 공동체 구성원이 증가함에 따라 사람들을 통합하기 위한 시스템이 중요해졌고, 그 키워드가 인간을 초월한 존재인 가미였다.

조몬시대를 거치면서 토우가 점차 대형화되었음은 이미 알려진 사실이다. 처음에는 가족단위의 제사에 사용되다가 후에 공동체 전체의 제사에 쓰이게 된 것이 그 원인이라는 지적이 있다.[하라다(原田) 1995]

또한 조몬시대 후기에 들어서는 주거에서 묘지가 분리되면서 환상열석(環狀列石)으로 알려진 매장과 제사의 장이 출현하는 것을 열도 각지에서 관찰할 수 있다. 환상열석의 유구(遺構)에서는 토우 등의 제사도구가 대량으로 출토되기도 한다. 인간을 초월한 존재(가미)에 대한 이미지가 조몬 후기부터 급속히 커져갔다. 사람들은 가미와 함께 살며 그 제사를 그때 그때의 절기로 여기고 일상생활을 영위해 갔던 것이다.

조몬시대 전반까지의 가미는 아직 가미라고 인식된 대상과 동일한 것으로 파악되고 있었다. 제2장에서 언급했듯이 특수한 능력을 가진 동물이나 토우는 그것 자체가 가미였다. 그러나 조몬후기의 전환을 거쳐 야요이시대로 들어오면서 가미의 관념은 다음 단계로 전환된다. 그것은 어떤 사물이나 현상을 즉자적(卽自的)으로 가미로 간주하는 단계에서 그들 개개의 사례의 배후에서 그것을 야기하는 가미의 존재를 상정하는 단계로의 이행이다. 가미가 가미로 인식되고 있던 대상에서 분리되어 「다마」「가미」 등으로 불리며 보다 추상화된 존재로 파악되어지게 된다.

야요이시대에는 토우처럼 초월적 존재의 모습이 단도직입적으로 표현되는 일이 없어졌다. 대신에 가미는 샤먼이나 요리시로(依代)[8]

인 수목 등 그것을 상기시키는 사물을 통해 간접적으로 표현되었고, 동탁(銅鐸)[9]과 같은 가미를 숭배하는 제사도구가 발달한다. 육안으로 볼 수 없는 가미에 대한 관념이 성장하여 가미관념의 일반화·추상화가 착실히 진행되었음을 추정할 수 있다.

야요이시대에 급증한 소국가에서는 이렇게 형성된 가미에 대한 관념과 그 제사가 집단의 질서를 유지하는데 중요한 역할을 담당했다. 가미의 뜻을 전할 권리를 독점하는 일이 지배 권력의 기반이었기 때문에 가미와 대화할 수 있는 샤먼의 권위는 대단한 것이었다. 그리고 얼마 후, 소국가가 통합되고 영역이 확대되자 새로운 국가가 신봉하는 가미는 종래의 각 집단이 신봉해 왔던 조상신·수호신으로는 이제 충분치 못했다. 나라의 영역이 커지고 그 산하에 편입된 집단의 수와 다양성이 확대되어감에 따라 안정된 체제질서를 유지하기 위해서는 그들 모두를 포섭할 수 있는 보다 보편적이고 강대한 권력을 가진 가미의 존재가 필요해졌다. 미와야마 기슭 마키무쿠의 땅에 모인 사람들이 원했던 것은 바로 그러한 새로운 신격이었던 것이다.

가미의 주거지로서의 고분

다양한 출신의 집단구성원이 공유할 수 있는 가미를 어떤 식으로 창출할까. 이 과제의 해답을 모색하던 중 부상한 것이 공동체 구성원 모두가 공통의 기억을 가진 인물을 가미로 추앙하는 것이었다.

8) 신령이 나타나 머문다고 하는 나무, 돌, 동물 등의 유형물로 이들을 신령의 빙의물로 삼아 제사지낸다.

9) 종 모양의 청동기.

그리고 전방후원분이야말로 그러한 가미를 탄생시키기 위한 장치였다고 생각한다.

일본열도에서는 늦어도 조몬시대부터 가미의 존재가 인지되고 있었음은 이미 논한 바와 같다. 고향에서 바라다볼 수 있는 단정한 형상을 한 산들은 예부터 가미가 사는 곳으로 여겨져 왔다. 가미가 산에 사는 이유는 무엇보다도 그곳이 청정한 땅이었다는데 기인한다. 그 때문에 사자(死者)의 영혼들 중에서도 완전히 정화되어 특히 위력이 있다고 여겨지는 영혼만이 특별히 가미로서 산에 머물 수 있게 되었다.

7세기말이 되면서 율령국가의 정책에 따라 고분시대에 조영된 특정의 분묘(산모양의 봉분)가 역대 천황의 묘로 간주되고 있었다. 천황릉에 대해 「산릉」이라는 명칭이 단적으로 보여주듯이 이것은 가미가 산에 산다는 당시의 사회통념을 배경으로 가미로서의 천황령의 주거지 = 산을 인위적으로 만들어 내려는 장치였다.

그러한 가미관념의 계보 속에서 전방후원분 제사를 어떻게 평가할 것인가. 실제로 그 앞에 서보면 실감할 수 있겠지만, 후원부(後円部)의 거대한 봉분은 산 그 자체였다. 실제 율령시대에는 전방후원분이 「산」에 비견되어 수호신으로서의 천황령인 가미가 머무는 땅으로 간주되었다. 오바 이와오(大場磐雄)는 「사후 세계가 청정한 산에 존재한다」는 상대인(上代人)의 관념과의 관계에서 산과 전방후원분과의 공통성을 지적하고 있다.[오바(大場) 1991]

3세기에 마키무쿠에 수도를 정한 신국가는 집단통합의 상징으로서 기존의 부족신인조상신을 초월한 강력한 가미를 필요로 하고 있었다. 전방후원분은 애초에 인공적인 산을 축조함으로써 국가전체가 공유할 수 있는 강력한 위력을 가진 가미의 거주지를 창출하려는 시도였다고 여겨지는 것이다.

그것은 전방후원분의 제사와 동시대의 가미 마쓰리와의 형태의 유사성에서도 추측해 볼 수 있다. 야요이시대 말기에서 고분시대에 걸쳐, 산속이나 섬 등의 특정 지점을 정하여 돌·수목을 요리시로로 하여 가미를 부르고 제사를 지냈음은 익히 알려진 사실이다. 그 유적은 이와쿠라(磐座)·이와사카(磐境) 등으로 불리는데 열도 각지에 남아있다.

그 당시 오키노시마(沖ノ島)에 있어서의 가미마쓰리 제사와 전방후원분의 제사는 그 제사의 형태에 있어서나 사용되는 제구(祭具)에 있어서도 공통성이 있음이 지적되고 있다.[오카자키(岡崎) 1961] 미와야마의 경우도 그러했다.[오히라(大平) 2007] 전방후원분에서 모셔지고 있던 존재와 오키노시마·미와야마 제사의 대상은 같은 범주의 존재(가미)로 파악되고 있었다. 전방후원분의 조영과 그 제사의 정착에 대응이라도 하듯 기내(畿内)에서는 그때까지 가미 마쓰리의 주요한 도구였던 동탁이 대량으로 파기되어 갔다.

전방후원분에 모셔진 것

그러면 전방후원분에서 숭배되던 가미란 도대체 무엇이었을까. 후원부(後円部)에 다수의 부장품과 함께 극진히 매장된 것이 유해였음을 생각하면 그것은 죽은 자의 영혼이었다고 보는 편이 자연스럽다.

야마토에 집결한 사람들은 새로운 국가의 상징으로서 한 명의 왕을 추대했다. 그 인물은 다양한 정치적 이해를 초월한 종교자가 바람직했다. 그러나 카리스마를 내세운 통합은 한 명의 살아있는 인물에 의존하는 것인 만큼 결코 안정된 것은 아니었다. 사실 히미코(卑弥呼) 사후에는 정치의 주도권을 두고 내란이 발발했다. 야마토가 하나의 국가로서 외교와 군사 면에서의 활동을 본격화한다면 세속의 권력을 가진 자들이 존재감을 더하여 지배층 내부에서 정치적 알력이 높아지는 것은 불가피했다. 그것을 막기 위해서는 히미코와 같은 특정 카리스마에 의존하지 않는 장기간에 걸친 안정된 통치시스템의 구축이 필요했다. 공동체 전체의 상징이 될 수 있는 초월적 존재의 창출은 이와 같은 과정을 거치면서 야마토 왕권에 있어 가장 중요한 과제가 되었다.

실존한 한 명의 인물을 가미로까지 격상시키려는 시도는 이미 야요이시대부터 행해지고 있었다. 야요이시대 중기에는 각지에서 대형 수장묘(首長墓)가 만들어졌다. 산인(山陰)지방이나 오카야마(岡山－吉備)에서는 후기부터 수장묘가 집단묘지에서 분리되어 거대화됨과 동시에 전망 좋은 산등성이 부근이나 산꼭대기에 축조 된다.[호조 요시타카(北條芳隆) 2007] 이들은 사자(死者)의 세계가 신분에 따라 상하수직 방향으로 분리되기 시작했음을 가시적으로 나타내는 것으로 세속의 권력이 특정 인물에 집중되고 소국가가 성장해 가는 과정에 따른 현상이었다. 그것으로 권력자가 사후에도 특정 존재로 취급되는 양상을 알 수 있다.[마쓰기(松木) 2007]

그 단계에서는 아직 그곳에 매장되어진 수장(首長)이 기존의 가미와 같은 레벨로 파악되고 있었는지 여부는 불명확하다. 하지만 사자(死者)들은 수장을 최상부로 하는 수직의 세계관으로 구분하는 점에 있어서 전방후원분과 공통의 방향을 지향하고 있다. 분묘를 산위에 축조한다는 시도도 주목되는 부분이다. 기비고분(吉備古墳)의 직접적 영향을 받은 마키무쿠고분군(纏向古墳群) 특히 그 정점에 위치하는 하시하카는 그러한 야요이시대 후기의 분묘를 둘러싼 새로운 동향에 입각하여 규모적으로 기존의 고분과는 확연히 다르다. 그뿐만 아니라 그 발상도 수장령을 명확히 가미로 추대하려는 의도를 가진 것이다.

봉분은 인공人工의 산

여기서 문제가 되는 것은 일단 축조된 고분에서 지속적으로 제사가 행해진 흔적이 없다는 고고학자의 지적이다. 봉분에 머문다고 여겨지던 존재가 가미라면 고분에서의 제사는 왜 계속되지 않았을까. 그리고 잇따라 새로운 수장의 분묘가 구축되었던 이유는 무엇일까.

전방후원분과 때를 같이 하는 오키노시마·미와야마 등의 제사유적에서는 대규모 신전(社殿) 의 축조는 없었고, 가미는 제사 때마다 초대되어져, 이와쿠라(磐座)나 수목을 요리시로(依代)로 하여 제사가 행해졌다. 가미는 가시적인 모습도 정주(定住)하는 장소도 가진 적이 없었다. 일부 가미에 대해서는 이와쿠라 등과 함께 예부터 촌락 레벨에서도 제사가 행해지고 있었지만 그런 경우에도 가미는 신전에 상주하는 일은 없었다. 가미는 기본적으로 제사의 시기나 어떤 기간 중에만 촌락을 방문하고, 제사가 끝나면 어딘가로 떠나버리는 존재였던 것이다.

유랑하는 신들이 신전에 상주한다는 관념이 보급된 중요한 계기는 가미가 율령제 국가로부터 제사를 받게 된 일이었다.[오카다 세지(岡田精司) 1992] 7세기 후반부터 일본에서는 천황을 중심으로 하는 집권국가가 형성되기 시작하고 천황이 거주하는 영구도시(永久都市)로서의 도성 정비가 진행되었다. 그러한 움직임에 대응하여 가미의 세계에서도 천황가의 조상신인 아마테라스 오미카미를 정점으로 한 신들의 질서 재편성이 시작되었다. 천황 계보를 정리하기 위해 고분을 역대 천황릉과 비교·추정하는 작업 또한 신들의 재편성과 표리일체의 정책이었다.

새롭게 왕권의 수호신으로 자리매김 한 아마테라스 오미카미 이하의 신들에게는 항상 이세(伊勢)나 왕성(王城) 부근에 머물면서 왕권을 수호할 의무가 주어졌다. 그 보상으로 신들을 위한 훌륭한 신전이 만들어지고 정기적으로 제사가 행해졌다. 전임(專任) 신관도 임명되어 식사 등의 봉사가 날마다 행해지게 되었다.

가미의 정착인 신사의 성립은 어떤 정치적·사회적 계기로 일거에 이루어진 것이 아니라 여러 방면에서 천천히 진행되었던 것으로 추정된다. 히로세 가즈오(広瀬和雄)는 이미 야요이시대 후반에 「오가는 신에게 불편을 느꼈던 사람들」이 「신을 신전에 유폐시킬 생각으로 도랑이나 목책을 둘렀다」고 한다.[히로세(広瀬) 2003] 다만, 그런 관념이 사람들에게 공유되어지기까지는 좀 더 시간이 필요했을 것이다.

가미의 정착화라는 움직임 속에서 왕권과 관계 깊은 관사(官社)를 중심으로 7세기 말에는 가미가 특정 신전에 상주하며 인연이 깊은 인물을 수호한다는 관념이 정착된 것으로 보인다. 산릉에 머물며 천황을 수호하는 천황령의 이미지도 또한 이러한 새로운 국가수호의 가미를 창출해 가는 시스템의 일환이었던 것이다.

3세기에 시작되는 전방후원분 시대는 특정 지역에 머무는 가미라는 관념이 아직 일반화되지 않은 시기였다. 어느 산에 가미가 있어도 보통 어디에 있는지는 확실하지 않아서 인간 측의 일방적 사정에 의해 만날 수는 없었다. 한 번 육체를 벗어난 영혼(다마) 또한 인간의 노력으로 항시적으로 한 곳에 붙잡아 둘 수 있는 것은 아니었다.

제1장 제3절에서 이즈미 시키부(和泉式部)의 노래를 인용하여 논했듯이, 10세기 사회에 있어서도 아직 사자(死者)가 어딘가 특정 지역에 정착해 있다는 관념이 공유되지는 못했다. 하물며 6세기 이전의 얘기다. 아무리 거대한 분묘를 세워도 「부유하는 혼(다마)」·「유랑(遊幸)하는 가미」라는 관념이 탁월한 사회에서는 그곳에 혼을 정주시키기는 것은 용의하지 않았을 것이다.

하늘을 향해 우뚝 솟은 봉분은 인공적으로 만들어진 산이었다. 이 열도에 살던 옛날 사람들에게 있어 산이야말로 가미가 머무는 장소였다. 하시하카를 조영한 사람들은 평지에 산을 조성함으로서 다마인 가미가 머무는 장소를 인위적으로 만들어 내려고 했다. 후원부의 정상에는 마치 혼령이 빠져나오는 것을 막기라도 하려는 듯 몇 겹으로 밀폐된 묘실이 만들어졌고, 그 위에는 혼의 요리시로가 되어야 할 집모양 하니와(家形埴輪)가 놓여있었다. 후에는 요리시로로써 기둥이나 수목이 쓰이기도 했다.

미쓰하시 다다시(三橋正)는 전방후원분 제사에서 기둥을 세우는 의식이 널리 행해져 중요한 의미가 부여되고 있었음을 지적하고 있다.[미쓰하시(三橋) 2010] 이들 기둥과 수목은 기본적으로 가미를 봉분에 머물도록 하기 위한 장치였다고 생각된다.

3. 고분의 제사 형태

계속되는 고분제사

여기서 새삼스럽게 문제가 되는 것은 고분에서의 제사가 계속되지 않았다고 하는 지적이다. 그것은 수호신으로서의 강대한 가미를 창출하여 인공의 산에 빙착(憑着)시키려한 장대한 시도가 전면적인 실패로 끝났음을 암시하는 것일까. 나는 꼭 그렇다고는 생각하지 않는다. 전방후원분 시대에는 고분에 안치되었던 수장의 영혼은 별도의 형태로 지속적으로 숭배되었다고 추측된다.

이미 지적했듯이 고분시대의 가미 마쓰리의 일반적인 형태는 제사 때마다 특정의 장소에 가미를 강림시키는 것이었다. 제사의 장에서는 권청(勸請)되어진 가미와 그것을 숭배하는 사람이 서로 그 목

磐座(福島市 信夫山)

소리를 알아들을 수 있는 위치관계에 있을 필요가 있었다. 그러한 형태는 역사시대에 들어서도 계속되었다. 『니혼쇼키』에서는 소가씨(蘇我氏) 멸망 후 고토쿠천황(孝德天皇)이 여러 신하들을 「커다란 느티나무(大槻の木)」아래에 모아놓고 천신지기께 천황에의 충성을 맹세토록 한 기록이 보인다. 후대의 국가적 수준의 제사도 가미의 요리시로가 되는 성수(聖樹) 등이 있는 광장에서 그때마다 가미를 권청해서 행해지고 있었던 것이다.[니시미야 히데키(西宮秀紀) 2006]

그러면 가미가 산다고 여겨진 가무나비산(神南備山)10)의 경우는 어떨까. 미와야마에서는 오늘날 산을 고신타이(ご神体)11)로 하는 오미와신사(大神神社)가 있다. 그러나 산 그 자체를 신으로 예배하는 것인 신타이산(神体山)12)신앙이 일반화하는 것은 근세에 들어와서의 일이었다. 산은 가미가 사는 땅이기는 해도 가미 그 자체는 아니었다. 산에 있는 가미를 숭배하는 경우도 오미와 신사와 같은 대규모 고정적인 시설이 건설되는 것은 나라시대 이후의 일이었다. 비다쓰천황(敏達天皇)13)은 에미시(蝦夷)14)의 수장을 불러 하쓰세가와(初瀨川) 강가 모래밭에서 미모로노 오카(三諸岳)를 향해 순순히 복종

---

10) ①신이 진좌하는 산 ②나라현 이코노마군 이카루가초(奈良県 生駒郡 斑鳩町)의 미무로산(三室山).

11) 신타이(神体)란 신도에서 신이 머문다고 여기는 물체로 예배의 대상이 된다. 신사에는 고신타이(御神体)라 불리는 제사의 대상·중심이 되는 존재가 있는데 신사에 따라 거울, 검, 옥, 돌, 나무 등 그 형태가 다양하다. 고신타이는 미타마시로(御霊代)라고도 불리는데 「신령의 요리시로(依代＝머무는 장소)」이기 때문에 산 자체나 폭포 등이 되기도 한다.

12) 주로 신도(神道)에서 신이 머문다고 여겨지는 산악신앙과 가무나비산(神南備山)을 말한다.

13) 『고지키』와 『니혼쇼키』에 기술되어 있는 6세기 후반의 천황.

14) ①홋카이도(北海道)의 옛이름 ②고대에 오우(奥羽)지방에서 홋카이도 지방에 걸쳐 살던 종족(아이누족이라는 설과 일본인이라는 설이 있음).

을 서약할 것을 명하고 있지만, 이 때 서약의 대상은 산이 아니라 산에 사는 가미였다. 고분시대 산의 제사는 미와야마의 산속과 산기슭에 여기저기 흩어져 분포하는 가미마쓰리 유적에서 추정할 수 있듯이 직접 산으로 향하는 것이 아니라, 가미의 요리시로가 되는 이와쿠라 등이 있는 주변 장소에서 가미를 권청해서 행해지는 형태였다.

반대로 전방후원분 제사의 경우를 생각해 보자. 지금까지 봐왔던 고분시대의 제사형태에서 유추해 볼 때, 가미가 머무는 땅인 봉분에 대해 고정적인 시설을 설치하여 요배한다는 형태가 취해졌다고는 생각하기 어렵다. 현재 하시하카의 전방부(前方部) 정면에는 예배를 위한 도리이(鳥居)가 세워져 있지만 이러한 시설이 처음 선보인 것은 헤이안시대이고 그것이 일반화되는 것은 막부 말기에 실시된 분큐(文久: 1861～1864)의 슈로(修陵)[15] 이후의 일이었다. 고분시대나 율령시대를 제외하고 분큐 이전에 능묘(陵墓)가 직접 제사의 대상이 된 적은 없었다.[도이케(外池) 2001]

그럼 고분에서 숭배된 가미의 제사는 어디서 이루어진 것일까. 당시 통상의 제사형식에 따라 요리시로로서의 성수 등이 있는 공동체의 중심인 광장에서, 혹은 고분이 바라다 보이는 장소에서 국가의 주요한 구성원이 모여서 봉분에 산다고 믿고 있던 수장령인 가미를 권청해서 이루어졌다고 생각해야 할 것이다. 거대한 전방후원분이 축조되었어도 공동체의 제사형태가 즉시 변화하는 일은 없었다. 추앙되어야 할 가미가 종래의 부족신·씨족신에서 국가의 새로운 시조로 자리잡은 수장령으로 대체되었을 뿐이었다.

---

15) 황폐해진 능(陵)을 수리하는 것을 말한다.

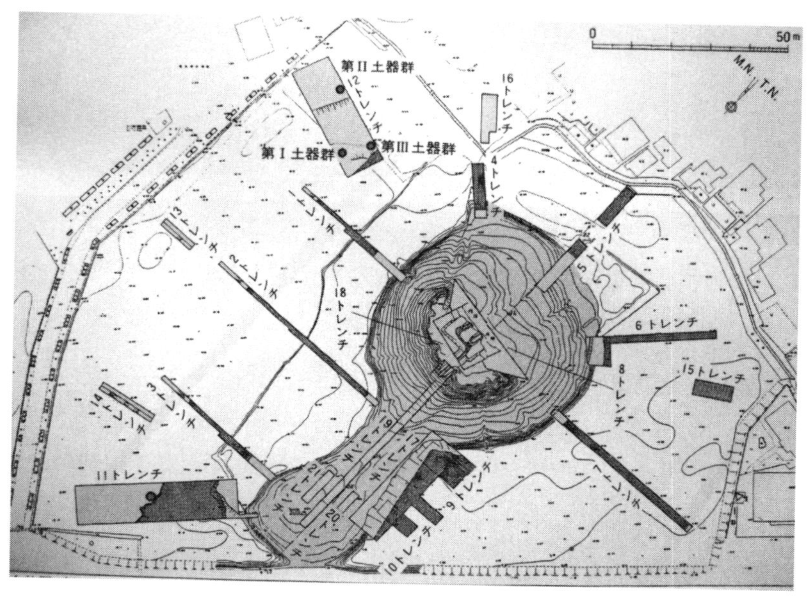

遠見塚古墳(『仙台市史』特別編2)

미야기현 미야기노쿠(宮城県宮城野区)에 있는 고분시대 전기의 전방후원분, 도오미즈카고분(遠見塚古墳)은 분묘 주위 여기저기서 제사에 사용된 듯한 다수의 하지키(土師器)[16]나 석제품(石製品)이 출토되고 있다.[「센다이시 문화재조사 보고서(**仙台市文化財調査報告書**)1979」] 검출된 토기의 종류와 고정된 제사시설이 빠진 상태로 고분시대의 전형적인 가미마쓰리의 흔적이라 여겨진다. 창건 이후, 분묘 주변에서 장기간에 걸쳐 고분제사가 지속된 흔적을 엿볼 수 있다.

또한 마키무쿠 석총고분(纏向石塚古墳)에서는 전방과 후원 사이 잘록해진 부분에서 제사에 쓰였다고 여겨지는 맨나무 기둥이 발견

16) 일본의 고분시대인 4세기에 그 이전 시대의 야요이식 토기(弥生式土器)로 부터 발달한 토기.

되고 있다.[이시노(石野) 2008] 이것은 가미마쓰리를 맞아 봉분에 깃든 가미를 불러들여 빙의시키기 위한 요리시로였다고 추측한다.

고분이 여러 형식을 취했듯이 고분제사의 형태도 한 가지는 아니었을 것이다. 전방후원분에서는 주호내(周濠内)에 고분과 연결된 형태로 「쓰쿠리다시(造り出し)[17]부」·「데지마조(出島状)유구[18]」라 불리는 사각 테라스형태의 시설이 설치되어 있다. 그곳에는 집모양 하니와(家形埴輪)나 인물 하니와(人物埴輪) 등이 질서 정연하게 배치되어 있었음이 밝혀지고 있다. 이것이 무엇을 목적으로 조성되었는지는 아직 의견이 분분하지만 그곳에도 고분에 진좌하는 가미를 권청하여 행해진 고분제사의 장이었을 가능성은 높다. 그 중심에 놓였던 집모양 하니와는 제사 때 신령의 요리시로였다. 하지만 어떠한 경우에도 영속성을 갖는 건조물인 유구는 찾아볼 수 없었다.

전방후원분 체제前方後円墳体制

5세기를 중심으로 한창 조성되었던 대규모 고분에서는 그 매장자를 가미로 추앙하고 봉분을 그 거주지로 하려는 명확한 지향성을 가지고 있었다. 하지만 동시대의 가미와 다마의 관념에 규정되어 거기에 영적 존재가 안정적으로 머물고 있다는 이미지를 사람들이 공유하는데 까지는 이르지 못했다. 그 전제가 되어야할 봉분에 매장된 수장의 혼을 확실히 가미로 추앙하기 위한 작업이 아직 모색되고 있는 단계였던 것이다.

---

17) 고분에 직접 붙은 반원형 혹은 사각형의 단상(壇状) 시설.
18) 사각형 시마조(島状)유구에 봉분과 접속하는 육교가 딸린 유구로 광의로는 쓰쿠리다시(造り出し)에 포함된다.

가미로서의 시조를 창안해 낸 시스템이 미완이기 때문에 가미를 탄생시키는 시도는 초대 수장에서 완결되는 것이 아니라 반복해서 계속되어야만 했다. 또한 시스템의 미숙함을 보충하고 매장자의 초월성을 시각적으로 강조하기 위해서 유해가 머무는 봉분인 산은 한없이 거대화될 필요가 있었다.

야요이시대 후기부터 각 지역 수장의 분묘의 규모가 확대됨과 동시에 그 묘지가 산 위에 만들어지는 등 수직방향으로 상방(上方)을 지향하는 경향을 볼 수 있다. 이것은 수장의 영혼을 초월적 존재로 격상시키려는 시도를 나타내는 것이었다. 기내(畿內)에서 완성한 가미를 탄생시켜 그것을 빙의시키는 장치를 가진 전방후원분의 형식은 수장령의 초월화를 노린 전국의 모든 집단에 순조롭게 받아들여지는 요인이 되었다. 연합정권으로서의 색채가 강한 야마토 정권도 그 초기 단계에서는 모방을 금지하지 않고 전방후원분의 형식을 침투시킴으로써 열도 전체로 영향력을 굳히는 정책을 택했다. 이렇게 해서 집단 규모와 수장의 권력에 따라 무수한 전방후원분의 모방물이 만들어지게 되었다. 쓰데 히로시(都出比呂志)가 말하는 수장들 간의 상호 승인 관계를 기반으로 하는 「전방후원분 체제」가 이렇게 해서 형태를 드러내는 것이다.[쓰데(都出) 2000]

이러한 열도 각 지역의 전방후원분과 차별화를 꾀하기 위해서도 야마토 왕권의 분묘는 점점 거대화될 필연성이 있었다. 가미로서의 조상신(祖神)을 독점할 수 없었던 영제(令制) 이전의 대왕은 다른 이들을 압도하는 대규모 분묘 건설을 통해서만 그 권세를 스스로 확인하고 사람들에게 과시할 수 있었다. 개개의 대왕이 온갖 인적·물적 자원을 동원하여 가능한 한 큰 분묘를 조성하는 일에 매달렸던 이유는 여기에 있었던 같다.

쇠퇴하는 고분문화

스이코조(推古朝) 이래 시도된 대왕의 지위 안정화와 국가적 예제제정(礼制制定) 모색의 시기를 거쳐 덴무·지토조(天武·持統朝) 이후 급속히 진전된 영제(令制)와 신기제사제도(神祇祭祀制度)의 정비는 천황의 지위에 대해 중대한 전환을 초래했다. 천황의 지위는 단순한 세속적 신분질서의 정점이 아니라 황조신 이래 면면히 피로 이어져 계승되어 온 신성한 지위로 간주되었다. 천황은 그야말로 스스로가 신(아키츠카미) 그 자체였다.

동시에 천황은 신의 자손으로서 천신지기뿐만 아니라 조상신, 역대 천황의 혼에 의해 수호되는 존재가 되었다. 이 열도를 지배하는 왕의 지위는 세속사회를 초월한 신들의 체계 속에 편입되어 그 속에서 기능하도록 변모되었다. 게다가 신대(神代) 이래의 계보와 가미로서의 지배자의 지위는 능묘제(陵墓制) 등의 시행을 통해 천황가에 의해 독점되어 버리고 만다.

이러한 단계에 이르러서는 대대의 지배자가 거대한 분묘를 건립함으로써 자신의 권세를 확립함과 동시에 그 권력과 권위를 발판으로 가미로의 상승을 꾀해왔던 노력은 더 이상 필요하지 않았다. 부와 권력을 탕진해가며 대대로 이어진 대규모의 묘지 조성은 그 의미를 잃었다. 전방후원분 조형은 중단되고 이어 7세기 중엽부터는 대왕 고유의 묘로서의 팔각분(八角墳)이 출현한다. 다른 수장에 대한 대왕의 지위 특권화를 향한 흐름 속에서 덴무·지토기(天武·持統期)의 개혁이 실시된다. 왕은 스스로의 권력과 권위의 연장으로서 가미가 되는 것이 아니라 신대(神代) 이래의 역사를 배경으로 하는 외부회로를 개재시킨 시스템을 통해 가미로 추앙받는 존재가 되어 간다.

동아시아에서는 진나라의 시황제릉이나 한반도의 삼국시대 왕묘처럼 각지에서 거대한 능묘가 건립되었던 시대가 있었다. 진나라 시황제는 처음으로 중국 중앙부를 통일시킨 인물이고, 한반도의 삼국시대는 군사적 긴장이 극히 고조되던 시대였다. 진나라의 뒤를 이은 한대(漢代)에 이르러 국가지배를 위한 일체의 제도가 정비되고 성문법이나 의례에 따른 왕의 지위가 제도적으로 자리 잡게 되면서 더 이상 대규모 능묘가 조성되는 일은 없어졌다. 한반도에서도 통일신라시대에는 그 거대함을 과시하려는 듯한 유형의 왕릉이 만들어지는 일은 없어졌다.

쓰데 히로시가 지적하듯이 왕을 가미로 추앙하려는 듯한 대규모 왕릉은 국가형성기의 초기 단계에 많이 볼 수 있는 현상으로 관료기구와 성문법을 갖춘 지배체제가 정비되면서 자취를 감추었다.[쓰데(都出) 2000] 왕의 지위가 지배 시스템에 흡수되어 국가 기관으로 자리잡게 된 시점에 왕의 개성을 반영하여 그 권세를 과시하려는 기념물은 존재 의의를 잃고 마는 것이다.

덧붙여 거대 왕릉의 시대는 어느 지역에서도 현세를 상대화할 수 있을 만큼의 관점을 가진 종교가 아직 뿌리 내리지 못하고 있을 시기였다. 머지않아 불교 등 보편 종교가 보급되면서 왕은 인간 중에서 특권적 지위를 박탈당한 피구제자(被救済者)의 한 사람으로 간주되어 장대한 봉분 건립은 완전히 의미를 잃어버리게 된다. 이집트에서도 가미로서 왕의 그릇인 피라미드의 축소는 태양신의 신전 거대화와 동시병행으로 진행되었다.

제 4 장

히토가미와 모노노케怨霊 사이

1. 제멋대로 날뛰는 망혼

사체를 기피하는 인류

오늘날 많은 일본인들은 죽은 사람을 꺼림칙한 존재로 여기고 있다. 아무리 친한 사람이라고 해도 언제까지나 시체와 함께 지내기를 원하는 사람은 아무도 없다. 그것은 일본인만 그런 것이 아니다. 인류에게 있어서 죽은 사람, 특히 물질적 존재로서의 그것은 항상 기피해야 할 대상이었다.

사람들은 왜 죽은 사람을 꺼리게 되었는가. 그것은 언제부터인가. 동물에게서는 유해(遺骸)를 혐오하는 모습은 보이지 않는다. 유인원(類人猿)도 그렇다. 죽은 새끼를 계속 돌보는 어미 원숭이의 영상을 본 적이 있다. 죽은 사람을 기피하는 것은 사람에게만 있는 고유의 현상이었다.

시체에 대한 기피 감정의 원인이, 그것이 발하는 강렬한 악취와 괴기하고 이상스러운 겉모습에 있는 것은 틀림없다. 그러나 우리들이 사자(死者)에 대해서 가지는 공포감은 분명히 물질 수준에서의 혐오감을 초월하고 있다. 동서고금의 세계의 괴담처럼 오히려 육체 소멸 후에도 존재하는 보이지 않는 인격, 즉 사령(死霊)이야말로 공포의 본원적인 발생 근원이었다.

그렇다고 하면 사후에도 계속되는 인격 관념이 널리 사회적으로 공유되는 것이 두려워할 대상으로서의 사령 탄생의 전제가 될 것이다. 일본열도에서 그러한 현상이 생긴 것은 조몬시대였다. 조몬시대 후기가 되면, 죽은 사람의 세계인 묘지가 주거로부터 분리되어 가는 것이 광범위하게 관찰되는 것은 제1장에서 서술한 바와 같다. 단지 그 단계에서는 사령에 대한 공포의 관념을 자료적으로 뒷받침하는 것은 불가능하다. 조몬시대의 포석장(抱石葬)이나 굴장(屈葬)은 사령의 횡행을 두려워한 풍습이라는 지적이 있다. 하지만 한편으로 조몬시대 사람들이 시체를 주거지 근처나 내부에 매장하는 경우가 많아 조몬시대 사람들에게 있어서는 반대로 죽은 사람은 친근하며 친하게 지내야 할 존재였다고 하는 견해도 있다.

야요이시대가 되면 일본열도의 생활습관 실태를 기록한 사료가 중국의 문헌에 출현하게 된다. 3세기 야마타이코쿠(邪馬台国)의 상황을 기록한 『위지왜인전(魏志倭人伝)』에서는 사람이 죽으면 땅에 무덤을 만들고, 사람이 죽은 후 10여일에 걸쳐서 육식을 피하고, 상주는 울부짖고 다른 사람들은 음주가무 하고, 장례 종료 후에는 모두 함께 목욕을 하는 것 등이 기록되어 있다. 사후에 모가리(殯)[1]가 거행되었던 것으로 생각 되는데, 평소 가까이 지낸 사자에게 마지막 이별을 고한 것일까 아니면 두려운 사령을 위로하기 위함이었는지

1) 시체를 매장하기 전에 관에 넣어서 잠시 동안 빈소에 안치하던 일.

그 목적은 명확하지 않다.

죽은 사람을 가미로 모시기 위했다고 생각되는 고분제사에서도 두려운 사령의 관념을 확실히 이해할 수는 없다. 선사시대의 일본열도에 『고지키』에 나오는 이자나기(일본의 신)가 요미노 쿠니(黄泉の国)의 고쿠호몬단(国訪問譚)에서 엿볼 수 있는 것처럼 시체에 대한 막연한 공포나 기피 감정이 존재했다고 해도 어떤 인물의 사령이 사악한 위력을 행사한다고 하는 관념은 존재하지 않았다. 나라의 수장이나 천황 등, 사령의 집단으로부터 특출한 특정 개인의 영은 악령으로서가 아니라 우선 가미로서 파악되었다. 두려워해야 할 사령의 확실한 등장은 일본열도에 있어서 문헌사료가 축적되는 나라시대, 즉 8세기 이후까지 기다려야 했다.

악령의 계보

살아있는 사람에게 재앙을 주는 사령의 관념이 명확한 윤곽을 나타내게 되는 것은 8세기 말에 완성되는 『쇼쿠니혼키(続日本紀)』에서이다. 746년 덴표(天平)18년의 겐보(玄昉)[2]의 사망 기사에서는 그가 후지와라 히로쓰구(藤原広嗣)[3]의 영(霊) 때문에 해를 입었다고 하는 세간(世間)의 소문을 기재하고 있다. 겐보(玄昉)의 죽음이 기비노 마키비(吉備真備)[4]와 겐보를 제거하기 위해서 거병을 일으켰으나 큐슈에서 패배하여 죽은 히로쓰구(広嗣) 사령의 소행이라고 되어

2) 나라 시대의 법상종(法相宗)의 승려.
3) 나라 시대의 조정의 신하 후지와라(藤原) 무가(武家)의 시조 참의(参議)·후지와라 노우마카이(藤原宇合)의 장남.
4) 695~775년 일본 나라 시대의 학자·공경(公卿).

있다. 757년[덴표호지(天平宝治)원년] 7월의 고켄천황(孝謙天皇)의 칙령에서는 다치바나 나라마로(橘奈良麻呂)[5] 일파의 반역움직임에 대한 엄금을 명함과 동시에 사람들이 망혼(亡魂)을 핑계로 불온한 언동을 하지 못하도록 경계하고 있다. 세상의 불길한 움직임의 원흉을 나라마로(奈良麻呂)의 사령에게 돌리려고 하는 유언비어가 난무했다는 것을 알 수 있다.

『쇼쿠니혼키』 이외에도 헤이안시대에 비로소 완성된 『니혼료이키(日本霊異記)』에는 모반의 의심을 받고 729년 신키(神亀) 6년에 자살한 나가야노 오키미(長屋王)[6]의 뼈를 도사(土佐)의 나라로 흘려보냈더니 역병이 유행하여 「친왕의 기운 때문에 나라의 백성 모두가 죽었다」라고 하는 상황이 기록되어 있다. 동일한 『니혼료이키』에는 비다쓰천황(敏達天皇) 시대[7]의 사건으로서 아직 소년이었던 간고지(元興寺)의 도죠법사(道場法師)가 영혼이 되어서 재난을 일으키는 사자(死者)를 퇴치한 이야기가 기록되어 있다.

후세의 역사서이지만 12세기의 『미즈카가미(水鏡)』는 766년 덴표호지(天平宝字) 9년에 일어난 일로서 「아와지 폐제(淡路廃帝) 준닌천황(淳仁天皇), 국토를 저주함에 따라 가뭄과 큰 바람이 불고 세상이 불길하여 굶어 죽는 사람 많았다.」라는 기사를 싣고 있다. 나라시대에 들어서 세간의 흉사를 특정한 인물의 영의 작용으로 결부시키려고 하는 움직임이 급속히 확산되는 현상을 엿볼 수 있다.

그러한 세간의 동향에 대해서 국가는 당초 위에서 언급한 757년

5) 721～757년 나라 시대의 귀족 좌대신(左大臣) 타치바나노 모로에(橘諸兄)의 자녀.
6) 684?～729년 나라 시대 황족.
7) 572～585년 제30대 천황.

덴표호지(天平宝治)원년 7월 고켄천황(孝謙天皇)의 칙령에서 알 수 있는 것처럼 사람들이 사령을 괴상한 일이나 사건에 관련시켜서 이야기 하는 것을 「요원」이라고 해서 금지시키려고 했다. 정치적 패배자의 클로즈업은 그 인물을 배제하고 성립된 현정권에 대한 비판을 의미하는 것이고, 지배권력은 원하지 않는 현상이었다. 고대국가의 중요 권력기반은 탁선(託宣)[8]·다타리(祟り)[9]·제사 등을 통한 이계(異界)와의 교류를 일원적으로 독점관리 하는 것에 있었다. 사람들이 마음대로 죽은 자의 대변자가 되는 것은 국가권위의 실추와 직결되는 행위였다.

그러나 나라시대 말기가 되자 반복되는 권력투쟁에 의해 끊임없이 발생하는 많은 사령의 날뜀은 더 이상 강제적인 금지와 압력에 의해 저지 할 수 없는 상황이 되었다. 사람들의 입에 자물쇠를 채울 수 없는 이상, 국가는 그것을 대체하는 무엇인가 새로운 정책을 강구해야만 했다.

산릉山陵에 모셔진 사령死靈

『쇼쿠니혼키(続日本紀)』의 772년 호키(宝亀) 3년 8월 18일 조에는 사신들을 보내서 쫓겨난 폐제(廃帝) 제왕 준닌(淳仁)의 무덤을 개장함과 동시에 60명의 승려를 모집하여 법회를 시행한 것, 승려 2명에게 무덤 옆에서 불교의식을 거행하게 한 것 등이 기록되어 있다. 778년 호키(宝亀) 9년 3월에는 그 무덤이 산릉으로 격상되어 관리자

---

8) 신탁(神託)이라고도 한다. 신(神)의 계시, 어떤 사람에게 신이 내리거나 꿈에 나타나 뜻을 알리는 일을 말한다.

9) 신불이나 원귀로부터 받는 재앙, 지벌.

를 두도록 했다. 고켄상황(孝謙上皇)에 의해 강제적으로 폐위되어 허술한 무덤에 묻혔던 준닌천황(淳仁天皇)[10]은 간신히 원래 천황에 합당한 대우를 받게 된 것이었다.

777년 호키(宝亀)8 년 12월에는 고닌천황(光仁天皇)[11]의 원래 황후였지만 폐위되어 살해된 이노우에 나이신노(井上内親王)[12]의 무덤을 개장하여 그 무덤을 미하카(御墓)로 하도록 명령하고 있다. 이노우에 나이신노의 무덤은 후에는 천황릉에 준하는 산릉(山陵)으로 다루어지게 된다. 777년부터 778년 호키(宝亀) 8~9년에 걸쳐 고닌(光仁)천황의 황태자가 오랫동안 병들어 회복 기미를 보이지 않았다. 그 원인의 하나로 정치적 패배자의 영향을 발견한 조정은 반역자의 오명을 입은 황족의 명예를 회복하고 그 무덤에 천황묘에 준하는 산릉이라고 하는 명칭을 주었다.

실각한 황족에 대한 이러한 조치는 명예를 회복시켜서 원한을 품고 죽은 인물의 원한을 풀어주려고 했던 것은 물론이지만 단지 그것만은 아니었다. 7세기말 이후 산릉에 깃든 천황령이 고래(古来)의 신들이나 부처 등과 함께 넓은 의미의 가미로 여겨지고 있던 것은 제1장에서 지적했다. 그 때문에 묘를 천황릉으로 비유하는 것은 그 영을 천황령과 동일한 가미로 모시는 것을 의미했다. 간무천황(桓武天皇)[13]의 황태자이면서 폐위되어 실의(失意) 중에 분사(憤死)한 사와라신노(早良親王)에게는 스도천황(崇道天皇)[14]이라는 시호가 선

---

10) 733~765년 일본의 제47대 천황.

11) 709~782년 제49대 천황.

12) 나이신노(内親王) 여자왕.

13) 737~806 제50대 천황.

14) 750~785 나라 시대의 추존 황제. 나라 시대 말기의 황족. 고닌천황(光仁天皇) 황태자. 생모는 타카노 니가사(高野新笠). 간무천황(桓武天皇), 노토내 나이신노 (能登内親王)의 同母 동생. 별칭은 사후에 스도천황(崇道天皇)이라 불렸다. 황위 계

사되었다. 「『니혼기랴쿠(日本記略)』[15]에 800년 엔랴쿠(延暦) 19년 7월 23일 날짜」 이러한 절차를 거쳐서 사령의 악행은 내력 있는 신들의 다타리와 동일한 수준으로 받아들이게 되었다. 그것은 망혼이 예측할 수 없는 행동을 하는 사악한 것이 아니라, 전통적인 다타리에 대하여 대응 매뉴얼을 적용 할 수 있는 제어 가능한 존재가 된 것을 의미했다.

『니혼기랴쿠』 792년 엔랴쿠 11년 6월 10일 조(条)에는 황태자의 병을 스도천황의 다타리로 여기고, 달래기 위해 사신을 그 무덤이 있는 아와지노쿠니(淡路国)에 보낸 것이 기록되어 있다. 또한 『니혼기랴쿠』 809년 다이도(大同) 4년 7월 3일 날에는 가뭄이 계속되었기 때문에 그 다타리를 멈추게 하기 위해서 사신을 요시노산릉(吉野山陵)에 파견하여 능을 청소하고 독경을 시켰다는 기록이 있다. 다타리의 원인 제거와 불법에 의해 진정시키는 것은 가미의 다타리에 대한 가장 전형적인 대응 방법이었다. 그것이 지금 모반 죄를 뒤집어쓴 사와라신노(早良親王)과 이노우에 나이신노(井上内親王)의 망혼에 적용되었다.

그 영은 이제 단순한 사령이 아니고, 가미 그 자체였다. 그때까지의 천황령에 더해서 반역 죄목으로 정치 무대를 떠났던 많은 황족이 이러한 과정을 거쳐서 차례로 가미로 추대되는 시대가 도래했던 것이다.

승을 한 것은 아니기 때문에 역대 천황에 꼽히고 있지 않다.

15) 헤이안 시대에 편찬된 역사서에서 릿코쿠시(六国史) 발췌와 릿코쿠시 이후 고이치조(後一条)천황까지의 역사를 기술한다.

사령 암약暗躍의 배경

그렇다고 해도 나라시대에 이르러 사령의 문제가 급속히 클로즈업 된 것은 도대체 어떤 이유 때문일까. 지금까지 열거한 예에서 알 수 있듯이, 사령이 일으키는 문제 중에서도 가장 심각하게 여겨진 것은 병이었다. 사령은 인간에게 해를 입혀서 그 존재 자체가 사악한 것이었다.

사령의 등장 이전에 병의 원인으로 여겨진 것은 가미의 다타리였다. 8세기에 처음으로 완성된 일본 최초의 역사서 『고지키』에는 스진천황(崇神天皇)[16]의 치세에 역병이 대유행하여 백성이 멸망에 처한 사건이 기록되어 있다. 대책에 궁한 천황이 신에게 기도하니 꿈에 오모노누시노카미[17]가 나타나서 역병은 자신의 다타리 때문이고 오타타네코[18]라고 하는 사람에게 자신을 제사지내게 하면 나라가 평화롭게 된다고 말했다. 그 말에 따른 결과 역병은 치료되고 사람들도 평온한 생활로 돌아갔다고 한다.

가미가 인간에게 가져온 것은 병만 아니었다. 고대인에게 있어서 이 세상에 일어나는 모든 현상은 사람의 지혜를 초월한 가미의 행위였다. 사람들은 가미의 의사(意思)에 대해서 무조건 따르는 것 이외에 선택여지가 없었던 것이다.

그 때, 가미가 자신의 의사를 나타내기 위한 수단이 다타리였다.

---

16) 『고지키』『니혼쇼키』에 담는 제10대 천황.

17) 일본신화에 등장하는 신. 뱀 신이며 수신(水神) 또는 뇌신(雷神)로서의 성격을 가지고 벼농사 풍요 전염병 제거, 주조 (양조) 등의 신으로 독실한 신앙을 모으고있다. 또한 국가의 수호신 인 반면, 다타리를 일으킨 강력한 신으로 여겨지고 있다.

18) 『고지키』『니혼쇼키』의 전승에 보이는 인물로, 미와산의 신인 오모노누시노카미의 자식.

오모노누시가 역병을 일으킨 것도 자신이 원하는 것을 사람들에게 전하기 위한 수단이었다. 그것은 결과적으로 죄가 없는 많은 사람들의 생명을 빼앗는 결과가 되었지만 오모노누시는 결코 처음부터 악의를 가지고 그렇게 행한 것은 아니다. 단지 사람들의 주의를 자신 쪽으로 돌려서 자신의 의사를 실현하고 싶었던 것뿐이었다.

고대에 있어서 다타리야 말로 모든 가미가 가지는 본질적인 속성이었다. 그것은 선악이라고 하는 구분을 초월한 가미의 가장 중요한 역할의 하나였다. 오리구치 시노부(折口信夫)는 「다타리」라고 하는 단어에는 가미가 내리는 재앙이라고 하는 용례(用例) 이전에 이보다 더 오래 된 것으로서 「신의 뜻이 나타나다」라고 하는 의미가 있었던 것을 지적하고 있다.[오리구치(折口) 1995b]

가미가 인간에 대해서 무엇인가를 요구하려고 할 때 먼저 다타리를 일으켜서 주의를 환기시켰다. 오리구치(折口)가 말한 것처럼 신들이 무엇인가 의사를 가지고 있는 것을 나타내기 위해서 일으키는 현상, 그것이 다타리였다. 고대에는 역병을 퍼트리는 신으로서 대륙에서 전래되어 온 역신(疫神)이 있었고, 율령제사(律令祭祀)로서 그것을 진정시키는 것을 목적으로 한 친카사이(鎭花祭) 등이 정해져 있었다.[오카다 쇼지 (岡田莊司1991)] 그러나 그것을 제외하면 7세기 이전의 일본에는 다타리를 행하거나 병을 퍼뜨리는 기능만을 가지는 「다타리가미(祟り神)」는 존재하지 않았다.

그에 비해 나라시대에 암약하는 정치적 패배자의 사령은 처음부터 사악한 의도를 가지고 역병 등을 일으켜서 사람에게 해를 끼치는 것을 자신의 역할이라고 생각했다. 또한 그것은 개인에 대한 수준을 넘어서, 가미가 가지고 있었던 것과 같은 사회 전체에 대한 영향력을 가지고 있었던 것이다.

분리되는 선신과 악신

정치적·사회적으로 큰 영향력을 가지는 사령이 등장하는 배경에는 7세기 말에 발생한 일본 신들의 성격 전환이 있었다고 생각된다. 율령제 국가의 탄생과 함께 주요한 신은 고정된 주거지를 지정 받고, 항상 천황과 국가를 수호 할 의무가 주어졌다. 산릉에 상주하는 천황의 수호자로서의 천황령이 등장하는 것도 그 당시였다.

이렇게 국가와 계약을 맺은 한 무리의 신들은 선악을 초월한 다타리가미의 의복(衣服) 위에 국가진호(国家鎮護)의 신으로서의 제복을 몸에 걸치게 되었다. 제1장 제1절에 나오는 감시하는 천황령의 기술내용을 기억하기 바란다. 나라시대의 왕의 문서 등에는 일본의 신기(神祇)를 비롯해서 천황령 「루샤나 여래(盧舎那如来)」·「사이쇼오쿄(最勝王経)」·「사천왕(四天王)」 등 다양한 가미가 천황을 수호하는 존재로서 줄지어 이름을 올리고 있다. 바로 여기에 일본열도에 있어서처음으로 달성해야 할 명확한 목적을 가진 선신(善神)이 탄생하게 되는 것이다.

사악한 망혼과 그것으로부터 유래하는 고료신(御霊神)의 탄생은 그러한 신들의 세계의 동향과 밀접하게 연결된 현상이었다고 추정한다. 종래의 가미의 선한 일면만을 계승한 국가신의 탄생은 그때까지 가미가 가지고 있었던「악한 측면만을 떼어내어 분리시키는 결과가 되었다. 선신(善神)의 탄생이 악신(悪神)·악령(悪霊)의 분출을 불러일으켰다. 가미가 가지고 있었던 은혜와 다타리라고 하는 기능의 이면성이 분열되어 명암과 선악의 성격을 가진 두 종류의 가미가 탄생하게 되었다. 그중에서 암흑의 측면을 떠맡은 신생의 가미가 히토가미와 연결되는 사령이었던 것이다.

특정의 장소에 상주하는 가미의 증가와 명(明)과 암(暗) 두 신의 분리는 그때까지 막연히 동등하게 파악하고 있었던 여러 신에게 개성과 인격신으로서의 성격을 부여해 가는 결과가 되었다. 헤이안시대에 들어가면 신이 독자의 용모를 가진 조각이나 회화(絵画)로서 표현되는 경우가 증가한다. 이것은 신이 특정 장소에 있고, 항상 그 감시의 시선을 주위로 향하고 있다는 메시지를 나타내는 것으로 해석된다. 야요이시대 이후 스스로 모습을 감추었던 신들이 9세기경부터 눈에 보이는 신상(神像)으로서 대량 제작되게 되었던 것이다. 사령과 습합(習合)하여 그 성격을 계승한 역신(疫神)은 병을 유행시키고 사람들에게 고통을 주는 것을 즐기는 사악한 신이었다. 그 이미지에서 느껴지는 것과 같이 시각화 된 역신은 보기만 해도 기괴한 귀신과 같은 모습을 한 존재였다. 반면 사신(邪神)으로서의 역할을 버린 그 이외의 신은, 위엄을 나타내는 존귀한 모습을 한 관인(官人) 또는 승려의 모습으로 그려졌다. 이러한 대조적인 겉모습을 가진 두 종류의 신의 탄생은 헤이안시대 초기 신의 기능의 분열에서 유래하는 것이라고 생각된다.

물론 모든 가미들이 이 시점에서 선신(善神)과 악신(悪神)으로 뚜렷하게 구분 되어진 것은 아니다. 비합리적인 의사를 가진 다타리가미라고 하는 성격은 고대를 통해서 완전히 없어지지 않았다. 민속학 연구자가 지적하는 것처럼, 선신과 악신이 하나의 신에서 병존하는 것은 오늘날도 일본 신의 특색을 이루고 있다. 또한 정치적 패배자 사령의 경우에서 볼 수 있는 것처럼 악신은 용이하게 선신으로 전환하는 것으로 생각되었다. 악신과 선신의 분열을 시초로 하여, 여러 가지 벡터 운동을 야기하면서 가미 사이에 있어서 기능분화와 개성화는 헤이안시대부터 급속히 진행되었다.

2. 고료御霊 신앙의 출현

고료화御霊化[19] 하는 영혼

악령의 횡행은 헤이안시대에 들어 더욱 심해졌다. 역병의 유행 등 세간에 불길한 현상이 일어날 때마다 사람들 입에 패사(敗死)한 특정 인물의 이름이 거론 되었다. 그 중에 주목할 만한 것은 재화(災禍)의 원인을 만들고 있다고 생각되는 인물을 자주 제사하려고 하는 움직임이 민간에서 일어난 것이다.

이 악령 횡행의 연장선상에 등장하는 것이 헤이안시대 초기의 고료(御霊)이다. 『니혼산다이지쓰로쿠(日本三代実録)』[20]의 863년 조

神像 (京都·松尾大社)

19) 제앙을 내리는 요사스러운 신.

20) 일본의 헤이안 시대에 편찬된 역사서로 6국사의 제6에 있어서 세이와 천황, 요제이 천황, 고코 천황의 3대인 858년 8월부터 887년 8월까지 30년을 다룬다. 901년에 성립하였다.

간(貞観) 5년 5월 20일 기사에는, 고료에(御霊会)의 기원를 기록한 것으로 잘 알려져 있다. 거기에는 근년 역병이 유행하여 많은 사람들이 죽은 것과 세간에서는 그것을 고료의 행위로 여기고 고료에 제사하는 행위가 여름부터 가을까지 기나이(畿内)[21]지역부터 주변으로 퍼져나가고 있는 것, 등이 기록되어 있다.

이러한 사태에 직면하여 조정은 봄부터 유행한 해역(咳逆)의 원인을 고료의 행위라고 생각하고, 사신을 신센엔(神泉苑)[22]에 파견하여 독경과 가무(歌舞)로 달래려고 했다. 이 때 제사지낸 고료로는 『니혼산다이지쓰로쿠(日本三代実録)』에 의하면 스도천황(崇道天皇)·사와라신노(早良親王)·이요친왕(伊予親王)·후지와라(藤原)부인인 간무천황비(桓武天皇妃)·관찰사 후지와라 나카나리(藤原仲成) 다치바나노 하야나리(橘逸勢)·훈야노 미야타마로(文室宮田麻呂) 등이었다고 한다.

이 인물들은 스도천황 이하 모두 정변에 의해 사형당한 사람들이었다. 그 원혼이 귀신이 되어 역병을 일으키고 있다고 생각한 당시의 사람들은 그 영을 고료라고 칭하고, 영좌(霊座)를 설치하여 그들을 제사 지냄으로써 재난이 없어지기를 원했다. 이러한 세간에서의 고료신앙 유행을 무시할 수 없게 된 조정은 그것을 가미에게 제사지냄과 동시에 국가의 일원적 관리 하에 놓으려고 시도했던 것이 이 고료에였던 것이다.

이 시대의 사람들이 신에게 구한 것은 영험이었다. 『니혼료이키』에는 효험을 구해서 신불에게 기도 드리는 사람들의 모습이 묘사되

21) 일본에서는 근현대의 행정 구분에서는 나라 현(奈良県)의 전역과 교토부(京都府)의 남부, 오사카 부(大阪府)의 대부분 효고 현(兵庫県) 남동부에 해당한다.
22) 교토시 나카교구(京都市中京区)에 있는 토지진언종(東寺真言宗)의 사원이다.

어 있다. 바로 그때가 율령체제의 중추를 이루는 공지공민(公地公民) 제도가 크게 동요하는 시대였다. 사람들 사이에 가진 자와 가지지 못한 자의 빈부 격차가 확대되었다. 유력자들은 자금을 이용하여 논밭과 동산(動産)을 사 모으는 한편, 가난한 농민은 토지를 잃고 부호 계층에게 몸을 맡기는 하인과 같은 신세로 전락했다. 촌락의 주역에 오른 상층 농민은 더 나은 생활을 지향하는 자기 마음의 의지처를 찾아서 불교에 접근해 갔다.

사원이 재빨리 혈연과 지연을 초월하여 다양한 사람들을 받아들인 것과는 대조적으로 신은 이 시기에 아직 특정 씨족이나 지역 공동체와의 결속이 강하여 개방적 성격을 가지지 못했다. 그러한 상황 속에서 고료신앙은 불특정다수의 도시 주민들을 불러 모으고 있는 것에서 알 수 있듯이 기존의 신이 가지는 폐쇄성을 재빨리 탈피한 것에 그 특색이 있었다.[야마다(山田) 2007]

부처에게서 영험을 구했던 신흥 부호층과 도시주민이 완전히 동일한 이유로 고료신앙으로 몰려들었다. 강력한 파워를 가지는 가미일수록 그 다타리도 강력했다. 사람들은 고료가 일으키는 압도적인 재액(災厄)에서 그들이 구하는 가미로서의 잠재적인 파워를 발견했다. 고료에게 제사 지냄으로써 그 마이너스 위력을 일거에 플러스의 영험(靈験)으로 전환시키려 했던 것이다.

대중적인 종교운동의 열광

고료신앙이 융성한 9세기 후반부터 10세기에 걸친 시기는 각지에서 여러 가지 민간신앙이 일거에 일어나기 시작한 시기이기도 했다.

『후소략기(扶桑略記)』[23]에는 939년 덴교(天慶) 2년 9월경의 사건으로서, 교토의 거리에 후나도노 가미(岐神) 고료 등으로 불리는 목제 신상이 세워져 사람들이 공물을 바치거나 꽃과 향을 바친다는 기사가 수록되어 있다. 두상(頭上)에 에이(纓)[24]를 늘어트린 관을 씌우고, 몸에는 붉은색을 칠하고 배꼽 밑으로는 성의 상징인 음양을 조각하는 등 전통에 집착하지 않는 새로운 형식의 가미였던 것을 알 수 있다.

그 6년 후 945년인 덴교(天慶) 8년 7월에는 셋쓰노구니(摂津国)[25]에서 시다라가미(志多良神)이라고 불리는 신이 출현하여 그 미코시가 많은 사람들을 추종하게 하며 진행하여 이와시미즈 하치만궁(石清水八幡宮)에 들어가는 사건이 있었다. 여기서도 수천만 명의(『혼초세키(本朝世紀)』7권) 대중에 의한 봉폐(奉幣)나 가무(歌舞)의 봉납이 거행되었다. 도다 요시미(戸田芳実)는 거기에서 불려지는 가요 내용이 「농민들의 번영과 부의 구가」이었던 점에 주목하여 그 농촌에 뿌리내린 전환기의 민간종교운동으로서의 성격을 지적하고 있다.[도다 (戸田) 1994]

후나도노 가미(岐神)도 시다라가미(志多良神)도 각지에서 출현하여 불특정다수의 대중에 의해 숭배 된 점에 있어서 고료신앙과 공통점이 있었다. 이들은 모두 번영과 유복을 구해 마지않는 당시의 농민과 도시민을 기반으로 하는 신흥 종교 운동이었던 것이다.

덧붙여 최초의 고료제(御霊祭)의 제신(祭神)에 관찰사(観察使) 등 천황가의 관계자 이외 인물이 세 명 포함되어 있는 것은 주목된다.

---

23) 헤이안 시대의 사찬(私撰) 역사서로 종합적인 일본 불교 문화사인 동시에 6개의 초본적 역할을 담당하고 있다.

24) 관의 부속 구로, 배후의 중앙으로 늘어뜨린 부분, 장식을 말한다.

25) 과거 일본의 행정 구역이었다. 구니 중 하나로 기내(畿内)에 속한다.

일본열도에 있어서 역사상 특정 인물을 가미로 모시는 최초의 예는 천황령이었다. 나라시대에도 나가야노 오키미(長屋王)와 준닌천황(淳仁天皇) 등 히토가미 계보의 주류는 아직 황족이었다. 고료제의 제신은 절반이 천황가와는 무관계하고, 히토가미가 될 만한 인물의 범위가 서서히 넓혀져 가는 양상이 간취된다. 율령국가 형성기 이후의 히토가미 계보는 천황을 시작으로 황족을 거쳐서 바야흐로 권력자 일반인에까지 확대되었던 것이다.

헤이안시대에 들어가서 고료신앙이 융성을 궁구하는 한편, 선행하는 천황령의 관념이 사람들에게 받아들여진 상황은 보이지 않는다. 고분시대부터 나라시대까지 히토가미의 주역은 걸출한 권력자로 생전의 영화에 의해 사후에도 그대로 가미로 상승한다고 하는 형식이었다. 천황령은 그 최고정점에 있는 존재였다. 그것은 아주 세련되고 체계화 된 이념이었지만, 지배 권력에 의해 의도적으로 창출되었다고 하는 성격을 불식시키지 못하고, 지배계층을 넘어서 대중에게 수용되지는 못했다.

그것과 비교하여 신흥의 고료는 그 전신이 귀한 혈통이거나 권력자인 것은 동일하지만, 생전에 실각이나 좌절을 경험한 점에 있어서 그 성격이 크게 달랐다. 강한 원한을 품은 거친 사령이 가지고 있다고 믿은 극악한 파워는 보다 강한 영험을 바라는 대중에게 있어서 큰 매력이었다. 그리고 생전의 인물상이 반영되어 나타난 고료의 개성은 사람들의 기원 내용이 다양화 되고, 그것에 호응하여 신불의 성격 분화도 진행되어 간 시대 풍조에 적합한 것이었다.

위로부터 압력이 강요된 천황령의 관념과 아래로부터 형성된 고료신앙의 성격 차이가 그대로 양쪽의 사회적 기반 차이로 나타나게 되었던 것이다.

스가와라노 미치자네菅原道真와 후지와라 미치나가藤原道長

고료를 만들어내는 계층이 천황가 이외로 확대되어 가는 중에, 이윽고 헤이안시대 최대의 원령(怨霊)으로 스가와라노 미치자네(菅原道真)[26]의 영이 등장한다.

오늘날 학문의 신이라고 알려져 있는 텐진사마(天神様)인 스가와라노 미치자네는 원래 중류 문인귀족 집안의 출신이었다. 그러나 우수한 학식을 인정받아 이례적인 출세를 하게 되고, 조정의 우다이진(右大臣)[27]에 임명되기에 이르렀다. 스가와라노 미치자네의 대두는 당시의 정계 중추였던 후지와라씨(藤原氏)의 강한 위기감을 불러일으켰다. 사다이진(左大臣)[28]의 지위에 있으면서 스가와라노 미치자네의 라이벌로 있던 후지와라 도키히라(藤原時平)는 다이고천황(醍醐天皇)을 끌여드려 미치자네(道真)의 실각을 획책했다. 그 결과 901년 엔기(延喜) 원년에 미치자네는 다자이후(太宰府)에 유배되고 2년 후에는 유배지에서 병들어 죽었다.

그 직후부터 미치자네 추방 음모에 참가한 후지와라 일족사이에 차례로 불길한 일이 일어나기 시작했다. 이미 고료가 암약하고 있던 시대이다. 세간의 사람들은 때마침 일어난 천재지변이나 도키히라와 다이고천황의 죽음을 미치자네의 원령의 다타리라는 소문을 내었다. 조정과 후지와라씨도 또한 그것을 미치자네 원령의 짓이라고 확신하여 미치자네의 명예를 회복시키고, 그 노여움을 달래기 위해 법회를 거행했다.

---

26) 845～903 헤이안시대 전기의 공경(公卿).
27) 조정의 최고기관.
28) 우다이진(右大臣)의 위이고, 여러가지 정무를 통할한 관직(官職).

이 시기에 보이는 고료신앙을 둘러싼 큰 움직임으로 신사의 창건을 들 수 있다. 사회와 국가에 강한 영향을 끼치는 인물을 고료인 가미로 모시는 행위는 죽은 영(死霊)을 제어 가능한 시스템 속으로 편입시키려는 의도를 가지고 한 것이었지만, 일단 가미와 동렬로 여겨진 고료에 대해서는 그것을 제신(祭神)으로 모시는 신사가 각지에 건립되었다. 「로쿠쇼고료(六所御霊)」와 「핫쇼고료(八所御霊)」를 모시는 고료신사(御霊神社)의 성립이다. 스가와라노 미치자네의 경우도 10세기 중반 경에는 천신(텐진, 天神)인 스가와라노 미치자네의 신탁을 받아서 교토의 기타노(北野)에서 축제가 거행되었다. 현재까지 계속되는 기타노 덴만구(北野天満宮)의 시초이다.

北野天満宮와 菅原 道具「北野社絵図」

가차 없는 다타리를 내려서 원한의 적을 멸하는 죽은 영으로서의 미치자네(道真)의 영은 이제는 신전에 진좌되어 사람들의 제사를 받는 신으로 큰 변신을 하였다. 거기에서는 죽은 영으로서 고료가 본래 가지고 있었던 으스스함은 자취를 감추었다. 일방적으로 예측할 수 없는 지령을 내리는 다타리가미로서의 비합리성도 희박하였다.

텐진은 기타노의 땅에 상주하여 위로는 천황부터 아래로는 백성까지 모든 사람들에게 그 소원에 따라서 은혜를 베푸는 가미가 되었다. 나라시대 히토가미의 주역이 천황령 이라고 하면, 헤이안시대의 주역은 텐진 신앙을 절정으로 하는 고료신앙이었다.

조복調伏[29] 되는 모노노케

고료나 텐진 등으로 대표되는 특별한 파워를 가진 인물의 영은 사회에서 공유되고 신으로서 받들어져 신앙의 대상이 되었다. 그러나 당시 암약하고 있었던 죽은 영은 그것만 있는 것이 아니었다. 「사기(邪気)」, 「영기(霊気)」, 「모노노케」 등으로 불렸던 죽은 사람의 영이 헤이안시대 이후가 되면 더욱 출현의 빈도가 향상되었다. 헤이안시대 귀족의 일기나 여성이 쓴 중고문학(中古文学)에는 도처에서 사령의 그림자를 볼 수 있다. 누군가가 병이 든 경우도 먼저 의심받는 것은 그 인물에게 원한을 가진 사령의 소행이었다.

『겐지모노가타리(源氏物語)』「와카나(若菜)」에는 주인공인 히카루겐지(光源氏)의 부인 무라사키노우에(紫上)의 건강이 좋지 않았을 때, 모노노케의 짓이라고 확신한 히카루겐지는 영험을 가진 승려들

---

29) 몸과 마음의 조화에 힘쓰고 모든 악을 이겨내는 일.

을 모을 수 있을 만큼 모아 부처님의 가호인 가지(加持)기도를 거행했다. 기도가 시작되자 모노노케는 옆에 있던 심령을 씌는 자에게 옮겨가서 그 사람의 입을 빌어 자신의 정체가 겐지의 옛날 애인이었던 로쿠조 미야스도코로(六条御息所)라고 밝혔다.

모노노케라는 것은 이 예에서 알 수 있듯이 그 정체는 원한을 품고 육체를 떠난 영혼이었다. 대부분 그것은 사령이었지만 살아있으면서 몸을 떠난 생령의 경우도 있었다. 로쿠조 미야스도코로의 생령이 무라사키노우에(紫上)에게 달라붙은 것처럼, 모노노케는 원한을 품은 대상이나 그 관계자에게 옮겨가서 그 인물에게 육체적·정신적 고통을 주었다.

병의 원인이 모노노케인 것이 분명해졌을 때 취한 대처 방법이 가지(加持)였다. 이것은 불교 승려의 힘에 의해 불력(仏力)을 빌려서 달라붙어 있는 모노노케를 굴복시켜서 병자로부터 떠나게 하려는 시도이다. 「가지」를 실시 할 때는 보통 병자 옆에 모노노케가 옮겨가는 대상이 되는 인물 요리마시(憑坐)를 두고, 악령인 모노노케에게 압박을 가해서 그 사람에게 쫓아 옮기는 방법을 취했다.

고료의 경우, 미치자네의 영이 단초 후지와라씨(藤原氏)에게 다타리를 내린 것처럼 개인적인 복수를 하는 경우는 있지만, 그 기능은 오로지 재해나 역병 등의 형태를 취하여 세간(世間)을 불안에 빠뜨리는 방향으로 향했다. 그것이 사회 전체에 영향을 미치는 것이었으므로 그 성격전환인 가미화로 된 이후는 사람들에게 공유되는 열린 신앙의 대상이 되었다. 그에 비해 고료가 될 수 없었던 마이너인 사령은 영의 관념이나 다타리를 내릴 대상이 오로지 개별화·개인화로 향했다. 셋칸키(摂関期)[30]에 들어가면 사기(邪氣)나 모노노케의 정체(正體)는 개인의 영과 일대일로 대응하는 것이 되었다. 그 다타리의 대상도 불특정다수에서 그 영의 원한을 산 특정 인물이나 가계(家系)에 한정되었다. 대처 방법도 조복(調伏)이라고 하는 강행수단이 취해졌다.

하야미 다스쿠(速水侑)는 헤이안시대에 밀교수법(密教修法)으로 대표되는 주술종교의 발달이 귀족사회에서 개인적 신앙의 성립을 배경으로 한 것으로 거기에는 정토교의 전개와 동일 기반을 나타내고 있다는 것을 지적했다. 또한 동일한 시기에 있어서 개인의식의 고양은 원령의 개별화, 개성화를 촉진시키고 거기에서 개인에게 내리는 원령을 조복(調伏)하기 위해 사적인 비밀수법에 대한 수요가 생겨난 것을 서술했다.[하야미(速水) 1975]

가미인 고료는 철저한 제사를 올리고 위무(慰撫)해야 할 존재였다. 병의 원인으로서의 역신(疫神)도 동일하며, 조복 같은 것은 논외였다.[다니구치(谷口) 1992] 한편, 개인에게 작용하는 사령과 원령은 가미와는 엄격하게 구별되어 불교나 음양도의 위력을 이용하여 힘으로 진압하는 대상이 되었다.

3. 고대 가미의 특색

사람과 공간을 공유하는 가미

가미의 정착화가 진행되는 나라시대에는 전통적인 신기(神祇, 좁은 뜻의 가미)에 더해서, 대불(大仏)이나 경전이나 불교의 호법선신

30) 섭정(攝政)과 간파쿠(関白)가 하는 정치.

(護法善神) 등이 인간을 뛰어넘는 초월적 존재(넓은 뜻의 가미)로 여겨지고 있었다. 히토가미(人神)의 계보에 연결되는 천황령도 또한 가미였다. 그것에 더해서 헤이안시대에는 새롭게 제사를 받는 대상인 히토가미로서 고료가 탄생하고, 천황령을 능가하는 압도적인 파워를 나타내게 된다. 여기에 이르러서 히토가미를 포함한 고대의 주요한 가미(초월적 존재)들이 모두 등장하게 된다.

고대에는 지금까지 열거한 것들 이외에도 가미라고 여겨지는 존재가 있었다. 나라시대의 조직(미코토노리, 詔)은 그것을 내리는 주체로서의 천황이 아키츠카미(現御神)로 표현되어 있었다. 재위 중의 천황이 신으로 규정되어 있는 것이다. 쇼토쿠태자(聖德太子)나 교기보살(行基菩薩) 등의 성인, 또는 성스러운 유물로서의 쇼토쿠태자의 머리카락 등이 가미로 여겨지고 있는 예도 있다. 고대에는 이러한 다종다양(多種多樣)한 가미들이 일본열도에 흘러넘치고 있었다.

이들 신들은 각각의 출생과 성격만 아니라 그 소재지도 달리 했다. 각자의 제사의례도 따로따로였다. 그러나 그들 사이에는 어떤 공통의 특질이 존재했다.

첫 번째로 지적해야 하는 고대 가미의 특색은 그들이 이 세상과는 차원을 달리하는 다른 세계의 존재가 아니고 인간과 동일한 공간을 공유하고 있는 것이다. 가미는 사람이 항상 그 시선을 의식할 수 있는 가까운 장소에 있었다. 그 대표적인 장소가 산이었다. 야요이시대와 고분시대에는 가미는 소재지를 정하지 않고 또한 그 모습이 보이는 곳은 드물었다. 그러므로 제사의 형태도 서로의 목소리가 도달하는 장소에 그때 마다 신을 권청(勧請)한다고 하는 방법이 취해졌다.

7세기 말에 율령제도가 시행되자 특정의 가미는 천황 수호의 임무를 띠고, 정해진 장소에 머무를 것을 요청 받았다. 또한 신들 사이의 기능 분화가 진행됨에 따라서 각각의 가미에게 개성이 생겨났다. 그것이 9세기 이후, 독자의 생김새를 가진 신상(神像)의 대량발생의 원인이 되었다. 신상 탄생은 예배나 기원 대상으로서의 가미가 항상 일정한 장소에 상주하고 있는 것을 단적으로 나타내는 것이었다. 이제는 가미와의 대면을 구하는 사람들은 특수한 영적 능력자를 매개로 해서 그때마다 가미를 불러들일 필요가 없었다. 신이 있는 장소(신사)에 가기만 하면 되었던 것이다.

천황의 수호자로서의 위치를 부여받았던 가미와 사람들의 소원에 부응하는 신은 먼 피안의 세계나 아주 먼 하늘 위에 있어서는 그 역할을 다하는 것이 불가능했다. 사람들의 요청에 즉시 응답하고 즉시 인간사회에 개입 할 수 있는 태세를 취하는 것이 필요했다. 이 국토에 있으면서 인간과 공간을 공유하는 현세적 존재, 그것이 고대의 가미였던 것이다.

그 때문에 가미는 그 존재와 눈빛을 느끼게 하는 존재이기를 강요받았다. 가미의 일각을 구성하는 부처(仏)의 경우에도 예배의 대상은 다른 세계에 있는 추상적인 부처가 아니고, 사당에 진좌(鎮座)하는 상(像)이어야 했다. 고대의 신은 기본적으로 질량을 가지고 있는 눈에 보이는 실체로서 파악되는 것이었다.

이와 같이 서술했을 때 "일본의 전통적인 신은 눈에 보이지 않는 존재이지 않나."라고 하는 반론이 있을 것으로 예상된다. 분명히 야요이시대 이래 천신지기(天神地祇)는 모습이나 형태를 감추고 말았다. 그러나 신이 자신의 의사를 인간에게 제시하려고 할 때, 갑자기 허공에 환영(幻影)으로 현현(顕現)하는 경우는 거의 없었다. 그 요리시로(依代)로서의 큰 나무와 거석(巨石)이 신의 표상으로서의 역할을 했다. 『니혼쇼키』나 『풍토기(風土記)』에서는 가미가 꿈에 나타나서 직접 지시를 내리는 장면도 보이지만, 많은 경우 귀신이 붙은 인간이 신을 대신해서 그 말을 전했다. 신이 인간이나 동물의 모습을 가지고 나타날 때도 단지 이미지가 아니라 미와야마(三輪山)의 신이 인간의 여성과 교제하여 아이를 낳은 것처럼 실체를 가진 존재로서의 등장이었다.

9세기에 들어갈 무렵부터 신을 모방한 신상(神像)이 활발히 제작되었다. 그림 두루마리 등에 신의 모습을 나타내려고 하는 경우, 각 신사의 특징 있는 신전이 신의 표상으로서 역할을 하는 경우도 있었다. 모습이나 형태를 가지지 않는 것처럼 보이는 일본의 신도, 그 존재감을 나타낼 필요성이 있는 경우에는 상(像)이나 요리시로(依代) 또는 신전(社殿) 등 질량을 동반하는 실체로서 표현되었다. 마찬가지로 원래 신체를 가지지 않는 천황령도 그 표상은 요리시로서의 산릉이었다. 지금 가미가 눈앞에 있다고 하는 생생한 존재 현실감 그것이 일본 고대의 가미의 특징이었다.

신들의 서열 유동성

고대 가미의 두 번째 특색은 다른 가미를 압도할 것 같은 걸출한 절대적 신이 없다는 것이다.

『히타치노쿠니 풍토기(常陸国風土記)』 나메카타군(行方郡)에서는 자기가 거처하는 골짜기 개발을 방해하려고 한 「야토노가미(夜刀神)」(뱀모습의 신)에 대해 미부노 무라지마로(壬生連麿)라고 하는 인물이 「어떤 신이라도 천황의 명령에 따르지 않아도 되는 것이 있을까」라고 하며, 그것을 강제적으로 배제했다는 이야기가 있다. 「아키츠카미(現御神)」로서의 천황의 신격화가 진행되는 8세기 이후, 각지의 신에 대한 천황의 우위를 설명하는 이러한 형식의 설화가 자주 보인다. 사쿠라이 요시로(桜井好朗)는 이 이야기에 나타난 것처럼 신사의 유래에 있어서 아키츠카미로서 군림하는 천황을 모시고, 그것에 복종하는 형태로 제신(祭神)의 위치에 놓는 표현구조」를 고대적이라고 규정했다.[사쿠라이 요시로(桜井好朗) 1976]

그러나 한편으로는 천황이 신의 다타리를 받아서 건강을 해친다는 에피소드도 헤이안시대 여기저기서 보인다. 천황 자신이 다타리의 대상이라고 하는 인식을 단적으로 보여주는 의식이 매년 6월과 12월에 거행되는 「오호미마노 미우라(御體御卜)」였다. 이것은 궁주(宮主)가 천황의 신체에 대한 다타리의 유무를 점치는 행사로 미리 정리해서 적어 놓은 신들의 이름이 순서대로 불려져 그 다타리의 유무가 판정된다고 하는 형식을 취했다. 여기서는 천황에게 작용을 미치는 보다 위력 있는 신의 존재가 전제되어 있다. 아키쯔카미로서 즉위를 선언한 쇼무천황(聖武天皇)이 부처의 하인이라고 자칭하고 도다이지(東大寺)의 대불을 참배했다고 하는 에피소드도 놓칠 수 없다.[쇼쿠니혼키 『続日本記』]

『니혼쇼키』 14권에는 유랴쿠천황(雄略天皇)이 미모로노 오카(三諸岳)의 신의 모습을 보고 싶어서 힘 자랑으로 유명한 치사코베노 무라지(小子部連) 스가루에게 조칙(詔)를 내려 보획을 명령했다는 이야기가 수록되어 있다. 스가루는 큰 뱀을 잡아서 내놓았지만 천황이 재계(齋戒)[31]를 하지 않고 그것을 보니 번개처럼 번쩍이는 눈에

---

31) 제사(차례)등을 실시하는 사람이 심신을 청정하게 하는 것.

서 빛을 발하고 있어 겁에 질려서 전각 안으로 숨어버렸다.

이것과 비슷한 이야기는 『니혼료이키』에도 존재한다. 거기에는 스가루가 천황의 명령으로 뇌신(雷神)을 붙잡아서 궁중에 옮겨왔지만 명령을 내린 장본인인 천황이 그 모습에 두려움을 느끼고, 정중히 되돌려 보냈다는 내용이다. 신의 배제나 포획을 명령하는 천황도 가끔은 신들의 파워 앞에 엎드리는 경우도 있었다.

위력과 격식에 따라서 고대 가미들 사이에 서열이 존재했다. 그러나 그것 자체가 아주 불안정한 것이었다. 어느 단계에서 특정의 가미가 신들의 정점에 올라갔다고 해도 언제까지나 그 지위가 보증되는 것은 없었다. 인간사회를 상상하게 하는 것과 같은 유동성을 가미의 세계의 신분질서에서도 이해할 수 있는 것이다.

와쓰지 테쓰로(和辻哲郎)는 기기(記紀)신화를 분석하여 거기에 등장하는 신을「제사 지내는 신」,「제사를 받는 신」,「제사 지내고 그리고 제사를 받는 신」의 3개로 구분하고 있다.[와쓰지(和辻) 1952] 신대사(神代史)에 있어서 가장 활약하고 있는 인격신들은 대부분이 제사를 받음과 동시에 자신도 제사를 지내는 가미이고 야마쯔미, 구니타마 등의 제사를 받는 신들은 단지 이름만 존재하고 어떤 특별한 역할을 보이는 것은 없다. 제사를 받는 신의 존중성은 제사 지내는 신의 존중성에 크게 미치지 못한다.

일본의 고대사회에서는 국토에 넘쳐나는 가미와 차원이 다른 세계의 절대신은 존재하지 않았다. 부동의 에이스 신의 부재와 가미의 세계의 유동성 때문에 천황제 국가는 처음에 구축된 신화적 질서에 전면적으로 의지할 수는 없었다. 9세기 이후, 천황을 떠받치는 관료제와 국가적 의례의 정비가 진행되어 간 것이었다.[오쓰(大津) 1999]

다타리가미祟り神로서의 본질

고대의 신이 가지는 세 번째 특색은 그 다타리가미로서의 본성이다.

아주 먼 옛날, 가미는 자연과 일체화 된 존재였다. 자연계의 질서 흐트러짐이 가미의 노여움 또는 다타리라는 형태로 인식되고, 그것이 병을 일으킨다고 믿었다. 따라서 가미를 달래서 노여움을 진정시키는 것으로 자연계의 질서가 회복되고, 역병도 자연히 침정화 된다고 믿어졌다.

다타리의 발현은 항상 가미로부터 일방적으로 행해졌다. 인간이 미리 그것을 예측하는 것은 불가능했다. 가미가 요구하는 내용도 전혀 불합리하고 예측 할 수 없었다. 다타리를 내리는 가미의 이름조차도 당초에는 불명확했다.

다만 다타리가 가미로부터의 일방적인 지시인 것은 변함이 없어도 그 원인은 특정 인물에 의한 제사라고 하는 이해할 수 없는 일방적 요구로부터 신 영역의 침범이나 신목(神木)의 벌채 등 차츰 합리적인 설명이 가능한 것으로 변화되어 갔다. 「오호미마노 미우라(御體御卜)」에서는 다타리를 내리는 신은 리스트에 기재된 유서 깊은 신으로 한정되어 있었다.

덧붙여 헤이안시대에 들어서면 가미는 시각화 되어 악신과 선신으로 구별됨으로써 가미가 자연으로부터 분리되고 그 인격화가 진전되었다. 의관속대(衣冠束帯)로 몸을 두른 분노(憤怒)형 신상(神像)의 탄생, 개성적인 모습을 하고 자유롭게 이 세계를 이동하는 역신의 성립은 종래의 가미의 이미지로부터 큰 전환이었다. 이 단계에 이르면 다타리를 일으키는 것은 오로지 악신인 고료나 역신, 모노노케 등의 역할이 되는 것이다.

한편 헤이안시대 중반부터 다타리의 사례는 감소에 비례하여, 가미의 작용으로서 「바치(罰)」라는 단어가 사용 되는 것이 주목된다. 12세기 이후에는 거의 바치 일색으로 도배되고 만다. 이 시기부터 대량으로 작성되는 중세문서를 대표하는 기쇼몬(起請文)도 권청(勧請)되는 가미의 기능은 예외 없이 바치로 표기되어 있다. 12세기는 중세적인 사회시스템이 완성을 맞이하는 시기였다. 고대의 다타리에서 중세의 바치로까지 신들의 기능 변화는 이러한 형태로 파악 할 수 있다고 생각된다.

중세에 있어서 가미는 다타리보다 벌을 내리는 존재로 여겨졌다. 이러한 전환에 대응하듯이 오로지 다타리만 내렸던 역신도 또한 신

疫神의 무리 「**融通仏念縁起**」(클리블랜드 미술관)

으로 신전에서 제사지내게 되고, 토지에 정착해 사람들의 신앙의 대상이 되어 간다. 또한 벌을 내리는 감시자로서 기쇼몬(起請文)에 권청된다.

중세의 신의 기능에 눈을 돌리면 「상벌」이라고 하는 형태로 「罰(벌·처벌한다)」이 「賞(상·칭찬하다)」과 짝을 이뤄 출현하는 경우가 많다. 신은 단지 벌을 내리기만 하는 존재가 아니고 사람들의 행위에 따라서 어떤 기준에 준하여 엄정한 상벌의 권한을 행사하는 것이다. 그때 신이 상벌을 내리는 기준은 신 자신과 그 수호하는 불법이나 국가에 대한 충성의 유무였다. 신은 사람들에게 충성을 요구하고 그 태도에 따라서 상벌을 내리는데 신이 인간에 대해 어떤 힘을 행사하는 점에서는 다타리와 공통하고 있는 것 같이 보이지만, 그 구조는 전혀 다르다. 신은 미리 사람이 해야 할 명확한 기준을 제시하고, 그것에 엄격히 대응하는 존재로 여겨지고 있는 것이다.

다타리가미에서 상벌을 내리는 신으로 알 수 없는 의사를 가진 신비적인 신 「명령하는 신」에서 그 반응을 예측 할 수 있는 합리성을 갖춘 신 「응답하는 신」으로 고대로부터 중세로의 전환에 있어서 가미는 그 성격을 크게 변화시키고 있다.[사토 히로오(佐藤弘夫) 1999]

신들의 이러한 변용은 당연히 히토가미에게도 영향을 미쳤을 것이다. 이러한 전환 속에서 히토가미는 어떤 운명을 짊어지고 있는 것일까? 신들의 변모의 역사적 배경도 염두에 두면서 다음 장에서 이 문제를 추구하려 한다.

제 5 장

피안으로 인도하는 신

1. 멀어지는 정토

중세적 세계관으로의 전환

인간과 인간을 초월하는 존재－가미가 함께 이 세상에 존재하고, 사람은 일상 속에서 그 존재를 느끼고 그 소리를 들을 수 있다는 고대적인 세계관은 헤이안시대 후기에 이르러 크게 방향이 전환된다. 그 배경에 일본열도 전체를 덮고 있던 우주관의 변용이 있다.

고대인에게 있어서 「세계」라는 것은 기본적으로 우리가 인식 가능한 이 현실세계뿐이었다. 가미도 인간도 같은 공간을 공유하며 같은 공기를 호흡하고 있었다. 천황령과 같이 완전히 정화된 사자(死者)는 가미가 되고 높은 곳으로 올라간다는 관념은 있었지만 이 세계를 떠나 사람의 손길이 닿지 않는 곳으로 떠나버리지는 않았다.

종종 「일원적」이라고 표현되는 그러한 세계관은 10세기 후반부터 변용되어 12세기에는 이질적인 세계관으로 대치된다. 이 현실과는 다른 공간에 이상세계인 정토가 실재한다는 것을 전제로 하여 사후에 그 곳으로 간다는 것을 이상적인 삶으로 보는 새로운 신앙의 형성이 그것이다. 정토신앙이라고 불리는 이 신앙에는 이상세계를 대표하는 것이 「서방십만억토(西方十萬億土)」의 저편인 우주의 끝에 있다고 믿는 아미타불이 있는 극락정토였다. 대부분의 사람들이 이 세상인 사바(娑婆)세계에서의 삶은 임시적인 것에 불과하고 타계정토에의 왕생, 즉 목숨이 다하여 다른 세계에 가서 다시 태어남이야말로 인생의 궁극적 목표라고 생각하게 된 것이다.

이것은 인간이 인지할 수 없는 또 다른 공간의 이미지가 급속도로 팽창해 나갔다는 것을 의미하고 있다. 조몬시대(縄文時代)[1]의 어느 시기부터 생자(生者)의 생활영역과는 별도로 자립한 가미나 사자(死者)의 세계가 탄생하여 성장해 나간다는 것은 이미 논한 바 있다. 하지만 고대에 있어서 가미의 자리는 아무리 멀어도 후지산[2] 같은 높이의 산봉우리였다. 사람들은 산기슭에서 가미가 춤추는 모습을 목격할 수가 있었다. 가미와 인간은 생활의 장을 공유하고 있었다. 그것에 대해서 중세에는 아무리 대면을 바라도 결코 이루어지지 않는 가미의 세계가 실재한다는 개념이 사회에 정착하기 시작했다.

헤이안시대 후기부터 유행하는 정토신앙의 유행의 배경에 있었던 것은 이 현실세계는 석가모니가 열반하고 긴 세월이 지난 무불(無仏)의 세계라고 하는 인식이었다. 석가멸후 얼마간은 남겨진 법에

---

1) 일본의 고고학상의 시대구분. 승석문 토기를 제작·사용한 시대로 기원전 5~3세기경이다.

2) 시즈오카(静岡)와 야마나시(山梨) 두 현의 경계에 있는 일본에서 제일 높은 산(휴화산으로 높이는 3,776m).

의하여 구원이 이루어졌지만 어느 정도의 세월이 경과하면 불법(仏法)은 사람을 깨달음으로 이끄는 힘을 잃게 된다. 그것이 말법이라는 시대였다. 1052년[에쇼(永承)7]이 말법의 첫 해라고 믿었다. 11세기 후반이후의 시대는 당시 사람들의 생각으로는 이때가 바로 말법시대였던 것이다.

같은 시대의 사회가 말법의 악한 세상이었기 때문에 사람들이 석가가 남긴 가르침에 의하여 깨달음에 도달한다는 것은 어려운 일이었다. 그러한 연유로 나타난 것이 왕생정토 신앙이었다. 무불세계인 이 세상을 버리고 지금도 부처가 실재하는 정토로 가서 직접 부처의 가르침을 받음으로서 최종적인 구원을 얻을 수 있다고 믿었다.

山越阿弥陀図(京都, 禅林寺)

가미는 단순히 영험을 떠맡는 존재라는 입장을 넘어서 사람들을 피안의 진리 세계로 이끄는 역할인 구재를 맡게 되었다. 일본 열도의 정신세계가 비로소 구원을 정면으로 내건 신앙을 수용할 수 있는 단계로 도달한 것이다.

신들의 계층분화

헤이안시대 후기를 전환기로 한 고대의 일원적 세계관에서 중세의 이원적 세계관으로의 이행은 기존의 가미에게도 운명의 전환을 초래하였다. 그 때까지 같은 공간을 공유했던 가미·사람·사자(死者)가 이 세상과 저 세상으로 분리됨과 동시에 같은 가미라 해도 결코 넘을 수 없는 계층분화가 생기는 것이다.

헤이안시대 후기가 되어 극락정토의 아미타불과 같은 구제주의 이미지가 팽배하여 사람들 사이에 정토를 흔구(欣求), 즉 기꺼이 자진해서 구도하는 소리가 높아져도 인간이 살면서 정토의 아미타불의 모습을 보는 것은 절대로 불가능 했다. 피안의 부처들은 바로 이 세상과 단절된 가미였다.

여기서 한 가지 문제가 생긴다. 때마침 그 시기는 말법의 악한 세상이다. 아무리 그 훌륭함을 역설하여도 말법의 악인이 아무도 본 적이 없는 정토의 부처의 실재를 믿는다는 것은 여간 어려운 일이 아니었다. 그렇게 되면 구원 받을 사람이 없어지게 된다. 그래서 피안의 부처는 현세의 중생, 즉 모든 살아 있는 무리를 구하기 위해 어떤 수단을 취하기로 한다. 그것은 임시적인 모습을 지니고 이 세상에 화현(化現; 불보살이 중생을 교화하고 구제하려고 여러 가지 모습으로 변하여 세상에 나타남)하는 것이었다.

타계의 부처의 현현은 종종 수적(垂迹)[3]으로 표현된다. 수적이라고 하면 일본의 신기(神祇; 하늘의 신과 땅의 신)를 가리키는 것이 일반적이지만 고대 이래 가미의 대부분이 중세에서는 피안의 아키츠카미(本地仏)[4]의 수적으로 자리 잡았다. 신기(神祇)뿐만 아니라 불상이나 고보대사(弘法大師)[5]·쇼토쿠태자(聖徳太子)[6] 등의 성인·조사(祖師)도 수적이었다. 중세 신불의 세계는 새롭게 부상된 피안의 본지불(本地仏)인 저 세상의 부처와 그 수적으로 자리매김한 고대이래의 현세의 가미인 이 세상의 신불의 두 가지 주요 그룹으로 구성된 것이다.[사토 히로오(佐藤弘夫) 1998]

이러한 공간의 분할에 따라 인간도 역시 부처의 세계로 극락왕생을 이룬 사자(死者)와 이 세상에 거주하는 생자(生者)로 양분하게 되었다. 중세에서 사자는 이 세상을 떠나 먼 정토에로 거듭나는 것이 이상적이었다. 사후에 이 세상에 머무는 사람들도 있었지만 그것은 어떤 이유로 극락왕생을 이루지 못한 불행한 인간이었다. 중세의 사자공양은 그러한 사람들의 영혼을 어떻게 확실하게 정토로 보내주느냐에 주안점을 두었다. 성공적으로 저 세상의 부처가 있는 곳에

---

3) 부처나 보살이 깨달음을 직접 얻을 수 없는 중생을 구제하기 위하여 화신(化身)의 모습을 나타내는 일로 특히 일본에서는 재래 신을 부처·보살의 수적으로 생각한다.

4) 이 세상의 신들은 인간을 구제하여 제도하려고 하는 부처나 보살이 여러 가지 모습으로 나타난 화신(化身), 즉 수적(垂迹)이라고 하여 그 근본인 부처·보살을 본지불이라고 한다. 이것은 불교가 일본에 도래하면서부터 나타난 사상이며, 부처도 신도 연원을 찾으면 다 동체라는 사상 즉 본지수적론이다.

5) (774~835) 헤이안시대 초기의 승려로 이름은 구카이(空海)이며 고보대사는 시호(謚号)이다.

6) (574~622) 요메(用明)천황의 황자로 이름은 우마야도노토요토미미(厩戸豊聡耳)이며 쇼토쿠태자는 시호(謚号)이다.

도달한 사람들은 더 이상 이 세상 사람들의 소리가 닿지 않는 존재로 변해버리는 것이다.

구제자로서의 가미

제4장에서 고대신과 비교한 중세신의 특색으로서 합리적 성격을 지적했다. 그러한 성격이 나타나는 배경에는 지금까지 논하여 온 불교적 세계관의 보급과 거기에 신기(神祇)를 접목시키는 현상이 있었을 것이라 생각된다.

春日宮曼荼羅(奈良·南市町)

이 세상－저 세상 이라는 중세의 이원적인 우주관의 형성에 따라 일본의 신기는 먼 피안세계의 본지불의 수적으로 위치지어 졌다. 신이 일본열도에 신으로서의 모습을 나타낸 목적은 모든 살아 있는 무리인 중생을 불법으로 결연시켜 그 시선을 정토로 향하게 하기 위함이었다. 말세의 우리를 위해서 비록 후세를 생각하더라도 반드시 신에게 기도해야 된다. 라는 『홋신슈(発心集)[7]』의 말이 단적으로 가리키듯이 중세 신기의 기본적 성격은 사후의 구제자였다. 사탕과 회초리의 힘으로 말법의 어리석은 사람들을 유도하여 불법의 진리를 깨닫게 하는 것이 수적으로서 신기에게 주어진 사명이었다. 따라서 중세에는 많은 사람들이 신사에 가서 정토왕생을 기원했다.

가이케이(快慶)[8]가 만든 도다이지(東大寺)의 소교하치만신상(僧形八幡神像)[9]의 묵서명(墨書銘)[10]에는 아미타삼존의 슈지(種子; 범어로 어느 부처인지 가리키는 말)와 다수의 결연자의 이름과 더불어 『오조요슈(往生要集)[11]』에서 인용된「임종을 맞이하여 모든 장애를 제거하여 아미타불을 만나 즉시 안락국(극락; 安樂国)으로 왕생한다[12]」는 취지의 말이 기록되어 있다.[나가오카(長岡) 2005] 정토로의 안내자로

7) 설화집. 가모노조메이(鴨長明)편집. 1215년경 성립. 발심담(発心談)·둔세담(遁世談)·극락왕생담등 불교관계의 설화가 많아서 후대에 큰 영향을 미친다.

8) 헤이안시대 말기에서 가마쿠라시대 초기에 활약한 불사(仏師). 운케(運慶)와 함께 가마쿠라시대의 조각계(彫刻界)를 대표한다.

9) 본지수적(本地垂迹)의 사상에 의하여 만들어진 신상. 야쿠시지(薬師寺)·도다이지(東大寺)의 것이 유명하다.

10) 명(銘)은 본래 금속에 글씨를 새겨서 후세에 남기는 것이며, 붓과 목으로 써서 후세에 남기는 것을 목서명이라고 한다.

11) 전3권. 겐신(源信)저. 985년 성립. 극락왕생에 관한 중요한 내용이 엮어져있으며, 염불의 요지와 공덕(功德)을 설명함. 일본 정토교의 사상적 기초가 됐다. 지옥에 관한 기술은 널리 민중까지 영향을 끼쳤다.

12) 원문: 頌我臨欲命終時 盡除一切諸障礙 面見彼仏阿弥陀 即得往生安楽国.

서의 하치만신(八幡神)의 역할을 단적으로 보여주는 것이다. 가마쿠라시대(鎌倉時代)에 다수 제작된 가스가노 미야만다라(春日宮曼陀羅)[13]는 가스가신사(春日神社)의 경관을 그린 화상(畵像)의 위쪽에 본지불(本地仏)을 배치한 형식을 취하고 있어 신사가 피안세계로의 통로라는 인식을 가시화한 구성으로 되어있다. 신이 출현한 최대의 목적은 사람들을 피안으로 인도하는 것이었다.

어느 시점까지 신은 그를 모시는 사람들과 불가분의 관계에 있었다. 하나의 신을 모실 수 있는 사람은 그 신을 공통의 조상신·수호신으로 모시는 종족이나 공동체의 구성원에 한정되어 있었다. 헤이안시대전기의 고료신앙(御霊信仰)은 처음으로 대중에 뿌리를 둔 신에 대한 신앙이었다. 지금은 누구에게나 문이 열려 있는 이세(伊勢)의 아마테라스 오미카미도 고대에 있어서는 시헤이킨단노세이(私幣禁断の制)[14]가 제정되어 천황 이외의 사람이 기원하는 것은 허용되지 않았다.

반면 구제자로서의 성격을 지닌 중세의 신은 불특정다수의 사람들의 소원을 듣는 존재로 변모했다.[미쓰하시(三橋) 2000] 신사에는 누구나 자유롭게 다닐 수 있었다. 『사세키슈(沙石集)』에는 조큐의 난(承久の乱)에서 전쟁을 피해 지역 주민들이 아쓰타샤(熱田社)의 경내에 피난했을 때 신이 「내가 하늘에서 이 나라에 내려온 것은 만민을 육성하고 구하기 위함이다」라고 신탁(神託; 신이 사람을 매개자로 하여 그의 뜻을 나타내거나 인간의 물음에 대답하는 일)한 것으로 기

---

13) 만다라: 우주 법계(法界)의 온갖 덕을 망라한 진수(眞髓)를 그림으로 나타낸 불화(仏畵)의 하나.

14) 천황가의 조령(祖靈)을 모시는 시세신궁을 천황·황후·황태자이외의 사람이 모시는 것을 금한 법을 말한다.

록되어있다.

중세의 기청문(起請文)[15]에는 작성자의 지역이나 신분에 상관없이 서약을 감시하는 존재로서 종종 일본국주(日本国主) 아마테라스 오미카미가 권청(勧請; 신령이 강림하기를 빔)되어있다. 하치만신(八幡神)이나 가모신(賀茂神)도 기청문에 자주 등장했다. 이렇게 「구니비토 가미(国民神)」가 된 신들 사이에서 신도들을 확보하기 위한 자유 경쟁시대가 도래하였다.

구제자로서의 성격이 강화되고 사람들에게 널리 문호를 개방한 중세의 신은 더 이상 고대의 신처럼 변덕스럽게 출현해서 난제(難題)를 강요하는 비합리적 존재인 명령하는 신이어서는 안 되었다. 중세의 신이 항상 특정 위치에 신령이 그 자리에 임한다는 의미의 진좌(鎮座)를 하며 사람이 행해야 할 길을 제시하여 사람들의 처신에 따라 엄격한 상벌을 내리는 합리적인 신이어야 하는 필연성은 여기에 있었던 것이다.

아키츠카미現御神의 전락轉落

고대의 천황은 지고(至高)의 신인 아마테라스 오미카미의 후손으로서 또한 아키츠카미(現御神)로서 인민 위에 군림하는 존재였다. 고대 왕권이 만들어 낸 이러한 이미지에 대해 12 세기경부터 그것과는 이질적인 천황관이 등장한다. 신불에 의해 다타리나 벌을 받는 천황이다.

---

15) 서지(誓紙), 서문(誓文)이라고도 하여 전 근대의 일본에서 사람과 사람사이에서 약속을 할 때, 신불을 중개로 세워 거짓이 있으면 그 신불의 벌을 받는 것을 다짐하는 것이며 그 다짐을 문서에 쓴 것을 기청문(起請文)이라고 한다.

물론 고대에도 천황이 신으로부터 다타리를 받는 경우도 있었다. 천황에게 지령을 내리는 보다 근원적인 신도 있었다. 그러나 그 한편으로 천황은 신을 지배하며 그 의사에 따르게 하는 주체자로서 그려져 있다. 그에 대하여 인세이기(院政期)[16] 이후에 출현하는 천황은 지옥에 떨어지거나 실각·요절 등 일방적으로 신에 의하여 그 운명을 규정받는 존재가 되었다.[佐藤弘夫(사토 히로오) 1998] 『덴진연기(天神縁起)』의 「지옥 해후(地獄邂逅)」에는 지옥에서 화염에 불태워지는 다이고천황(醍醐天皇)의 모습이 기록되어 있다.[山本陽子(야마모토 요코) 2006] 또한 『젠코지연기(善光寺縁起)』에서는 고교쿠천황(皇極天皇)이 갑자기 죽어(頓死) 지옥에 떨어졌다고 하는 기술이 있다.[吉原(요시하라) 1990]

이러한 천황관 변화의 배경에는 고대에서 중세로의 전환에 있어서 발생한 세계관의 변모가 있었다고 생각된다. 중세적인 이원적 세계관의 형성에 따라 많은 고대의 신이 이 세상 사람들과 보이지 않는 피안세계의 매개체가 되었다. 그러나 천황만은 끝까지 스스로를 수적(垂迹)으로 규정하는 일은 없었고, 대부분의 중세 사람들도 그렇게 보지는 않았다. 이것은 천황이 가장 고도의 종교적 권위를 가진 타계의 가미와는 매우 엄격히 구별되어 현세 내의 존재가 됐다는 것을 의미한다. 고대에 있어서 인간을 초월한 존재인 가미의 범주에 속한 천황은 이 단계에서 가미의 상위 그룹인 저 세상 부처에게 배척당한 것이다.

또한 천황은 타계의 부처 밑에 있는 제2의 그룹인 이 세상의 가미의 그룹인 수적에 들어간다는 것을 용납할 수가 없었다. 중세의 이

16) 헤이안시대말기(11세기후반)부터 가마쿠라막부(鎌倉幕府)성립(12세기말)까지를 말한다.

원적 세계관이 불교적인 본지(本地)와 수적이라는 틀로 설명되어 있었기 때문에, 재위 중에 불교에 직접 접촉하는 것이 금기시되고 있던 천황이 수적의 역할을 맡는 것은 힘든 일이었다. 이제 천황을 지탱하는 종교적 권위의 원천은 황조신(皇祖神)17)인 아마테라스 오미카미 밖에 없었다. 여기서 천황은 이차적 권위인 이 세상의 가미·아마테라스 오미카미에 의해 그 지위가 정당화되는 삼차적 권위로까지 전락해버린 것이다.

중세에 있어서 일본의 신들이 이 세상의 신중에서도 결코 정점에 있는 존재가 아니었다는 점도 유의할 필요가 있다. 최고의 신격이어야 할 아마테라스 오미카미 조차 범천(梵天)·제석천(帝釋天) 같은 불교의 수호신은 물론, 태산부군(泰山府君)·염마법왕(閻魔法王)과 같은 도교적인 신에 조차 못 미치는 존재－소신(小神)18)으로서 인식되어 있었다.[사토 히로오(佐藤弘夫) 2000] 그러한 신을 성성(聖性; 거룩한 품성)의 광배(光背)19)로 한 천황의 신비화는 더욱 결정적인 한계를 가지고 있었다. 중세에 있어서 다이조사이(大嘗祭)가 중단된 이유는 경제적인 사정에 의한 것이 아니라, 그것이 천황을 신비화하는 작법으로는 거의 무의미해졌다는 것이 원인이었던 것이다.

천황을 둘러싼 비의秘義의 형성

고대에서 중세사회로의 전환과정에서 천황의 지위의 탈신비화가

17) 황실의 조(祖)로 되는 신. 현재는 아마테라스 오미카미를 가리킨다.
18) 큰 신격에 부속(附屬)하는 신인 권속신(眷屬神)이다.
19) 회화나 조각에서 인물의 성스러움을 드러내기 위해 머리나 등 뒤에 광명을 표현한 원광

진행되어 사람과 같은 수준의 존재로서 파악되었다는 본 서적의 지적은 오늘날의 천황 연구의 성과와 꼭 일치 된 것은 아니다. 그것과는 전혀 반대로 천황이 즉위관정(卽位灌頂)[20]이나 밀교적 수법(修法)을 통해 짙은 종교성을 지니고 초월적이고 신비적인 존재로 상승해 나간다는 견해가 학계의 주류를 이루고 있기 때문이다.

천황의 지위를 신성화하려고 하는 이러한 일련의 움직임은 전체적으로 천황의 권위의 상대화와 탈신비화가 진행되는 가운데서 천황의 종교적인 권위를 부활시키려는 의도로 파악할 수 있을 것이다. 천황 지위의 세속화의 최대 원인은 고대에서 중세로의 전환과정에서 천황이 지고(至高)한 가미의 세계에서 배척되고 인간의 세계로 전락한 데에 있었다. 그 천황이 다시 성성(聖性)을 지니기 위해서는 천황이 다시 신에게 다가가는 것이 필요했다.

그것을 위한 가장 간단한 방법은 가미와의 관계를 재구축하여 그 종교적 권위를 양도 받는 것이었다. 하지만 한때 천황을 지지하고 있었던 일본의 신들은 현세적 존재가 되어 타계의 근원 신인 본지불 아래에 있었다.

따라서 진정 천황의 지위를 강화하려면, 천황이 관계를 맺는 상대는 아마테라스 오미카미와 같은 세속적 존재가 아니라 보다 근원적인 타계의 부처이어야 했다. 중세에 현저해지는 즉위관정(灌頂)을 비롯한 여러 의식은 천황과 대일여래(大日如来)[21]등 궁극적 부처 사이에 깊은 관계를 맺어 그 권위를 천황으로 끌어당기려는 시도였다

---

20) 11세기 내지 13세기에 걸쳐 천황의 즉위식에서 행한 밀교의식이며 그 내용은 비밀로 되어 있다.

21) 산스크리트어 마하로비로자나(Mahāvairocana, 摩訶毘盧遮那)의 번역된 말. 밀교의 본존(本尊). 마가(摩訶)는 크다(大)는 뜻이고, 비로자나(毘盧遮那)는 일(日)의 별명이다. 그러므로 번역하여 대일이라 한다.

고 볼 수 있을 것이다.

그러나 이 기도(企圖)는 열매를 맺지 못했다. 원래 중세의 천황이 의도한 초월적인 권위와의 직결은 천황만이 회로를 독점할 수 있는 것이 아니었다. 그 방법은 천황가 고유의 혈통이나 조상신과 관계없이 불교라는 열린 외적 권위에 그 지위의 정통성의 근거를 두는 것이니 만큼 천황가에게 있어서는 늘 양날의 칼이 될 위험이 있었던 것이다. 일차적 권위 즉 절대적 존재와의 관계에 있어서 왕위의 정통성을 변증하려고 하는 방법은 누구나 그 권위를 이용할 수 있기 때문에 항상 혁명이나 반역의 위험성이 따라다녔다. 니치렌(日蓮)[22]과 같이 명확하게 천황가에서 호조(北条)씨로의 왕위의 이동을 긍정하는 사람도 나타났다.[사토(佐藤) 1988]

중세의 사료에 빈번히 등장하는 다이고천황(醍醐天皇), 고교쿠천황(皇極天皇)등 "지옥에 떨어진 천황"의 에피소드는 천황이 타계의 부처와의 관계를 독점할 수 없었던 상황을 단적으로 보여주는 것이다.

세계사 속의 천황

고대에서 중세의 전환과정에 있어서 천황은 그 체면 불고한 노력에도 불구하고 코스몰로지의 변화에 충분히 적응할 수가 없었다. 아키츠카미(現御神)의 지위에서 전락하고 거기에 대조하는 종교적 권위를 지닐 수 없었던 천황은 여기에 역사상 가장 위기적인 단계를 맞이하게 되었다. 중세의 천황은 스스로 체현(體現)하는 성스러운

22) 가마쿠라시대의 승려로 니치렌슈(日蓮宗)의 개조(開祖)

파워에 의해서가 아니라, 19세기 이후에 정비된 국가적 지배체제의 정점에 위치한 한 기관으로서의 정치적 지위에 연명의 열쇠를 맡기게 되는 것이다.

고대에서 중세로의 전환기에 생긴 왕의 권위의 상대화는 반드시 일본열도만의 현상뿐만이 아니다. 불교·기독교·이슬람교 등 세계종교가 성립되면 이러한 신앙을 유포한 지역에서의 종교적 권위는 이러한 종교가 정의하는 초월자·절대자에 일원화되어 그러한 절대자 앞에 왕이 가지는 성성(聖性)은 점차 상대화 되어가는 경향이 있었다. 왕이 신으로서의 즉자적(卽自的)인 신성함을 상실하여 초월자의 권위를 분배받으므로 비로소 왕이 될 수 있는 역사적 단계에 도달한다. 왕의 거주지인 궁전보다도 신전이나 사원 등 종교시설이 더 장대하고 호화롭게 건립되었다.

유럽세계에서 800년에 프랭크왕 칼 대제(大帝)의 대관(戴冠)을 교황 레오 3세가 거행하고 나서 황제의 권위는 대관식에서의 성별(聖別)이나 도유(塗油)를 통하여 신의 왕위 정당화를 거쳐 비로소 승인되는 것으로 여겨졌다. 왕은 더 이상 자신의 성스러운 권위와 민중에 군림하는 존재가 아니라 전능하신 신을 광배(光背)로 해서 비로소 그 지위를 유지할 수 있었던 것이다.

이슬람세계에서도 「칼리프[23]」나 「샤[24]」 등으로 불리는 왕권의 보지자(保持者)들은 궁극의 권위인 하나님의 뜻에 의거하여 공정한 정치를 하고 있는 것이 그 정통성의 필수조건이었다. 중국에서는 서

---

23) 칼리프(영어: Caliph, 아라비아어: خليفة khalīfa)는 예언자 마호메트가 타계한 후 이슬람공동체나 이슬람국가의 지도자, 최고권위자의 칭호이다. 원의(原義)는 「대리인」이다.

24) 샤(shāh شاه)는 「왕」을 뜻하는 페르시아어 또는 왕의 칭호이다.

주시대에 천명을 받은 자가 하늘을 대신하여 세상을 통치한다는 천명사상이 태어나지만 그것은 곧 인심이 떨어져 천명이 잃어버린 경우에는 천자가 그 지위를 잃고 새로 유덕자가 왕위에 오르는 것을 인정하는 혁명사상으로 전개해나간다. 『맹자』에는 하늘의 이름하에 폭군을 멸망시켜 새로운 왕을 세우는 것을 공공연하게 긍정하는 논리가 보이고, 그것이 중국에 있어서 왕조교체를 정당화하는 사상적인 전통이 되어 가는 것이다.

천황의 종교적 권위의 문제도 이러한 세계사적인 시각 속에서 생각해야 할 것이다.

2. 성인聖人신앙과 영장靈場25)

오쿠노인奥の院의 성립

중세의 피안세계의 관념이 팽창함에 따라 이 세상에 있는 신·성인·불상 등이 피안의 본지불(本地仏)의 수적으로 여겨졌다. 그것은 고대에는 없었던 새로운 타입의 히토가미(人神)를 탄생시키는 원인이 되었다. 구제자로서의 히토가미이다.

성인이 피안과 이승을 연결해주는 존재라는 인식은 성인신앙의 급격한 융성을 가져왔다. 중세의 사찰은 정토신앙의 부상에 따른 수적(垂迹), 특히 성인신앙에 대한 수요증가에 대응하기 위해 사원에 연고가 있는 성인을 모시는 새로운 시설을 사내에 마련했다. 그 시설은 일반적으로 사원의 가장 후미진 전망이 좋은 자리에 만들어졌

25) 성지(聖地), 성역(聖域). 불교에서는 영장(靈場) 또는 영지(靈地)라고도 한다.

기 때문에, 후에 「오쿠노인(奥の院)」이라고 불리게 된다. 고보대사(弘法大師)가 입정(入定)하여 있다는 전설이 있는 고야산(高野山)의 오쿠노인은 그 최초기의 대표적인 예이다.

고야산 곤고부지(金剛峰寺)는 9세기 초 신곤슈(真言宗)[26]의 근본 도장으로 고보대사 구카이(空海)의 손에 의해 열렸다. 구카이는 창건 당시 이 고야의 땅을 팔엽 연꽃[27]에 둘러싸인 밀교적인 만다라세계를 이미지 했었다. 835년 조와(承和) 2년에 죽음을 맞이한 구카이의 시신은 화장된 후, 고야산의 중심가람(中心伽藍)에서 떨어진 높은 자리 곧 오늘의 오쿠노인(奥の院)에 해당하는 땅에 묻혔다.

그런데 사후 1세기를 지날 즈음에서 구카이에 대한 새로운 전설이 만들어졌다. 구카이는 실제로는 죽은 것이 아니라 지금도 살면서 오쿠노인에서 명상상태에 들어가 있다는 전설, 소위 고보대사 입정신앙(入定信仰)의 형성이다. 『에이가 모노가타리(栄花物語)』에는 고야산에 참예한 후지와라 미치나가(藤原道長)가 자는 듯한 모습을 한 고보대사와 대면한 모습이 그려져 있다.

신앙의 성지로서의 오쿠노인의 클로즈업과 더불어, 헤이안시대 후기에 오쿠노인은 그 이미지를 근본적으로 바꾸는 또 다른 변화를 경험하게 된다. 정토신앙의 유입이다. 『잇펜히지리에(一遍聖絵)』에서는 고야산이 「삼지보살(三地菩薩)의 수적(垂迹)의 땅」(삼지라는 수행의 위치에 있는 보살=고보대사가 수적한 땅)으로 돼 있고, 잇펜(一遍)은 「구품정토(九品浄土)」(극락정토)와 인연을 맺기 위해서 거

26) 구카이(고보대사)에 의하여 9세기 초에 열린 일본 불교의 종파. (원문: 空海 (弘法大師) によって9世紀 (平安時代) 初頭に開かれた、日本の仏教の宗派。) (위키백과 일본어판 번역)

27) 극락정토에 있는 꽃잎이 8개의 연꽃. (일본 위키페디아 번역)

기에 들어갔다고 적혀있다. 『이치곤호단(一言芳談)』에는 고야산의 오쿠노인에 산로(参籠)[28]한 주겐(重源)이 심야 구카이의 묘소(廟所)에서 울리는 염불 소리를 들었다는 이야기가 담겨있다. 「고보대사는 살아있는 미타여래(彌陀如來)」(『고야산기(高野山記)』)라고 돼 있듯이, 고보대사 자신이 아미타불의 화신으로 믿어진 것이다.

중세의 고야산에는 수적으로서의 고보대사를 사모하여 수많은 염불히지리(念仏聖)[29]가 모여 살게 되었다. 사이교(西行)[30]도 그 중 한 명이었다. 오다와라타니(小田原谷)와 렌게타니(蓮華谷)에는 아미타당(阿彌陀堂)이 건립되어 염불 소리가 넘쳤다.[고라이(五来) 1975] 고보대사의 인도에 의한 극락왕생을 기원하며 참배나 납골도 활발해졌다. 그 창건 당초에는 밀교사상에 의하여 궁극의 정토로 된 고야산이 중세에는 피안으로 도달하기 위한 정토신앙의 거점으로 변한 것이다.

수적垂迹하는 성도들

구카이(空海)와 함께 중세적인 성인신앙의 중심적 대상이 된 것이 쇼토쿠태자(聖徳太子)였다. 호류지(法隆寺)나 시텐노지(四天王寺) 등 아스카시대(飛鳥時代) 이래의 유서 깊은 사원들도 12세기가 되면 회랑(回廊) 외부의 승방(僧房)의 일부가 개축되고 쇼토쿠태자를 모시는 세이레이인(聖靈院)이 마련된다. 거기는 정토신앙의 새로운 성

---

28) 신사·절 등에 일정한 기간 머물러 기도함.

29) 헤이안시대 중기에 말법사상이 침투(浸透)되면서 정토신앙을 서민에게 보급하는 승려들이 나타났다. 그들은 염불히지리(念仏聖)라 불리고 사원에 정주(定住)하지 않고 심산(深山)의 초암(草庵)에 살거나 편력(遍歷)하면서 수행하는 반승반속(半僧半俗)의 존재였다.

30) 헤이안시대 말기부터 가마쿠라시대 초기의 무사·승려·가인(歌人).

지로서 인(院)[31]에서 중서(衆庶)에 이르는 정토왕생을 바라는 사람들의 열성적인 신앙을 모았다. 『슈이오조덴(拾遺往生傳)』에서는 극락왕생을 기원하는 센묘(仙命)라는 승려가 시텐노지(四天王寺)의 세이레이인(聖靈院)에 참배하여 「중지(中指) 빛으로 하여 존상(尊像)을 공양」했다는 이야기가 담겨있다. 고류지(広隆寺)에서는 1150년 [규안(久安)6]의 화재로부터의 부흥에 있어서 쇼토쿠태자를 모시는 조큐오인(上宮王院)이 마련되어 가쓰라큐인(桂宮院)으로 발전했다. 이들은 모두 기능적으로는 오쿠노인(奥の院)에 해당하는 시설이었다고 생각된다.

四天王寺聖墓院

31) 당초(當初)에는 상황(上皇)이나 법황(法皇)의 궁전을 가리켰는데 후에는 그 사람 자신을 나타나기도 했다.

시나가(磯長)에 있는 쇼토쿠태자의 묘지도 12세기경부터 정토신앙의 성지가 되고 극락정토에 왕생을 기원하는 많은 참배객들을 모으게 되었다. 이 땅에는 쇼토쿠태자가 남긴 것으로 전해지는 「묘쿠쓰게(廟崛偈)」라는 게문(偈文)이 전해지고 있었다. 거기에는 「말세의 중생을 구제하기 위해 부모에서 태어난 혈육의 몸을 이 묘쿠쓰(廟崛)에 둔다」는 쇼토쿠태자의 말이 적혀 있어, 저명한 불자인 신란(親鸞)도 젊었을 때 이 땅을 방문하여 이 게문을 서사하고 있다. 헤이안시대부터 가마쿠라시대에 걸쳐 대량으로 제작 된 다양한 쇼토쿠태자상은 동시대의 사람들의 피안지향과 깊은 관계를 가졌다.

성인신앙의 대상이 된 것은 고보대사와 쇼토쿠태자만이 아니었다. 나라시대에 활약한 민간 승려 교키(行基)는 「문수(文殊)의 화신」(「니혼오조 고쿠라쿠기(日本往生極楽記)」)로 일컬어졌다. 쇼무천황(聖武天皇)은 관음의 화신이며, 후지와라 가마타리(藤原鎌足)는 유마거사(維摩居士)의 수적이었다. 헤이안시대는 고료신앙의 주역이었던 스가와라노 미치자네(菅原道真)도 중세에서는 혼지수적(本地垂迹)의 논리에 접목되었다. 그 혼지(本地)는 「관세음의 수적, 11면의 존용(尊容)」이며 사람들을 인도하기 위하여 「극락의 정찰(淨刹)에서 나와 텐마텐진(天満天神)[32]으로 나타났다」(『기타노텐진연기(北野天神縁起)』)고 설명되어있다.

가마쿠라신불교[33]의 조사(祖師)들의 경우, 그 사상의 특색은 매개

32) 스가와라노 미치자네의 영을 신격화한 호칭이다.

33) 가마쿠라시대에 있어서는 12세기중반에서 13세기에 걸쳐서 신흥 무사나 노민들의 요청에 응하여 새로운 종파인 조도슈(淨土宗), 조도신슈(淨土新宗), 지슈(時宗), 니치렌슈(日蓮宗), 린자이슈(臨済宗), 소토슈(曹洞宗)의 종조(宗祖)가 활약했다. 이 6종단은 모두 개조(開祖)가 덴다이슈(天台宗)를 배웠다. 가마쿠라신불교 6종단은 교설도 성립의 사연도 다르지만 구불교가 요구하는 엄격한 계율(戒律)이나 학문, 기진(寄進)이 필요 없고[단 선종(禪宗)은 계율 중시], 오직 신앙에 의하여

자인 수적을 배제하고 이 세상의 중생이 피안의 본지불(本地仏)과 직결되는 신앙자세를 이상형으로 한 점에 있었다. 그러나 그들의 사후 교단내부에 있어 그 혼지는 부처·보살임이 강조된다(제6장 제1절 참조).

지엔(慈円)은『구칸쇼(愚管抄)』에서「이 일본에서 중생을 구하기 위해 관음이 화현(化現)한 인물로 쇼토쿠태자와 후지와라 가마타리(藤原鎌足), 스가와라노 미치자네(菅原道真), 지케이대사(慈恵大師)들이 있는데 그 의의를 깊이 감지하는 자는 아무도 없다」고 말했다. 중세에서는 보통사람과 다른 신기한 힘을 가진 인물은 승속(僧俗)을 불문하고 모두 저 세상의 불보살이 이 세상 사람들을 구하기 위해 모습을 바꾸어 나타난 것으로 간주되어 있었다.

소년·여성·비인非人

지금까지 예를 든 인물은 모두 그 사후에 설화 등을 통해 명성이 항간에 회자된 사람들이었지만, 피안에서의 파견자로 간주된 사람들은 그 밖에도 많이 존재했다. 덕이 높은 승려, 험력(驗力)을 몸에 지닌 행자(行者) 가운데는 생전부터의 수적(垂迹)으로 숭배된 인물도 있었다.「탁세말대(濁世末代)의 생신불(生身仏)」이라고 불린 가마쿠라시대의 승려 에손(叡尊)이 그 대표이다.「고후시미천황 증승 에손고쇼보살호칙(後伏見天皇贈僧叡尊興正菩薩號勅)」.『겐페이세이스이기(源平盛衰記)』(권25)에는 주겐(重源)과 조케이(貞慶)가 각각「살아있는 부처」,「살아있는 관음」이라는 이야기가 게재되어있다. 구조

재가(在家)하면서 구원을 받을 수 있다는 점에서 일치한다.

미치이에(九条道家)의 『교쿠즈이(玉蘂)』에는 수계(受戒)의 스승인 타카노(高野)의 행승(行勝) 성인을 「살아있는 화불(化仏)인가」라고 적혀져있다.

『곤자쿠 모노가타리슈(今昔物語集)』(권17)에는 세상에서 「지장보살(地藏菩薩)의 대비(大悲)의 화현(化現)」이라고 불린 무쓰(陸奥)라는 나라의 조넨(蔵念)이라는 승려에 관한 일화가 담겨있다. 조넨은 어렸을 때부터 오로지 지장(地藏)을 찬양할 수행을 쌓아 사람들을 인도했다. 만년에 산으로 들어가 자취를 감췄을 때 나라 사람들이 「조넨은 바로 살아있는 참된 지장보살이셨다. 그런데 우리의 죄가 무거워서 금새 우리를 버리고 정토에 돌아가신 것이다」라고 서로 한탄했다고 한다. 조넨은 정토에서 사람들을 구하기 위해 보내신 사자로 믿어진 것이다.

단지 무명의 속인(俗人)이 부처의 화현(化現)으로 된 경우도 드물지 않았다. 아래에 소개하는 이야기는 『우지슈이 모노가타리(宇治拾遺物語)』에 수록된 설화이다.

> 단고(丹後)라는 나라에 한 늙은 승려가 있었다. 지장보살이 새벽마다 돌아다닌다는 이야기를 듣고 매일 아침 지장(地藏)을 만나기 위해 방황을 거듭했다. 어떤 도박꾼이 그 모습을 보고 사례를 받고 늙은 승려를 지장과 만나게 했지만, 그것은 지장이라는 별명의 10살가량의 보통소년이었다. 속은 것도 모르고 늙은 승려가 너무 기뻐하며 이 소년에게 합장 배례했더니 소년의 이마가 찢어져 그 속에서 더없이 훌륭한 지장의 얼굴이 나타났다. 노승은 눈물을 흘리며 엎드려 절하며 그대로 극락에 왕생했다.

이 설화에는 「그러니 마음에서라도 깊이 빌면 부처도 뵐 수 있다고 믿어야 한다」고 평어(評語)가 붙어 있지만, 부처·보살은 소년의 모습을 빌려 사람들을 정토로 인도하기도 했던 것이다.

소년과 함께 중세에서는 특정여성이 종종 수적으로 간주되었다. 12세기에 성립된 『이마카가미(今鏡)』에는 무라사키시키부(紫式部)가 불보살의 화신이며 사람들을 불도(仏道)로 인도하기 위해 『겐지모노가타리(源氏物語)』를 저술했다고 적혀 있다. 『짓킨쇼(十訓抄)』나 『고지단(古事談)』등 가마쿠라시대의 설화집에는 요도가와(淀川)강변에 있는 교통의 요충지인 간자키(神崎)의 기생 우두머리가 사실은 「살아있는 보현(普賢)」이었다는 이야기가 담겨있다. 때로는 차별의 눈빛으로 볼 수 있는 기생들이 실은 사람들을 구원하기 위해 이 세상에 출현한 보현보살이었다.

평소 비천한 사람들을 성스러운 존재의 화신으로 삼는 발상은 히닌(非人)에게도 나타난다. 중세의 히닌은 평민에 의해 구성된 공동체에서 배제되는 반면, 독자적 집단을 형성하여 사찰의 청소나 장례에 종사하고 있었다. 중세에는 문수보살이 그 비인의 모습을 취하고 이 사회에 출현한다고 널리 믿고 있었다. 히닌 구제로 유명한 에손(叡尊) 등은 실제로 히닌을 살아있는 문수보살로 비긴 법회를 하는 것이다.[호소카와(細川) 1979]

산로參籠 의 정착

피안의 인도자로서의 성인에 대한 신앙열이 높아지는데 따라 각 사원에서 본존불(本尊仏)을 안치하는 종래의 금당(金堂)과 더불어 사원에 연고가 깊은 성인을 모시는 오쿠노인이라는 또 다른 성역을 마련하는 것이 일반화해 나간 것은 이미 논한 바 있다. 중문(中門)에서 이어진 회랑(回廊)에 의해 둘러싸인 지고(至高)의 성역인 금당을 중심점으로 하여, 외부를 향해 성(聖)에서 속(俗)의 세계로 단계적으로 이행하는 고대사원의 동심원상(同心円狀)의 코스모로지에서 금당(金堂)과 오쿠노인이라는 성스러운 두 가지 중심점=초점을 가진 중세사원의 타원형의 코스모로지로의 전환이 일본열도에서 널리 진행되는 것이다.[사토 히로오(佐藤弘夫) 2003]

이 오쿠노인이야말로 새롭게 영장(靈場)으로 재생하는 중세사원의 핵심시설이었다. 정토신앙과 오쿠노인의 건립은 서로 깊이 관련하면서 성인신앙과 흔구정토(欣求浄土)의 기운을 더욱 불러일으켰다. 피안과 이승을 잇는 통로로서의 영장이 인세이기(院政期)에는 국토위에 서서히 출현하고 영장을 향해 많은 승속(僧俗)이 일본열도를 광범위하게 이동하는 본격적인 참배의 계절이 시작된다.

이러한 역사적 전환을 거쳐 전통사찰은 닫힌 학문과 수양의 장에서 열린 참배의 장으로 변모해간다. 지연·혈연을 불문하고 불특정의 사람들을 받아들이는 새로운 유형의 사원인 영장은 고대사원이 중세사원으로 변해가는 과정에서 나타난 것이었다. 그리고 그 주역은 수적으로 사람들을 피안으로 인도하는 히토가미들이었다.

변화한 것은 산로자(參籠者)의 계층뿐만 아니었다. 사찰에 산로(參籠)하는 목적은 당초 승진이나 질병의 치유, 빈곤 탈출 등 현세의 기원이 중심이었다. 미치쓰나(道綱)의 어머니인 이시야마 산로(石山參籠)도 남편 가네이에(兼家)와의 관계개선을 기원한 것이었다.[『가게로일기(蜻蛉日記)』] 그러나 12세기가 되면서 기원의 내용이 크게 변화한다. 현세주의 기도가 사라지는 일이야 없었지만 그에 대신하여 후세의 구제 문제가 급부상한다. 사람들의 관심은 영험에서 구제로 이행하여 드디어 내세의 문제가 사람들의 삶에 있어서 압도적으로 큰 뜻을 가지게 된 것이다.

12세기 이후에 작성되는 『이시야마 데라연기(石山寺緣起)』『고카와데라연기(粉河寺緣起)』 등의 연기류에서 주요 주제는 어떻게 왕생하는가하는 점이었다. 이것은 앞서 말한 헤이안시대 후기에 진전하는 피안세계의 비대화(肥大化)와 피안의 통로로서의 영장의 형성에 대응하는 현상이다. 사람은 사후의 안락을 바라며 수적이 진좌(鎭座)하는 영장에 발길을 옮기게 되는 것이다.

그것은 살아있는 사람뿐만 아니라 사자에도 적용되는 원리였다. 사자의 영혼도 또한 유골을 요리시로(依代)[34]로 하여 영장에 운반됨으로써 아득한 정토로 떠날 수 있다고 생각되었다. 중세에 유행하는 영장으로의 납골신앙의 배경에는 이러한 세계관의 정착이 있었던 것이다.

3. 근원신을 찾아서

본지수적本地垂迹과 반본지수적反本地垂迹

10세기 후반부터 12세기에 걸친 중세성립기는 불교적 세계관이 널리 침투하여 사회통념을 형성해 나가는 시기였다. 저 세상과 이 세상이라는 이원적 세계관이 코스모로지의 골격을 형성하며, 그때까지 인간과 더불어 하나의 세계를 형성하고 있던 신불이나 사자(死者)가 그 두 세계에 배분되어 갔다. 보이지 않는 저 세상의 부처의

---

34) 신령이 나타날 때 매체가 되는 것으로 나무가 가장 그 대표적이다.

리얼리티가 궁극까지 고양(高揚)하여 사람들이 누구나 타계정토로의 비상(飛翔)을 바라는 시대가 바로 이 시기였던 것이다.

다만 여기서 지적하고 싶은 것은 헤이안시대 후기의 피안관념의 확대는 불교－정토교 보급(普及)의 결과가 아니라 그 원인이었던 것이다. 어느 시기 타계이미지가 팽창하는 현상은 세계 곳곳에서 볼 수 있지만, 일본열도에서는 헤이안시대 후기의 사회가 바로 그 때였다. 그러한 단계에 이르고 있었던 열도사회가 정토신앙을 친화적 사상으로 수용하여 피안관념을 증폭시키면서 발전해나간 것으로 이해해야 할 것이다.

피안세계에 대한 관심의 고조는 현실세계의 사상(事象)을 넘어 그 배후에 있는 본원적 존재에 다가가려고 하는 의욕의 고양과 표리를 이루는 현상이었다. 불교교학의 세계에서 구세주가 있는 피안세계의 이미지가 자세하게 그려져 갔다. 지역과 민족을 초월한 보편적 세계가 실재한다는 확신을 바탕으로 하여 다양한 불교도가 각각의 입장에서 거기로 도달하려고 했다. 겐신(源信) 이후 정토신앙의 계보에 연결된 불교도들이 문자나 회화로 그리고자 했던 극락정토의 광경은 이러한 시도의 하나였다. 가마쿠라불교를 대표하는 호넨(法然)과 신란(親鸞)의 신앙은 이러한 시대사조 속에서 탄생한 것이었다.

중세는 정토신앙이 일세를 풍비한 때였지만, 한편으로는 덴다이혼가쿠사상(天台本覚思想)[35]이나 밀교도 큰 위치를 차지하고 있었다. 피안으로의 왕생을 이상으로 하는 정토신앙에 대해 본각사상(本覚思

35) 본각(本覚)이란 본래(本來)의 각성(覚性)이란 뜻으로 모든 중생(衆生)에게 본래적으로 내재되어 있는 깨달음(＝각)의 지혜를 의미한다. 즉 중생은 누구나 부처가 될 수 있다 또는 원래 깨달을 수 있다는 사상이다. 주로 덴다이슈(天台宗)를 중심으로 불교계 전체에 확산된 사상이며, 오늘날에는 본각사상(本覚思想), 덴다이본각사상(天台本覚思想)이라고도 한다.

想)과 밀교는 현실세계 속에 궁극의 정토를 찾아내려고 하는 입장을 취하고 있어 양자는 종종 전혀 상반되는 지향성을 가진 사상으로 이해되어 왔다. 그러나 중세 전기의 밀교는 결코 눈앞의 세계를 그대로 정토로 간주한 적은 없었다. 비록 근원적인 진리가 우주에 편만(遍滿)하고 있어도 보통사람이 그것을 인지하는 것은 불가능했다. 그 관점에서 보면 인간의 인식이 미치지 않는 절대적 존재가 실재한다는 확신아래 어디까지나 거기에 접근하려고하는 점에 있어서는 밀교도 정토신앙도 공통의 입장을 취하고 있었다고 나는 생각한다.

『샤세키슈(沙石集)』에서는 「우리의 몸은 누구나 우주의 근본에서 이루어지고 있으므로 다 똑같다. 사람마다 차이가 있다면 헤매고 있느냐 깨닫고 있느냐의 차이 때문이다」라고 하는 본각론적(本覚論的) 세계관에 입각하면서 「부처님은 넘치는 빛과 지혜를 가지고 계시므로 가까이 갈 수 없다. 그래서 부처님이 속세에 신으로서 살아주신다. 그러한 부처님의 덕을 신명(神明)이라고 한다」라고 그것을 본지－수적(垂迹)의 논리로 전개하며 중생구제에 신기(神祇)의 역할이 강조되어 있다. 또한 본각사상이나 밀교를 지고(至高)의 가르침으로 신봉하던 현밀불교(顯密仏教)의 거장(巨匠)들도 죽음에 임하여서는 타계로의 비상을 갈망했다.

가마쿠라시대의 신곤슈(眞言宗) 승려 도한(道範)은 그의 저서 『히미쓰 넨부쓰쇼(秘密念仏抄)』에서 많은 신곤행인(眞言行人[36])」이 염불을 통해 극락왕생을 기원하고 있다고 적혀 있다. 반면 신곤다라니(眞言陀羅尼)에[37] 의한 「극락왕생 속성정각(速成正覚)」을 논하고 있

36) 행인(行人)이란 수행자(修行者)라는 것이 본래의 어의(語義)지만 사원(寺院)에 있어서 세속적인 잡무(雜務)에 종사하는 승려를 가리킨다.

37) 다라니(陀羅尼)는 「기억하여 잊지 않다」라는 뜻이며 본래는 불교수행자가 외워야

다(『고묘신곤시주샤쿠(光明真言四重釈)』). 진언(眞言)의 힘에 의한 왕생의 실현은 도한(道範) 이외에도 중세 밀교계에 있어서 종종 강조된 것이었다.

현실세계의 배후에 있는 궁극적 존재에 대한 끝없는 관심이 중세 사상의 기조(基調)를 이루고 있었다. 모든 인간이 동등하게 거대한 초월적 존재의 품 안에 있다고 하는 실감이야말로 중세인의 공통적인 피부감각이라고 해야 할 것이다.

근원적 존재를 찾아서

계속 팽창해나가는 근원적 존재에 대해 아미타불·법신불(法身仏) 등의 개념으로 최초로 그것을 논리화해나간 것이 불자들이었다. 일본의 신들은 불교적인 개념에 의해 이론화된 본원적 존재에서의 파생(수적)으로 인식 되어 시대의 코스모로지 속에서 안정된 위치를 차지할 수 있었다. 그러나 이러한 사조(思潮)에 감히 반발하는 사람들이 있으니 천신지기(天神地祇)를 받들어 그것을 섬기는 일을 생업(生業)으로 해온 사람들이다.

일본열도에서는 늦어도 야요이시대에는 신을 모시는 신앙이 공동체를 유지하는 데 중요한 역할을 하고 있었다. 그것은 율령체제하의 신기제사제도(神祇祭祀制度)에 계승되었다. 불교가 전래되어 신기(神祇)와의 융합이 진행되면서 신기제사의 조직과 시스템은 불교 교

할 가르침이나 작법(作法)등을 가리켰다. 나중에는 「암기해야 될 주문(呪文)」으로 해석하게 되어 일정한 형식을 갖춘 주문을 가리키게 되었다. 본래 다라니는 암기하여 반복하여 외움으로써 잡념을 없애고 무념무상(無念無想)의 경지에 도달할 것을 목적으로 했다.

단의 그것에 접목되어 가지만 그래도 신을 모시는 전문적 씨족·제관(祭官)은 여전히 다수 존재했고, 불교와의 융합을 기피하고 어디까지나 신기신앙의 독자성을 지키려고 한 그룹도 존재했다.

무엇보다도 신은 고대사회에 있어서 아키츠카미(現御神)인 천황의 종교적 권위의 원천이었다. 재위중인 천황이 불교와 접촉하는 것은 결코 허용되지 않는 금기(禁忌)였다. 천황이 거주하는 대궐의 시신덴(紫宸殿)이나 세이료덴(清涼殿)도 사원을 연상시키는 초석·기와지붕 양식은 채택하지 않았다. 신불의 융합이 진전하는 가운데,「신불격리」라고 불리는 신 신앙의 독자성을 지키려는 움직임은 일관적으로 계속되어 있던 것이다.[사토 마사토(佐藤真人) 1985]

국가 레벨에서도 신기제사 제도는 변질하면서 중요한 의의를 계속 유지했다. 전국의 신사를 통괄하는 것을 목표로 하는 율령제(律令制)적인 제사는 헤이안시대 중기에는 그 실태를 반은 잃고 후기가 되면 기내(畿内)[38] 주변의 주요 신사에만 봉폐(奉幣)가 이루어지는 체제로 이행한다. 이렇게 완성된 중앙의 22사봉폐제(社奉幣制)와 지방의 1궁제(宮制)를 두 바퀴로 한「22사·1궁제」[39]라고 불리는 체제가 중세의 신기제도의 골격을 이루는 것이다.[이노우에 히로시 井上寬司 2009] 국가 통치를 위한 조정(朝廷)이나 지방에서의 신기의 역할은 중세에 이르러서도 결코 작지 않았다.

고대에서 중세에 걸쳐 불교와의 차별화에 의하여 스스로의 존재의의를 찾아내려고 한 대표적인 신사가 이세진구(伊勢神宮)이다. 일관적으로 불교자의 참배를 금지하는 등 이세신궁이 신 신앙의 독자

---

38) 교토(京都)에 가까운 다섯 지방(山城·大和·河内·和泉·摂津)의 총칭이다.

39) 11세기부터 12세기전반까지의 국사신배(国司神拜)를 지탱한 일국완결(一国完結)적인 산사체제이다.

성을 지키려했던 것은 잘 알려져 있다. 실제로는 이세신궁에서도 불교와의 융합이 진전되어 불교의 영향을 받은 것이 밝혀지고 있지만, 그래도 이미코토바(忌詞)[40]의 사용을 비롯해 이세신궁이 신기신앙과 불교 사이에 명확한 구별을 두려고 한 지향성은 부인할 수 없는 사실이다.

불교가 신기계(神祇界)에 큰 영향을 미치고 있었던 13세기 후반, 그 이세의 땅에서 새로운 신기사상의 흐름이 일어났다. 와타라이 유키타다(度会行忠) 등 제관(祭官)들에 의해 추진 된 사상운동 즉 이세신도의 형성이다. 이세신도의 경전인 신토고부쇼(神道五部書)[41]에서는 우주의 근원에 있어서 이 세계를 창조하여 주재하는 유일신의 관념이 성장되어간다. 그 사상적 소재를 제공한 것은 중세에 큰 영향력을 갖고 있던 불교나 도교였다.[다카하시 미유키(高橋美由紀) 2010]

초월화된 구니토코타치노 가미(国常立神)나 아마테라스 오미카미는 「대원신(大元神)」「허공신(虛空神)」·『고친자혼기(御鎮座本記)』 구니토코타치노 가미(国常立神), 「무상무이(無上無二)의 원신(元神)」·『호키혼기(宝基本記)』 아마테라스 오미카미 등의 이름으로 불렸다. 이러한 신격이 「만물의 본체」『고친자혼기』 아마테라스 오미카미 「만물의 총체(總體)」『고친자혼기』 도요우케노 오카미(豊受大神) 등으로 표현되는 것에도 보이듯이 이세신도는 불교계가 재빨리 「본지」라는 개념으로 스스로 안으로 가져온 근원적 존재를 불교에서 떼어

40) 불길(不吉)하기 때문에 사용을 비하고 그 대신에 사용하는 다른 말로 신도에서는 부처를 나카고(中子), 경전을 소메가미(染紙), 탑(塔)을 아라라기(阿良良岐), 절을 가와라후키(瓦葺), 승려를 가미나가(髮長) 등으로 했다.

41) 가마쿠라시대의 신도서로 가마쿠라시대에 이세의 제관(祭官)들 가운데서 탄생한 신도의 교설(教說)을 일반적으로 이세신도, 와타리이(度會)신도라고 부르지만 수많은 교전(教典)가운데서 특히 중요시된 5부의 서를 총칭하여 신도 5부서라고 한다.

내고 신기신앙 측에 되찾으려고 한 것이다.

이세신도의 영향을 받아 근원자를 신기신앙(神祇信仰)의 입장에서 더욱 명확한 형태로 이론화하려고 한 인물이 남북조시대의 지헨(慈遍)이었다. 지헨은 구니토코타치노 미코토(国常立尊)를 일컬어 허무신(虛無神)이라고도 부르는 이유에 대해 「단지 이름만 있고 실재는 없다. 그런데 천지는 끝나더라도 그 신은 끝나지 않는다. 물질의 형태는 변하여도 그 길은 변하지 않는다. 변함없이 일어나고 변함없이 나라를 이루기 때문에 구니토코타치(国常立)라고 하는 것이다」『도요아시하라 신푸와키(豊葦原神風和記)』라고 기술되어있다.

여기에 등장하는 신은 같은 「신」이라는 말로 표현 되면서도 기기신화(記紀神話)의 그것과는 전혀 다른 것이다. 여기서는 구니토코타치노 가미(国常立神)라고 하는 특정한 신이 영원불멸의 우주를 이루고 있는 궁극적 존재에까지 높여지고 있다. 지헨은 같은 저작에서 신을 「법성신(法性神)」·「유각(有覚)의 신」·「실미의 신(実迷の神)」의 세 종류로 나누고 「법성신(法性神)」을 「본지수적(本地垂迹)」를 초월한 「법신여래(法身如來)」와 동체의 존재로 규정하고 있다. 신은 수적의 지위에서 해방되어 그 때까지 불교가 독점해 온 궁극적 존재인 본지불(本地仏)의 지위가 주어지게 된다.

이러한 흐름을 받아 등장한다. 가네토모(兼倶)는 대원존신(大元尊神)을 모시는 대원궁(大元宮)을 중심으로 전국 3000여 관사(官社)의 제신(祭神)을 모시는 사이조쇼다이이겐구(齋場所大元宮)를 건립하는 등 신사계의 재편과 신도의 불교에서의 자립을 추진했다. 또한 무로마치시대의 신도가인 요시다 가네토모(吉田兼倶)가 「일본은 씨앗을 일으키고, 진단(震旦; 중국)은 지엽(枝葉)을 일으키고, 천축(天竺; 인도)은 화실(花實)을 연다. 그러므로 불교는 만법의 화실(花實), 유교는 만법의 지엽, 신도는 만법의 근본을 이룬다. 그 두 종교는 모두 신도의 분화(分化)인 것이다」(『유이이쓰신토묘호요슈(唯一神道名法要集)』)라고 하는 「근엽화실론(根葉花實論)」을 주창(主唱)해 소위 반본지설(反本地說)을 체계화했다. 여기에서 신도는 세계의 여러 사상의 근본으로서의 지위가 주어지고 중국의 유교와 인도 불교는 거기에서 파생된 가르침이 되는 것이다.

본지수적(本地垂迹)과 반본지수적(反本地垂迹)의 관계를 어떻게 생각 하는가를 둘러싸고 다양한 논의가 있지만 나는 양자 사이에 사유양식의 수준에서 본질적인 차이는 찾아낼 수 없다고 생각한다. 양쪽 다 근원적 존재를 추구하는 중세적인 발상의 틀 안에 있다고 보아야 할 것이다. 그 차이는 근원자를 불교의 교리로 이론화할 것인가, 그것을 신에게 비정(比定)할 것인가에 있었던 것이다.

그리하여 중세신학은 불교·신도 같은 종파의 틀을 넘어 가미에 대한 형이상학적 고찰이 진행되어, 우주의 중심에 있어 이 세계를 창조하고 주재하는 궁극적인 신 관념이 성장해 나간다. 「중세 신학자들은 누구나 다 궁극적 신을 희구하고 신의 형이상학화를 시도했다」.[야마모토 히로코(山本ひろ子) 1995] 그것은 기기신화의 재해석이라는 형태를 취한 독자적 사상세계 중세일본기·중세신화의 창조와 다름없었던 것이다.[이토 마사요시(伊藤正義) 1972]

내재하는 신의 발견

중세신학에 의한 가미의 구제자화·초월신화는 지금까지 없었던 새로운 타입의 신을 탄생시켰다. 사람에게 내재하는 신이다. 고대에 있어서 신은 어디까지나 인간과 대치하는 존재였다. 신은 사람의 외부에 있고, 영이(靈異)를 나타내는 주체였다. 반면 중세에는 마음속에 신을 찾으려하는 사상이 출현하는 것이다.[이토 사토시(伊藤聡) 2011]

헤이안시대 말기에 성립하는『나카토미노 하라에쿤게(中臣祓訓解)』는 신에게 본각(本覚)·시각(始覚)·불각(不覚)의 세 종류가 있고, 본각은 이세(伊勢)의 신이고「본래청정(本來淸淨)의 이성(理性), 상주불변(常主不變)의 묘체(妙體)」이기 때문에「대원존신(大元尊神)」으로 명명되어 있다고 한다. 그것은 어떤 일에도 동요하지 않는 조용한 수면(水面)과 같은 경지를 나타낸 것으로 마음을 떠나서는 신도 깨달음의 세계도 실재하지 않는다. 그러므로「본각」이라고 불리는 것이다. 이러한 논의는 이후 중세일본기의 상투적 논리가 되어 간다. 비슷한 발상은「마음은 곧 신명(神明)의 주이다」(『호키혼기(宝基本記)』),「내외청정(內外淸淨)하면 신의 마음과 내 마음의 간격(間隔)이 없다」(『다이진구 산케이키(太神宮参詣記)』)등 중세의 여러 문헌에 산견(散見)된다.

궁극의 깨달음의 경지와 인간에 내재된 불성(仏性)을 연속하여 파악하려고 하는 논리는 대승불교에 원래 있던 것이지만, 헤이안시대 후반부터 융성하는 본각사상(本覚思想)에 있어서 더욱 확대한다. 천태본각사상(天台本覚思想)의 초기 문헌으로 되어 있는『덴다이홋케슈 고즈호몬요산(天台法華宗牛頭法門要纂)』에는「심성의 본원은 범성(凡聖) 일여(一如)하고 이여(二如)가 아니다. 이것을 본각여래라고 한다」라는 말이 보인다. 이것은「심성본각」이라고 하는 사상이며 평범한 인간의 마음의 본질이 영원불멸의 부처와 같다는 주장이다. 사람은 그 내면을 통해 우주의 궁극 진리인 법신불과 불가분하게 연결되어 있는 것이다. 이러한 인식이 중세에서는「벚꽃 가지의 봉오리에는 봄을 기다리는 꽃이 숨어있듯이 어떤 사람의 마음속에도 불교를 믿고 피고자하는 연꽃이 있다」『가이도키(海道記)』, 「사람의 속마음은 연꽃과 같고 그 위에 부처님이 계신다.」「고쿠라쿠지도노 고쇼소쿠(極樂寺殿御消息)」와 같은 평이한 표현으로 일상적으로 말하게 되었다.

「본각」의 신 『나카토미노 하라에쿤게(中臣祓訓解)』, 「법성신(法性神)」「법신여래(法身如來)」『도요아시하라 신푸와키(豊葦原神風和記)』라는 명칭에서 단적으로 엿볼 수 있듯이 중세의 근원신의 관념에는 동시대에 전개된 불교사상의 짙은 영향을 엿볼 수 있다. 불교에 의한 궁극적 존재에 대한 탐구 시도가 신기세계(神祇世界)에 도입되어 신의 절대성을 증명하기 위한 논리로 적용되어 있다. 일찍이 인간과 대치해서 외부로부터 작용을 미치게 하는 신은 지금 우주에 편만(遍滿)하여 구제기능을 맡은 존재가 됨과 동시에, 누구나 내면에 있는 본원적 깨달음의 본성(本性)이 되었다.

이것은 다음 장에서 논의하는 바와 같이 나중에 속인(俗人)·일반인을 가미로 모시는 핵심 이념이다. 신기신앙에 있어서 히토가미를 만민에게 해방시키는 논리는 이렇게 불교에 대항하여 형성된 중세의 신도사상 속에서 성장하게 됐다. 중세후기부터 사람을 신으로 모시는 사례가 증가해가는 배경에는 본각론적(本覚論的) 사유의 침투와 더불어 중세신도에 의한 인간관의 심화가 있었던 것이다.

마크 테웬(Mark Teeuwen)은 중국 유래의 말인 「진도(神道: じんどう)」가 「신토(しんとう)」라는 청음표기(淸音表記)로 전환한 것은 14세기이며, 그 배경에는 신이라는 어휘가 집합명사에서 추상명사로 전환이 있었던 것이라고 지적한다.[테웬(Teeuwen) 2008] 그러한 동향은 동시대의 신기세계에서 활발한 중세신화의 형성과도 밀접하게 관련

이 있다.

그러나 이러한 신기계(神祇界)의 혁신운동도 중세 종교세계의 주역 자리를 불교에서 탈환하지는 못했다. 신기신앙이 가진 최대의 약점은, 당시 사람들이 종교에 바랐던 제일 중요한 기능인 사자(死者)를 피안으로 보내주는 이론과 실천이 결여되어 있었다. 중세 신도의 사상운동의 진원지가 된 이세(伊勢)에서조차 신관(神官)들은 자신의 장례식을 불교도에게 맡길 수밖에 없었다.

제 6 장

떠나가지 않는 사자死者

1. 초목 국토에 깃든 신

설법하는 초목

12세기에서 13세기에 걸쳐 피크를 맞은 농후한 피안표상과 사후세계의 리얼리티는 13세기 후반부터 일변하여 쇠퇴로 바뀐다. 다시 열도 규모에 정신세계의 지각 변동이 일어나는 것이다.

14세기에서 16세기에 이르는 중세 후기는 그 전환으로 사회로부터 정토왕생 염원의 절실함이 식어가는 시대였다. 이타비(板碑)[1]나 발원문(願文)에서는 왕생정토(往生浄土)를 기원하는 말은 변함없이 많이 계속 재생산되고 있었다. 그러나 사람들의 주요 관심은 사후보다도 이 세상에서 어떻게 충실한 삶을 보낼 것인가하는 문제로 이행하고 있었다.

이것은 피안 세계가 쇠퇴하고 현세의 무게가 그것에 비례해 확대

---

1) 좁고 긴 판자 모양의 돌로 만든 솔도파(率堵婆). 가마쿠라무로마치시대에 관동지방에서 유행.

해 나가는 현상으로 파악할 수 있다. 근세를 거쳐 근대까지 계속되는 사회의 세속화가 본격적으로 시작되는 것이다. 사후 왕생의 대상으로의 타계(他界)에 대한 리얼리티를 상실한 사람들은 내세에서의 구제보다 이 세상에서의 행복의 실감과 생활의 충실을 중시하는 길을 선택하게 되었다.

정토신앙의 계보의 일원인 잇펜(一遍, 1239~1289)[2]의 말을 기록한 것으로 알려져 있는 『잇펜쇼닌어록(一遍上人語録)』[3]에는 다음과 같은 문장이 보인다.

> 염불의 수도자는 지혜도 푸념도 선악의 경계도 귀천고하의 도리도 지옥을 두려워하는 마음도 극락을 바라는 마음도 버리고, 또한 모든 종교의 깨달음도 버리며, 일체의 것을 버리고 외는 신염불(申念仏)이야말로 미타초세(弥陀超世)의 숙원에 가장 잘 맞다. 이처럼 소리 높여 읊으면 부처도 없고 자신도 없고, 더구나 이 안에 어떤 도리도 없다. 선악의 경계 모두 정토다. 외부에서 찾을 수 없고 싫어할 수도 없다. 살아있는 모든 것, 산천초목, 부는 바람, 이는 파도 소리도 염불 아닌 것이 없다.

여기에는 호넨(法然)[4]에게 본 것 같은 이 세상을 더러운 세상인 예토(穢土)라고 파악하는 현실 부정의 관점은 완전히 없어졌다. 현세에 있으면서 왕생이 확정된다는 사상 (여래 등과 같음)을 강조한 것은 신란(親鸞)이지만, 그의 경우 호넨 이상으로 강렬한 「악인」으

2) 지슈(時宗)의 시조로 일본의 정토사상의 종파에는 정토종(浄土宗) 정토진종(浄土真宗) 시종(時宗)이 있고, 가장 나중에 출현한 시종이 정토사상을 철저하게 한 종파라고 할 수 있다.

3) 잇카이(一海)라는 사람이 편집하여 1763년에 간행. 잇카이(一遍)의 법어, 와산(和讃), 소식(消息), 와카(和歌) 등을 문하생이 정리하여 수록한 책.

4) 일본의 정토신앙을 확립한 승려로 정토종의 시조이다.

로서의 자기인식과 현세에의 집착에 대한 반성이 있었다. 그러나 현실 사회를 동등한 정토로 간주하고, 부는 바람 소리와 파도 소리의 울림에 부처님의 음성을 들으려고 하는 잇펜의 말에는 현세에 대한 부정적인 계기가 완전히 결여되어있다. 이 세계를 초월한 사후의 이상사회에 대한 동경도 보이지 않는다.

있는 그대로의 현실을 정토의 모습으로 받아들여 염불을 외는 사람들에게서 부처님의 모습을 찾으려 하는 『잇펜쇼닌어록(一遍上人語録)』의 입장은 헤이안시대 중기의 천태종 승려인 겐신(源信, 942~1017)에서 호넨에 이르는 정토 신앙의 계보라기보다는 오히려 헤이안시대 후기에서 대유행을 보이는 천태본각사상(天台本覚思想)에 접근 하고 있는 것처럼 보인다. 그러나 이 양자는 현실 세계의 근저에 보편적인 진리 세계를 보는 점에서는 동일하지만 사회에서 실제로 달성한 기능면에서는 대조적이다.

본각(本覚)[5]사상이나 밀교에서는 이 현실 세계와 인간의 모습을 벗어난 정토나 본불(本仏)이 존재하지 않는다는 입장을 취하고 있었다. 다만 중세 전기에는 우주의 근원에 존재하는 궁극의 진리인 법신불(法身仏)이 그 실체를 우리 눈앞에 드러내 그 목소리를 직접 중생에게 보내는 것은 있을 수 없는 일이었다. 보통 인간은 법신 부처의 존재를 감지하거나 그 설법을 들을 수도 없었다. 양자간에는 관계를 중재하는 존재인 수적(垂迹)이 필요하였다.

그 때문에 짙은 타계표상이 사회를 뒤덮고 있고, 강렬한 내세지향이 간파되는 중세 전기에 삼라만상 배후에 부처님의 그림자를 찾는 본각(本覚)사상과 밀교적 사유는 속세인 현실의 절대 긍정이라기보

---

5) 일본의 중고, 중세의 천태종에서 현실로 성립하고 있는 진리를 말한다.

다는 세계 전체를 통째로 신비화하는 역할을 하게 되었다.

신타이산神体山의 사상

그 사상이 현실의 세속 사회의 일상적인 경영을 전체적으로 긍정하는 기능을 수행하게 되는 것은 중세 후기에서 피안 표상이 퇴색하고 차토(此土)와 피안의 긴장 관계가 해소된 이후의 일이었다.

중세 전기에 확립된 인간의 내면에서 초월적 존재(가미)를 찾아내려는 입장은 후기에 더욱 심화되어 불교·신도와 같은 종파의 차이를 넘어 사회에 널리 공유되었다. 사람들은 인간의 내부만이 아니라 자연 속의 가미와 그 움직임을 보게 되었다. 앞에서 본『잇펜쇼닌어록』의 입장은 그러한 정신세계의 전환 과정에서 나타난 것이었다.

무로마치시대 대표적인 가인(歌人) 중의 한명인 승려이자 가인인 쇼테쓰(正徹, 1381～1459)는「아리마야마 부처에게서 나온 온천물에 목욕을 하면 맑은 깨달음을 얻는다」·「산도 모두 원래 부처의 모습으로 끊임없이 불법을 설파하는 폭풍우인가」(『소곤슈(草根集)』) 라는 와카(和歌)를 읊었다. 쇼테쓰에게는 산 자체가 변하지 않는 부처의 모습이었다. 그 나무를 스치고 지나가는 바람 소리가 바로 부처님의 설법이었다.

쇼테쓰 제자로 천태종의 승려이자 가인인 신케이(心敬)는 스승의 입장을 계승하여 다음과 같이 말하였다.

> 참 부처 참 렌가(連歌)라고 해도 정해진 모습이 있다 할 수 없다. 단지 때에 맞게 상황에 맞게 감정(感情, 감동을 말함)과 덕(德, 부

처의 은혜를 말함)을 표현해야 한다. 천지의 삼라만상을 나타내고 법신의 부처인 무량무변의 형태로 변하는 것 같은 마음 속이 되어야 한다. 옳음을 등류신(等流身)의 부처라 한다. 또, 그 법신 부처, 등류(等流)의 몸인 여래도 정해진 모습은 없다. 다만 한 곳에 정체되지 않는 렌가시만이 바르게 볼 수 있다. 그래서 옛날 사람에게「부처가 무엇입니까」라고 물으면「마당 앞에 있는 향나무다」라고 대답할 것이다. 이 뜻을 그 제자에게 물으면「우리 스승이 이런 말을 했을 리 없어. 스승을 욕하지 말게」라고 한다.

삼라만상이 곧 법신이다 이 때문에 나는 모든 것, 먼지에도 절을 한다.(森羅万象即法身 是故我礼一切塵)

『사사메고토(ささめごと)』덴리본(天理本)

여기에서는 천지 삼라만상이 바로 법신 부처님(궁극의 진리)의 현현(顕現)이라고 말하고 있다. 법신불(法身仏)은 미세한 먼지 하나하나에 깃들어있다. 부처는 정해진 형태를 가지지 않고, 때에 따라 무한하게 변화하면서 어느 순간의 모습도 다 진여(真如)[6]을 나타내고 있다. 렌가(連歌) 또한 특정 형식에 속박되지 않고 만물이 변하는 모습에 따른 생생한 감동을 표현하는 것이 중요하다고 여겨지는 것이다.

인간뿐만 아니라 초목·동물에서 돌이나 파편까지 이 세상 모든 존재에 불성을 발견하여 눈앞의 현실을 그대로 진리의 표현으로 받아들이려는 입장은 풀도 나무도 국토도 모두 성불한다는 뜻을 지닌「초목국토 실개성불(草木国土悉皆成仏)」이라는 말로 개념화 되어 중세 후기에 널리 유통되었다. 이 논리에서는 삼라만상이 부처로서

6) 있는 그대로의 모습, 만물의 본체로서 영구불변의 진리. 우주만유에 보편적으로 존재하는 근원적인 실체.

의 본성을 갖추고 있어 실제로 성불하는 것이 가능하다고 했다. 이상 세계는 인지 할 수 없는 차원이 다른 공간에 있거나 현실 뒤에 숨거나 하는 것은 아니다. 눈앞에 펼쳐지는 광경이 바로 정토(浄土)였다. 거기에 우뚝 솟은 산이 부처였다. 반대로 말하면 우리가 항상 접하는 자연이나 사물을 제쳐두고, 다른 어딘가에서 찾아야 하는 부처와 정토는 아닌 것이다.

필자는 제3장에서 산에 신이 산다는 관념은 일반화해도 산 자체를 신으로 보는 견해는 고대에는 존재하지 않았다고 말했다. 산을 고신타이(ご神体)로 하여 그것을 요배하는 신앙 형태의 보급은 자연 속에서 가미를 발견하는「초목국토 실개성불」의 이념이 침투하는 중세 후기가 되어야 비로소 가능해지는 현상이었다. 종종 일본적인 자연관의 전형으로 여겨지는 산을 신으로 간주하는 사상은 결코 태고 이후의「애니미즘」의 전통이 아니다. 중세에 가미가 내재화하는 과정을 거쳐 출현하는 고도로 추상화 된 이념을 배경으로 하는 사상이었다.

「초목국토 실개성불」의 사상은 무로마치시대의 예술세계에 널리 침투했다. 노(能)의 세계에서는 벚꽃과 버드나무, 파초 등의 식물의 정령이 사람의 모습을 취하여 나타나 인간과 대화를 나눴다. 거기에서는「말하자면 버드나무는 푸르고, 꽃은 붉다고 하는 것도 그저 있는 그대로의 빛깔과 향기인 초목도 성불의 국토(『바쇼(芭蕉)』)라는 말에 나타나 있듯이 식물이 사계절마다 모습을 바꾸는 것이 성불의 모습이라 했다. 이 외에도 무로마치시대의 예도론(芸道論)[7]에는 반

7) 헤이안시대에서 에도시대까지 와카, 사루가쿠(猿楽), 이케바나(生け花), 다도, 향(香), 무술(武術) 등의 도를 닦기 위해 그 길의 달인이 후계자나 제자, 문인의 수행에 의지가 되도록 남긴 글로 예도 교육이란 뜻으로 사용되기도 한다.

드시라고 해도 좋을 만큼 본각론(本覚論)적인 초목 성불의 이념이 인용되어 사계절의 자연으로 순응이 강조되어가는 것이다.

유령의 탄생

노(能)에서 또 하나 주목되는 것이 「유령(幽霊)」의 빈번한 등장이다.

모토마사(元雅)의 도쿄의 스미다가와(隅田川)는 인신매매로 끌려간 자신의 아이를 찾아 동국(東国)에 간 어머니가 스미다가와 나루터에서 1년 전에 죽은 아이의 무덤을 발견하는 이야기이다. 뱃사공의 권유로 공양 염불을 드리는 어머니의 목소리에 무덤 속에서 창화(唱和)하는 소리가 났다. 그 소리와 함께 죽은 아이가 환영처럼 덧없는 모습을 드러낸다. 하지만 날이 새고 보니 무덤 위에 그저 무성하게 풀이 우거져있을 뿐이었다.

중세 전기에는 사자(死者)가 있어야 할 세계는 타계로서의 정토이며, 세상에 남은 사자는 기본적으로 불행한 존재로 간주했다. 노(能)에서도 모토메즈카(求塚)처럼 지옥에서 심하게 시달리는 유령이 등장하는 작품이 있다. 그러나 노(能)에서는 많은 사자가 무덤에 머물면서 사람의 요청 혹은 스스로의 의지로 출현하여 생자(生者)와 대화를 나누고 있다. 특별한 인간만이 귀신이 되는 것이 아니라 스미다가와 아이처럼 지극히 평범한 인간이 유령이 되어 출현했다. 원한을 가진 두려운 존재, 구제에서 소외된 동정해야 할 존재라는 관념은 전체적으로 희박하다.

『우네메(采女)』[8]는 사루사와 연못(猿沢池)에서 투신자살 한 우네메의 유령이 등장하여 여행 중인 승려에게 「불과(仏果)를 얻으소서」라며 성불을 위한 공양을 구한다. 거기에 응해 승려는 우네메를 조문하고, 살아있는 모든 것에서 「초목국토(草木国土)」에 이르기까지 「일체 성불」의 도리를 말한다. 우네메는 자신이 이미 용녀(竜女)와 같은 「변성남자(変成男子)」[9]의 성불을 이루고 「남방무구세계(南方無垢世界)」로 왕생하고 있다고 말하고 춤을 추며 미요(御代)[10]를 축하한 후 물 아래로 모습을 감추었다.

여기서 말하는 용녀(竜女)는 『법화경(法華経)』「제파달다품(提婆達多品)」[11]에 등장하는 사갈라용왕(娑竭羅竜王)의 여덟 살 된 딸이다. 용녀는 그때까지 성불이 불가능하다고 여겨지던 여성의 몸으로 『법화경』의 가르침에 따라 남성의 몸을 얻어 부처가 되고(변성 남자) 남방의 무구세계로 가서 중생을 위해 설법했던 일이 기록되어 있다. 『우네메』에서는 용녀가 왕생했다고 생각한 것인 남방무구세계가 사루사와 연못에 비유되고 있다. 우네메의 유령이 자살한 연못에 머무는 것은 왕생의 성취이며 구제의 실현이었다. 이승과 저승, 현실과 정토의 경계가 극히 애매모호해지고 있다. 중세 전기의 정토 신앙과 대비했을 때, 왕생의 관념이 전혀 이질적인 것으로 변화해버린 것을 알 수 있다. 타계 정토의 리얼리티의 퇴색이 그 근본적인 변용을 촉구한 것이다.

부처는 더 이상 인간의 인지범위를 넘는 어딘가 먼 세계에 있는 것이 아니라 현세의 내부에 존재한다. 사자가 가야 할 정토도 이 세

---

8) 중국 한(漢)나라 때에 있었던 궁녀의 계급, 또는 그 계급의 궁녀.

9) 부처의 공덕에 의해 여자가 남자로 다시 태어나는 것으로 여자에게는 다섯가지의 방해물이 있어 성불이 곤란하기 때문에 남자의 몸을 얻어 성불한다는 것이다.

10) 천황, 황제, 왕 등의 치세를 존경하고 있는 언어.

11) 법화경 28품 가운데 제 12품.

상 속에 있다. 사자의 안온은 아득한 정토로의 여행이 아니라 현실세계 어딘가에 합당한 지점에 스스로 있을 곳을 찾아 생자(生者)와 대화하면서 거기서 마음 편히 지내는 것에 있다. 사람들은 점차 이렇게 생각하게 되는 것이다.

인간이 피안세계에 가지 않는 중세 후기에
본격적인 유령시대가 도래했다.(「幽霊図」 全生庵)

2. 변신하는 사람들

수적垂迹[12)]의 성인聖人들

중세, 특히 그 전기에는 성인과 고승을 시작으로 다종다양한 사람들을 피안의 근원적 존재인 수적으로 믿고 있었다. 중세 히토가미신앙은 불교적인 세계관의 보급과 함께 선택된 사람들이 본지수적 구조에 포함되어 이승과 저승을 잇는 구제자(가미)로 자리 매김되었다. 고대의 (히토가미를 포함) 가미의 기능을 한마디로 표현하는 말이 불가사의하고 신성한 영이(靈異)라고 한다면 중세의 그것은 구제였다. 그러나 중세에 볼 수 있는 히토가미는 그 뿐만 아니라 다른 타입의 히토가미도 다수 존재했다. 예를 들면 스스로에게 어떤 임무를 부과하고 그것을 이루기 위해 사후에도 이 세상에 머물러있는 사람들이다.

셋쇼(摂政)[13)]·간파쿠(関白)[14)]를 역임한 가마쿠라시대의 상급 귀족 구조 미치이에(九条道家)는 자신의 사후 재산 처분을 정한 유언장에 만약 자신이 성공적으로 정토에 왕생한 경우에는 신통력 있는 눈인 천안(天眼)을 가지게 된다고 하였다. 만약 그것이 이루어지지 않고 삼계로 윤회할 경우에는 「육안(肉眼)」을 가지고 계속 감시하여 자신의 유언을 어기는 자손이 있으면 「벌」을 가하겠다고 쓰여 있다(「구조 미치이에총처분장(九条道家惣処分状)」). 반나지(鑁阿寺) 중흥의 선조 아시카가 요시쓰네(足利義兼)도 그 임종에 즈음하여 사후 스스로 신이 되고 그 사원의 수호신의 역할을 해 나가겠다는 취지를

12) 부처나 보살이 중생을 구하기 위하여 신의 모습을 하고 나타남.
13) 셋쇼(摂政)는 임금이 직접 통치 할 수 없을 때, 임금을 대신하여 나라를 다스리는 것 또는 그 사람. 어리거나 병약할 때 천황을 보좌하는 것.
14) 성인이 된 천황을 보좌하는 것.

적은 기문(記文)을 남겼다고 한다. 「반나지 가바사키엔기 겸 불사차제(鑁阿寺樺崎縁起并仏事次第)」.

이 두 예에서는 모두 사후 자신이 가미가 되어 수호신으로서 임무를 수행 할 것을 맹세한다.

元三大師良源 부적(安来市, 清水寺)

스스로 가미로의 상승을 명언하는 이러한 논리를 지금까지 보아온 중세 사상의 콘텍스트 속에서 어떻게 자리 매김 할 것 인가는 꽤 어려운 문제이다. 본지수적(本地垂迹)의 논리에는 수적은 피안의 길 안내인 동시에 사람들을 불법에 결연시키기 위한 다양한 현세적인 이익을 가져온다고 생각 하고 있다. 수적은 또한 불법에 대적하는 일에 엄격한 징벌을 내리고 사람들의 발걸음을 올바른 방향으로 향하게 하는 것을 사명으로 하고 있다.

『고슈이 왕생전(後拾遺往生伝)』에는 지케이 승정(慈恵僧正) 료겐(良源, 912～985)[15]이 히에잔(比叡山)[16]의 불법을 수호하기 위해 일부러 정토에 가지 않았지만, 지금은 부적을 대신하는「호법(護法)」을 산에 남겨 극락왕생을 이루었다는 기술이 있다. 수적은 자유자재로 정토와 이 세상를 왕복하면서 그 임무에 종사하고 있다고 인식되고 있었던 것이다. 그러나 구조미치이에와 요시쓰네(義兼)의 케이스를 그런 논리로 모두 받아들이는 것에는 저항이 있다. 그들의 주장은 일견 불교적인 논리에 의거하고 있는 것처럼 보이면서도 그것과는 이질적인 수맥이 이어지고 있다고 생각하기 때문이다.

가미가 되는 시조

그것은 무엇일까. 여기서 상기되는 것은 헤이안시대 후반부터 재

---

15) 겐신(942～1070)의 스승인 료겐은 셋칸가(摂関家)의 후원을 받아 요코가와(横川)를 정비하고, 수학을 장려하는 등 히에이산 중흥의 시조로도 알려졌으며 정토교에 관하여『고쿠라쿠조도 구본오조기』를 저술하였다.

16) 교토시 북동부와 시가현의 경계에 있는 산.「엔랴쿠지(延暦寺)」「히요시 다이샤(日吉大社)」가 있어 예로부터 신앙의 산으로 알려져 있다.

지(在地) 영주와 훌륭한 군주라고 불리는 상층 농민들 사이에서 사자(死者)를 집의 부지 내에 매장하는 관습이 나타나는 현상이다. 야시키하카(屋敷墓) 자체는 오늘날까지 계승되는 관습이지만, 중세의 그것은 집안에 관계하는 모든 사람이 매장되는 것이 아니라 저택의 건립자·집의 창시자 같은 특별한 인물에 한정되었다. 가쓰다 이타루(勝田至)는 야시키하카가 종종 그곳에 심어진 수목과 일체화 된 것으로 파악되고 있는 것에서 「야시키하카에 묻힌 사자의 영혼이 나무에 머물러 그 영력이 저택이나 논밭을 자자손손 수호한다는 관념이 있었다.」고 언급했다.[가쓰다 1998]

가마쿠라 막부의 창시자인 초대장군 미나모토노 요리토모(源頼朝, 1147~1199)는 사후 오쿠라(大倉)에 있던 막부와 가마쿠라의 마을이 내려다보이는 기타야마(北山)의 중턱에 묻혔다.

히라이즈미(平泉)의 주손지(中尊寺)에서도 후지와라(藤原) 삼대의 유해는 전망 좋은 언덕에 있는 곤지키도(金色堂)[17]에 안치되었다. 이루마다 노부오(入間田宣夫)는 이 두 시설에 대해 마을 사람들이 항상 그 시선을 의식하지 않으면 안 될 장소를 선택해 수호신으로서 선조를 모실 목적으로 한 것이었다는 것을 지적 하고 있다.[이루마다(入間田) 1994] 가미가 된 선조는 도시의 플렌 그 자체를 규정할 정도의 큰 영향력을 가지고 있었다.

시조가 신이 되어 자손을 축복한다는 이 관념은 천황령과 후지와라 가마타리(藤原鎌足) 등에서 보였던 고대 이래의 「가미가 되는 사

---

17) 이와테현(岩手県) 니시이와이군(西磐井郡) 히라이즈미초(平泉町)의 주손지(中尊寺)손에 있는 후지와라 노기요히라(藤原清衡)·모토히라(基衡)·히데히라(秀衡) 3대의 묘당으로 주손지(中尊寺) 창건당시 유일하게 완전한 유구로, 안팎을 검은 옻으로 칠하고 금박을 박은데에 이름의 유래가 있다.

자」의 계보로 이어지는 것으로 파악할 수 있다. 불교는 그들 히토가미를 그 구제론에 편입시켜 근원적 부처인 수적으로 자리 매김 했다. 그럼에도 불구하고 그러한 교리적 설명과는 선을 긋는 레벨로 일족 또는 집안 내부에서 특별한 지위를 차지한 인물이 사후에도 이 세상에 머물며 자손을 수호하고 적대자에게 징벌을 내린다는 관념이 중세에도 사회에 널리 공유되고 있었던 것이다.

다만 곤지키도(金色堂)에 안치된 후지와라(藤原) 삼대의 미라가 히라이즈미(平泉)의 수호자로 인식되는 한편, 사람들과 피안을 매개하는 구제자로서 광범위한 신앙의 대상이 되고 있었던 것처럼 항상 사후 세계에서 보내 온 사자(使者)라는 성격을 계속 유지 한 것에서 중세 히토가미로서의 특색을 찾아 볼 수 있을 것이다. 곤지키도는 후지와라씨(藤原氏)의 멸망 후에 왕생을 기원하는 사람들의 열린 참배와 기원 대상이 되어 납골도 행해졌다.[사사키 도루(佐々木徹) 2006]

중세적인 히토가미로 볼 경우 구조 미치이에(九条道家)와 요시쓰네(義兼)의 또 하나의 독자성은 그들이 스스로 신이 되는 것을 지원함과 동시에 그 소망이 실제로 성취 될 것이라 확신하고 있었던 점이다. 그들의 경우 특별한 파워를 가진 인간이 사후 제삼자의 공양으로 신이 되는 것이 아니라, 속인(俗人) 스스로의 발원에 의해 신으로 상승한다는 점에서 새로운 타입의 히토가미가 출현함을 보이는 것이었다.

스와諏訪의 히토가미

중세 히토가미의 특색을 더 든다고 하면 사람이 살아있는 채로 신으로 간주되는 이키가미의 등장이다. 그 중에서도 잘 알려진 사례가 스와신앙(諏訪信仰)에 있어서의 그것이다.[이하라(井原) 2008]

스와 시립박물관에서 소장하고 있는 오호리케(大祝家) 문서 중에 오호리 스와 노부시게 게죠우쓰시(大祝諏訪信重解状写)라는 한 통의 문서가 있다. 시모샤(下社)의 새로운 의식 비법의 정지를 요구하는 이 소장에는 스와 가미샤(上社)의 대축을 신과 일체시하는 흥미로운 말이 존재한다.

오호리大祝를 가지고 몸을 이루는 것

오른쪽 다이묘진 수적 이후 아라히토가미(現人神), 국가의 진호 직전에 기근(機根)[18]을 거울삼아 은거 할 때 서원하기를 「나에게 다른 몸은 없고 하오리로 몸을 이룰 것이고 나를 배례하고 싶으면 모름지기 리(祝)를 보라」고 운운하였다.

스와다이묘진(諏訪大明神)이 스와의 땅에 수적한 이후 사람들이 그 모습을 공공연히 배례할 수 있는 신인 아라히토가미로서 진호국가를 진호하는 역할을 담당해 왔지만, 어느 날 사람들의 형편을 감안하여 모습을 감추기로 했다. 그 때, 신은 자신을 대신하여 이후에는 신사에 속하여 신을 섬기는 것을 직업으로 삼는 호리(祝)로서 그 역할을 하도록 하여 만약 자신을 숭배하고 싶다면 호리를 보도록 서원을 남겼다.

스와의 호리에 관해서는 가마쿠라 후기에 성립한 역사서인 『아즈마카가미(吾妻鏡)』에도 「다이묘진(大明神)은 신사의 신관인 간누시

18) 중생의 마음속에 본래부터 가지고 있어 불타의 가르침을 들으면 발동하는 힘.

(神主) 오호리(大祝)의 지시를 받고 말씀 하시는 것」 1186년 분지(文治) 2년 11월 8일 조라는 말이 나온다. 오호리는 신의 대역으로서 신의 말씀을 전하는 역할을 담당하고 있던 것이다.

스와 다이묘진(諏訪大明神)의 유래를 본지수적의 논리로 설명하는 등, 여기에는 농후한 불교 사상의 영향을 간파할 수 있다. 한편 그 문서에는 오호리를 살아있는 채로 신의 대리인이자 신과 일체의 존재로 보는 이키가미 신앙의 특색이 선명하게 나타나 있다.

중세의 이키가미 신앙의 또 하나의 예는 와카사(若狭)[19]의「신인회계도 (神人絵系図)」이다. 이것은 정식으로는「와카사쿠니진주 이치니노미야 신인회계도(若狭国鎮守一二宮神人絵系図)」라고 불리는 자료이며, 와카사 이치니노미야의 창건에 관한 엔기에(縁起絵) 뒤에 초대의 다카후미(節文) 이하, 동궁전의 역대 신관의 초상화를 그린 것이다. 초상화는 이대(二代)가 한 세트로 되어 서로 마주 보는 자세를 취하고 있다. 마주보고 오른쪽 홀수대의 인물이 삼곡담(三曲屏)을 배경으로 하고 쇼자(牀座)[20]에 앉아있는 반면 왼쪽의 짝수대의 인물은 배경 없이 보통 다다미에 앉아있다.

이러한 독자적 표현 형식 뒤에 와카사쿠니진주 이치니노미야 엔기(若狭国鎮守一二宮縁起)에 보이는 다음과 같은 사상이 있는 것은 이미 지적 되었다.

> 그 이치노미야(一宮)·니노미야(二宮)의 두 신이 맹약(二神盟約)하고 말하기를, 다카후미(節文)의 자손을 가지고 무한한 사무신주(社務神主)를 이루라. 일대(一代)를 신으로 하고, 일대(一代)를 범

19) 옛 지명의 하나로 지금의 후쿠이현(福井県)의 남서부를 말한다.
20) 사각형에 가까운 바닥에 짧은 4개의 다리 또는 사각형의 바닥에 짧은 4개의 다리 또는 격틈새를 넣은 다리를 마련한 대좌(台座)이다.

(凡)으로 하며, 가사(笠字)를 가지고 성씨를 이룰 것이다. 후세까지 이 의식을 고치지 말라.

와카사 이치니노미야(若狭一二宮)에서는 양신(両神)의 맹약에 따라 초대의 절문 이후, 사무신주(社務神主)는 신과 사람이 교대로 출현하고 모두 「가사(笠)」를 성으로 하기로 했다. 따라서 홀수대의 사무에 새겨진 특별한 장식은 그 인물이 신(神)임을 나타내는 것이었다.[구로다 히데오(黒田日出男) 1993a]

아직 권력자나 신관 등 특수한 인물에 한정되어 있지만, 고대 천황령처럼 과장된 의식을 거침으로서가 아니라 사람이 스스로의 의지에 의해, 경우에 따라서는 살아서 신으로 상승할 수 있는 시대가 이렇게 시작되는 것이다.

괴로워하는 신·변신하는 사람

지금까지 논의해온 중세 히토가미의 특색과 관련하여 중세의 혼지모노(本地物)[21]이야기에 사람이 고통 끝에 신으로 환생한다는 이야기가 많이 보이는 것은 주목할 만하다.[나카무라(中村) 1994] 그 대표적인 예로 고가 사부로(甲賀三郎)가 땅 밑바닥을 방황한 끝에 뱀의 몸을 벗고 스와묘진(諏訪明神)으로 나타난 이야기가 있다.

『신도집』 스와엔기사(諏訪縁起事)에 따르면, 고가 사부로(甲賀三郎)는 안네이천황(安寧天皇)의 오대 손에 해당하는 오미노쿠니 고가

21) 본지수적설(本地垂迹説)의 영향으로 성립된 오토기조시(御伽草子)계통의 소설이다.

군지토·스와 곤노카미 요리타네(近江国甲賀郡地頭·諏訪権守諏胤)[22]의 셋째 아들로 태어나 아버지의 사망 후 두 형을 제치고 상속인이 되었다. 사부로는 미카사야마(三笠山)의 묘진참예(明神参詣) 때 우연히 만난 가스가히메(春日姫)를 아내로 맞았지만 이부키야마(伊吹山)에서 몰이사냥(巻狩り) 할 때 가스가히메가 덴구(天狗)에게 납치되는 사건이 일어났다. 아내를 찾아 일본 산들을 찾아다닌 사부로는 신슈 다테시나야마(信州蓼科山)의 용암동굴 안쪽에서 가스가히메를 발견하고 무사히 구출했지만, 형 지로(次郎)의 책략으로 동굴 속에 혼자 남겨지게 되었다.

사부로는 지하의 용암동굴(人穴)을 더듬어 72개국을 돌아다닌 끝에 유이만코쿠(維縵国)의 왕과 그의 딸의 호의로 아사마야마(浅間山)에서 간신히 지상으로 나올 수 있었지만, 그 모습은 뱀의 몸으로 변해 있었다. 하쿠산곤겐(白山権現), 후지아사마다이보사쓰(富士浅間大菩薩)등의 조력으로 뱀의 몸을 벗은 사부로는 가스가히메(春日姫)와 재회하고 대륙으로 건너가 신통력을 얻은 후에 일본으로 돌아와 스와다이묘진(諏訪大明神)의 가미노미야(上宮)[23]로 나타난다.

어디까지나 설화 수준이지만 한 인물이 시련과 고난을 극복하고 신으로 환생하는 이야기가 중세 사회에는 많이 유통하여 사람들의 공감을 불러일으키고 있었다.

고가 사부로(甲賀三郎)는 한번 뱀의 몸으로 바뀌었지만, 사람이 사악한 존재로 변신한다는 이야기는 중세에는 결코 드문 일은 아니었다. 게이세이(慶政)에 의해 저술 된 가마쿠라시대 초기의 설화집

---

22) 곤노카미(権守)는 나라의 장관이란 지위를 말한다.

23) 하나의 신사에 복수의 신을 모신 건물이 있을때, 위치가 가장 위쪽 혹은 안쪽에 있는 신사. 가미노미야(上宮)→나카노미야(中宮)→시마노미야(下宮)

『간쿄노토모(閑居友)』에는 「원한 깊은 여자, 살아서 귀신이 되는 일」이라는 일화가 실려 있다.

> 미노노쿠니(美濃の国)[24]에 사는 아가씨가 있는 곳을 왕래하는 남자가 있었다. 얼마 지나지 않아 그 남자의 방문이 끊어지자 여자는 우울해 틀어박혀 있다가 어느 날 무엇을 생각했는지 머리를 감아 올려 다섯 갈래로 묶어 그것을 엿에 발라 단단히 각지게 마무리하여 홍색의 하카마(袴)을 입고 밤중에 사라져 버렸다.
>
> 그 후 30년 정도의 시간이 흘러 그 지방의 들판에 있는 노하라의 다락방에 귀신이 살고 있어 소를 키우는 젊은이를 잡아먹는다는 소문이 퍼졌다. 이것을 퇴치하기 위해 무장한 사람들이 당을 둘러싸고 불을 질렀더니 과연 다섯 개의 각을 가진 빨간 치마를 휘감은 귀신이 튀어 나왔다. 귀신은 자신이 그 실종된 영락한 모습의 여자이며 남자를 죽인 후에도 원래의 모습으로 돌아오지 못한 채 그곳에 숨어 있었다고 말하며 스스로 불 속에 뛰어 들어 목숨을 끊었다.

사람이 살아서 귀신으로 변신한다는 이야기로 유명한 것은 뭐니 뭐니 해도 아다치가하라(安達が原)의 마귀할멈일 것이다. 요쿄쿠(謡曲) 「구로즈카(黒塚)」. 아다치가하라(安達原)는 두 명의 수도자가 무쓰(陸奥)[25]의 아다치가하라(安達が原)에서 묵었던 숙소 여주인이 실은 귀녀(鬼女)여서, 그 정체를 알고 달아나는 두 사람을 귀신의 모습을 드러내고 추격한다는 이야기이다. 이 마귀할멈도 슬픈 과거를 가진 한 여성이었다.

『구칸쇼(愚管抄)』(7권)에는 고닌천황(光仁天皇)의 황후였던 이노우에 나이신노(井上内親王)가 원한을 품은 나머지 용으로 변신하여

---

24) 구 나라 명. 지금의 기후현(岐阜県)의 남부.

25) 옛 지방 이름(지금의 青森県 전부와 岩手県 북부).

후지와라 모모카와(藤原百川)를 걷어차 죽였다는 이야기가 담겨있다.

옛날 성령의 한 사람이었던 이노우에 나이신노가 여기에서는 산 채로 용의 몸으로 바뀌었다고 되어있다. 사람이 변신하는 대상은 귀신만이 아니었다. 『홋케겐키(法華験記)』(하권)와 『곤자쿠 모노가타리슈(今昔物語集)』(14권)에는 큰 뱀으로 변신한 기노쿠니(紀伊国)의 여성이 사모했던 승려를 살해하는 이야기가 담겨있다. 자신이 버린 여자가 뱀이 되어 쫓아오고 있음을 알아차린 승려는 도조지(道成寺)로 도망쳤고 승려의 꾀로 종속에 숨었지만, 그것을 둘러싼 독사는 분노의 불꽃으로 잿더미가 될 때까지 태워버렸다. 「도조지엔기(道成寺縁起)」에서는 여자가 달리면서 차츰 뱀으로 변신 해가는 모습이 생생하게 그려져 있다.

道場寺縁起(日高川町, 道成寺)

사람이 살아서 신불로도 악귀로도 변신할 수 있는 시대, 그것이 중세라는 시대였다. 표현을 바꿔보면, 중세는 사람과 가미의 거리가 가까워지는 시기였다. 먼 이상인 정토와 보편적인 초월 신의 이미지가 팽창하는 한편, 이 세상에는 그러한 구원으로부터 누락된 사람과 가미가 꿈틀거리고 있었던 것이다.

신과 사람의 접근

생전과 사후를 불문하고 왜 중세에는 사람과 가미가 갑자기 접근하여 히토가미를 둘러싼 다양한 담론이 나오게 된 것일까. 거기에는 앞장에서 논했던 가미 내재화의 프로세스가 중요한 역할을 하는 것으로 생각된다. 중세에 있어서 피안 세계의 확대와 그에 따른 초월자에 대한 사변의 깊이는 결과적으로 내적인 가미의 발견을 이끌어 냈다. 그것이 히토가미신앙에 교리적인 토대를 제공하고 중세 히토가미의 확대로 이어졌다고 생각한다.

고대에서와 같이 가미가 인간의 외부에 있는 한 평범한 인간이 가미가 되는 것은 쉬운 일이 아니었다. 천황처럼 생전에 압도적인 권력과 권위를 가지고 또한 사후에 빈틈없는 의례을 다함으로서 사람은 간신히 가미로까지 상승하는 것이다. 반면 중세의 신도설에서는 신이 내재적으로 파악할 수 있게 되어 인간의 본성과 초월자와의 일체가 강조되었다.

내적인 성성(聖性)이라는 사상은 본래 대승 불교에 있던 것이지만 불교계의 신도사상의 전개에 편승하여, 또는 신관들이 불교에 대항하여 교리의 체계화를 진행하는 가운데 그것은 신기사상(神祇思想)

으로 받아들여졌다. 사람은 누구나 거룩한 본성을 내면에 가지고 있어 그것을 구체화하여 부처와 신이 될 수 있다는 관념이 사회에 침투 해간다.

다만 중세 전기에는 사람이 가미가 된다는 논리의 주류는 어디 까지나 본지(本地)와 수적(垂迹)의 논리에 편입되어 구제자로 자리 잡는 것이었다. 거기에 수적으로서의 히토가미는 피안의 근원자의 빛에 비추어져 빛나는 달과 같은 존재였다. 스스로 빛을 발하는 내재된 가미가 히토가미 창출의 원리로 전면에 전개되기까지 중세 후기에서 근세에 이르기까지 긴 도약의 기간을 필요로 했다.

3. 곤샤權社와 짓샤權化

모셔진 사령들

고대에서 중세로의 전환기에서 코스몰로지의 해석권을 거의 독점적으로 손에 넣은 것이 불교도였다. 일본의 전통적인 신기(神祇)는 피안 부처의 수적으로 자리 매김 되어 최종적인 구제에 이르도록 매개하는 존재가 되었다. 저명한 신에는 예외 없이 본지불(本地仏)이 설정되어 신전 앞에는 정토왕생을 찾는 사람들이 무리를 이뤘다.

이러한 상황에 반발 한 것이 이세(伊勢)를 비롯한 일부 신관(神官)들이었다. 그들은 불교자가 점유 한 해석권에 과감하게 도전해 본원적 존재를 신기측으로 돌리려 했다. 「본각(本覚)의 신」은 그러한 코스몰로지를 둘러싼 투쟁에서 만들어진 관념이었다.

그러나 불교계와 신기계(神祇界)의 싸움은 정점적 존재의 해석권을 둘러싼 대립에 머무는 것은 아니었다. 이세나 가모(賀茂)를 비롯한 겐몬샤케(権門社家)[26]를 거느린 신과는 별도로 재지에는 수많은 신들이 존재했다. 신도 부처도 아닌 다양한 종류의 가미도 있었다. 히토가미로 모셔진 가문의 창시자가 있었다. 여우나 늑대 등의 동물을 신으로 모시는 신사도 있었다. 덴진(天神)과 고료(御霊)와는 달리 성공적으로 신으로까지 받들어지지 못한 사념(邪念)을 품은 사령이나 원령도 많았다.

재지에서 실제로 광범위한 신앙을 모으고 있는 이러한 신들을 어떻게 교리의 체계 속에 자리 매김해 나갈 것인가. 이 문제가 중세 불교도들에게 피할 수 없는 무거운 과제가 되어 짓눌러 왔다.

이에 부응하기 위해 만들어진 것이 신을 곤샤(権社)·곤게(権化)와 짓샤(実社)·짓루이(実類)의 두 가지로 분류하는 방법이었다. 일본 열도에 사는 신을 부처의 수적인 전자(前者)와 그 이외의 유상무상(有象無象)인 후자 두 가지로 분류하려는 것이다.

호넨(法然)의 전수염불(専修念仏)의 금압을 조정에 요청하기 위해 저술된 조케이(貞慶)의 『고후쿠지소조(興福寺奏状)』는 전수염불자(専修念仏者) 과실의 다섯 번째로 「영험 있는 신을 거스르는 잘못」을 들어 「만약 신명에 의지하면 반드시 마계(魔界)로 떨어진다」라는 염불자의 신기불배(神祇不拝)의 주장을 비판하여 다음과 같이 말하고 있다.

> 짓루이(実類)의 귀신을 두고 논하지 말라. 곤게(権化)의 수적에 이르러서는 이미 이것이 대성(大聖)이다. 상대의 고승(高僧) 모두 귀의한다. … (중략) … 말세의 사문(沙門) 역시 군신을 존경하는데 하물며 영험 있는 신은 말할 것도 없을 것이다. 이와 같은 추언(麁

26) 권문신관(神官)의 직업을 세습으로 하는 집안을 말한다.

言)은 무엇보다 금지 시켜야 한다.

조케이(貞慶)는 신을 짓루이(実類)와 곤게(権化)의 두 종류로 구분하여, 전자는 몰라도 후자를 예배하지 않는 것 등은 논외라고 말하고 있는 것이다.

배제되는 짓샤実社

신을 짓루이와 곤게라는 두 가지 범주로 나누는 입장은 조케이(貞慶)에만 머물지 않고 중세 불교도에게 널리 공유된 것이었다.

손가쿠(存覚)의 작품으로 여겨지는 『쇼신혼카이슈(諸神本懐集)』는 부처의 수적인 「곤샤(権社)의 영신(霊神)」을 존중해야 한다고 말하는 한편, 「생령·사령의 신」인 「짓샤의 사신(実社の邪神)」을 기피해야 한다고 주장하고 있다.

『쇼신혼카이슈』에 의하면 짓샤(実社)는 「인류에도 있고 혹은 축류(畜類)에도 있지만 다타리로 괴롭히면 이것을 달래기 위해서 신으로 숭상하는 것」과 같았다. 이들 「사신(邪神)」을 존중하는 것은 정의에 반하는 것이지만, 실제로 세상에 존경을 받는 신 중에는 이런 부류가 많다는 것이다.

신의 분별에 관한 기술은 다른 많은 중세 사료에 산견되었다.

> 대략 신명(新明)에는 권(権)과 실(実) 둘이 있습니다. 곤샤(権社)의 신으로 말할 것 같으면 법성진여(法性真如)의 미야코를 나와 분단동거(分段同居)의 속세에 섞여 어리석은 중생과 인연을 맺습니

다. 짓샤(実社)의 신은 악령사령(悪霊死霊) 등이 출현한 것으로 중생에게 다타리를 내리는 자입니다. 『겐페세스키(源平盛衰記)』

곤자신지신權者神実神에 대하여

아마테라스 오미카미 하치만 대보살(八幡大菩薩)등 신인 부처와 중생을 이롭게 하기에 권현권자(権現権者)의 신이라 불린다. 실신(実神)은 소나 말 등이 죽어 그 영혼이 다타리를 내리는 것이다.[『진기세이소(神祇正宗)』][27].

이러한 이분법뿐만 아니라 중세의 신도서적에서는 곤샤(権社)를 「시가쿠신(始覚神)」라 바꾸고 앞장에서 논한 「본각(本覚)」을 새롭게 추가하여 「혼가쿠」·「시가쿠」·「실미사왕신(実迷蛇王神)」이라는 삼분법도 출현하기에 이른다. 『니혼키미와류(日本記三輪流)』. 지헨(慈遍)에서 「홋쇼신(法性神)」·「우카쿠노카미(有覚の神)」·「실미의 신(実迷の神)」의 구분도 같은 발상에 기초한 것이다.

어떻게 구분하든 사람의 사령이나 동물령 등은 숭배할 가치가 없는 사신(邪神)으로 규정되어 부처의 수적인 곤샤(権社)와는 엄격히 구분되었다. 중세에 정통으로서의 지위를 차지한 지샤켄몬(寺社権門)의 일원인 불교도 뿐만 아니라 신기신앙 그룹까지도 정체를 알 수 없는 재지의 가미에 「짓샤(実社)」라는 라벨을 붙이고 스스로의 신앙 체계 속에서 철저하게 배제하려는 것이다.

---

27) 진기세소이(神祇正宗) 비책(秘要)으로 불리며 요시다 가네미기(吉田兼右)가 저술했다.

짓샤의 반격

「짓샤」로 배제된 신들은 그런 역풍에 쉽게 무릎 꿇지는 않았다.

지엔(慈円)의 「구칸쇼(愚管抄)」[28]는 「명(冥)」(신불 세계)와 「현(顕)」(인간 세계)의 도리로 뒤엉킨 두 세계 속에서 역사의 전개를 해석 하려한 저작이었다. 지엔은 명의 도리의 하나로써 예로 부터 「엔료(怨霊)」라고 하는 「세상을 잃고 사람을 멸했던」 것이 있었다며 그 원혼의 대표로서 이노우에 나이신노(井上内親王) 후지와라 아사히라(藤原朝成), 후지와라 모토가타(藤原元方), 후지와라 아키미쓰(藤原顕光) 등을 들었다. 최근에는 스토쿠 상황(崇德上皇)과 후지와라 다다자네(藤原忠実)의 령이 세상에 혼란을 일으켜 사람들을 해치고 있다고 주장하는 것이다.

중세 후기가 되면, 원령 등 짓샤로 구분되는 신의 활동은 더욱 두드러졌다. 『타이헤이키(太平記)』에는 원령의 생생한 암약 상이 그려져 있다. 권27에 있는 「운케이미라이이키노 고토(雲景未来記の事)」 이라는 구절에는 아타고야마(愛宕山)에 오쿠노인(奥の院)[29]에 다수의 원령이 집합해서 세상을 어지럽힐 방법을 놓고 궁리를 하고 있는 모습이 그려져 있다. 거기에 모여 있는 것은 아타고 야마의 대텐구, 타로보(太郎坊)를 비롯해 사후 악마의 우두머리가 된 스토쿠인(崇徳院)·준닌천황(淳仁天皇) 이노우에황후(井上皇后) 고토바인(後鳥羽院)·고다이고인(後醍醐院) 등 대대의 제왕과 대마왕으로 변한 겐보(玄肪)·신사이(真済)·사네토모(寛朝)·지케이(慈慧)·라이고(頼豪)·

---

28) 구칸쇼(愚管抄)는 일본의 승려 지엔(慈円)이 지은 책의 이름으로 불교서적이다. 1,2권은 진무천황에서 시작하여 준토쿠 천황으로 결론 맺는다. 3~6권은 변천에 초점을 맞춘 역사의 기술, 7권은 요약을 제공하고 있다.

29) 본당 안쪽에 있어 본존 (本尊)·영상(靈像)을 모신 건물.

닌가이(仁海)·손운(尊雲) 등의 고승들이었다.

제 25권에서도 다이토노미야(大塔宮)를 비롯한 미야가타(宮方)의 원령이 닌나지(仁和寺)의 삼나무가 여섯 그루 있다는 의미의 롯본스기(六本杉)에 모여, 어떻게 하면 세상에 소동을 일으킬 수 있을지 상담하고 있다. 여기에서 제안 된 방책은 북조의 요인에 빙의된 무로마치 시대의 무장 아시카가 다카우지(足利尊氏, 1305～1358)·다다요시 형제 사이를 갈라놓아 고노 모로나오(高師直)를 배반하게 하려는 것이었다.

이들 원령과 대마왕은 개인에게 화를 입히는 모노노케와는 달리 사회적으로 큰 영향력을 가진다고 믿었던 존재이며, 재지에서는 성령과 마찬가지로 자주 신으로 모셔졌다. 중세 전기 종교계에 있어 정통의 지위를 차지한 불교자와 신도가는 이에 「짓샤(実社)」의 낙인을 찍어 신앙 세계인 코스모로지에서 추방하려고 했다. 그러나 『타이헤이키(太平記)』에 보이는 원혼의 활약에서 알 수 있듯이 그 시도는 성공하지 못했다. 스토쿠인(崇徳院)과 고다이고 천황(後醍醐天皇)의 원령은 열도 사회에 널리 수용되어 절대적인 영향력을 발휘한다.[야마다(山田)2001] 이제 원혼이 역사를 움직이는 시대가 된 것이다.

배경화하는 타계 정토

정토왕생이 이상이 된 중세에 있어서도 세상에는 단순히 피안행을 준비하고 있다는 것 뿐만이 아니라 많은 사자가 체류하며 생자에 다양한 작용을 미치고 있다고 생각 했다. 무거운 죄업에 사로 잡혀 아귀도에 떨어져 무덤을 방황하고 있는 망자가 있었다. 또 원령으로서 사회에 혼란을 일으키는 것을 삶의 보람으로 느끼는 마왕이 있었다. 반대로 스스로의 의사로 가미가 되어 자손을 지키면서 세상에 머물고 있는 인물도 있었다. 중세라는 시대에는 이러한 다양한 사자가 생자와 함께 세상을 구성하고 있다.

타계 정토의 흡인력에 그늘이 드리우기 시작한 중세 후기가 되면, 그러한 특별한 존재 이외에 일반 사자까지도 언제까지나 세상에 머문다고 믿게 되었다. 수적(垂迹)－구제자(救済者)라는 범주에 들지 못한 히토가미가 역사의 무대에 등장해 눈부신 활약을 시작했다.

때마침 피안의 이상 세계의 리얼리티가 점차 퇴색하는 시대였다. 신불에 대한 사람들의 주요한 관심은 사후의 구원에서 현세에서의 안락 실현으로 옮겨 가고 있었다. 이 세상에서 히토가미의 대두(台頭)는 그러한 세계관의 변동을 배경으로 한 것이었지만, 이번에는 그 활동이 타계의 중심을 보이지 않는 세계, 사후의 세계에서 이승으로 되돌리는 역할을 했다. 히토가미의 횡행은 이원적 세계관을 전제로 하는 중세적인 본지수적(本地垂迹)의 논리를 내측에서 갉아먹어 그 사상에 근본적인 변질을 초래해 가는 것이다.

이렇게 중세 후기에는 이 세상을 무대로 하여 활발히 활동하는 새로운 타입의 히토가미가 본지수적설의 틀을 헤집고 대량으로 발생하게 되는 것이다.

제 7 장

도쇼다이곤겐東照大権現의 사상

1. 가미를 서로 빼앗는 시대

종교잇키宗教一揆의 이념

일본열도에서 피안세계의 본격적인 후퇴가 시작된 것은 14세기 이후인 중세후기였다. 이 시기가 되자 사람들은 점차 사후 피안에서의 구제보다 이 세상에서의 충실한 삶을 희망하게 된다.

14세기 난보쿠초시대(南北朝時代)에는 「소(惣)[1]」라고 불리는 지연공동체가 서일본 각지에 형성된 시기였다. 헤이안시대나 가마쿠라시대에는 촌(村)의 운영은 일부 상층 농민만의 전결사항이었다. 반

---

1) 중세의 자치조직의 총칭. 특히 무로마치시대(室町時代)에 보이는 촌락의 운영기구. 명주(名主) 중에서 선택된 어른, 노인, 사타닌(沙汰人; 장원영주의 명령을 전하거나, 연공의 징수 등을 담당한 하급관리 유력명주가 이에 해당함) 등을 중심으로 회합에 의해 규칙을 정하고 입회지(입회권이 설정되어 있는 지역), 관개, 용수 등 공동 관리나 연공납입의 청부를 행했다. 즉 입회(入会)나 수리(水利)의 관리운영·촌락의 자위(自衛) 등을 담당했고, 쓰치잇키(土一揆)나 연공(年貢)의 햐쿠쇼우케(百姓請; 농민들이 연공 징수 등을 영주에 대해 공동으로 도급받는 것) 등의 기반이 되었다.

면 소(惣)에서는 대부분의 구성원이 모여 방침을 협의하는 시스템이 만들어져 있었다.

농민의 자주적 조직인 소(惣)의 성립은 사람들의 정신적인 자립을 촉진시켰다. 소에 결집한 농민은 스스로의 생활기반을 더욱 풍부하고 공고히 하기위해 영주에게 조세감면 등 여러 가지 요구를 하였다. 이렇게 하여 소에 기반을 둔 「쇼케노잇키(荘家の一揆)」라 불리는 요구투쟁이 전성기를 맞이한다. 쇼케노잇키는 15세기에 들어오면서 촌락·장원(荘園)[2]을 단위로 한 경제투쟁에서 다수의 마을이 서로 밀접하게 연대한 정치투쟁으로 질적인 전환을 보인다. 쓰치잇키(土一揆)[3]의 시대가 도래 한 것이다.

한편 도시로 시선을 돌리면, 수도 교토에서는 난보쿠초시대(南北朝時代)부터 상인 계층이 현저한 성장을 보였다. 이에 따라 교토는 옛 제왕의 도시에서 상업 도시로 급격하게 변모하였다. 오닌의 난(応仁の乱, 1467～1477) 이후는 마치슈(町衆)라 불리는 유력상인들이 황폐한 교토부흥의 주역으로 눈부신 활약을 보였다. 그들은 조직적인 무력을 비축하고 단결하여 16세기에는 교토시 안에서 사실상의 자치권을 손에 넣기에 이른다. 농촌에도 도시에도 광범위한 민중이 결집해 자치조직을 만들어 막부나 다이묘(大名)[4]에게 세금감면 등의 요구를 하는 상황이 일어난다.

중세후기는 사회전체를 보면 타계표상(他界表象)이 희박해져 가는 시대였다. 그러나 한편으로 객관적 실재로서의 피안세계가 존재

---

2) 나라시대(奈良時代)부터 무로마치시대(室町時代)에 있었던 귀족·사찰의 사유지이다.
3) 채무파기를 강요한 일본 최초의 대규모 농민봉기로 1428년 교토일대에서 발생했다.
4) 넓은 영지를 가진(특히 에도시대에 봉록이 1만석 이상인 무가(武家)) 무사를 말한다.

함을 강력하게 주장하고 특정의 일불(一仏)[5]을 절대적 존재로 받아들이는 입장은 중세를 통틀어 살펴 볼 수 있다. 이것은 구제주로서 본불(本仏)을 중시하는 신란(親鸞)[6]이나 니치렌(日蓮)[7]의 종교수맥으로 이어지는 것이었다. 그 이념은 급속하게 힘을 더해가던 중세후기의 민중계층에 받아들여져 사후 구제의 근거로 삼기보다는 세속의 권력과 대결할 때의 정신적인 지주로서 사용되었다. 사람들은 현세를 초월하는 위대한 인격신과 직결되어 있다는 신념을 지배 권력에 대한 저항의 기반으로 삼았다.[사토 히로오(佐藤弘夫) 2010a]

15·16세기에 세력을 떨친 홋케잇키(法華一揆)[8]나 잇코잇키(一向一揆)[9], 기리시탄[10]사상에서 이런 이념을 짙게 엿볼 수 있다. 사람

---

5) 서방정토의 교주. 모든 중생을 구하려고 48의 서약을 세운 부처. 정토종·정토진종에서는 본존으로서 염불에 의한 극락왕생을 주장했다. 아미, 아미타, 아미타여래를 의미한다.

6) 신란[親鸞(1173~1262)] : 정토진종의 개조로 히에이잔(比叡山)에서 수학하고, 1201년[겐닌(建仁)원년]에 호넨(法然)의 제자로 들어가 전수염불(専修念仏)로 귀의. 염불교단 탄압에 의해 에치고(越後)로 유배를 가게된다. 1211년[겐랴쿠(建暦)원년]에 풀려나, 관동에서 포교. 60세경 교토로 돌아와 저술과 제자 지도에 힘썼다. 절대타력(絶対他力: 스스로의 힘으로는 절대 왕생할 수가 없다. 타력(여래)의 힘으로 오직 염불을 하면 왕생할 수 있다는 뜻)·악인정기(悪人正機: 악인을 구제하는 것이야말로 아미타불의 진정한 목적)설을 주장하고, 육식처대(肉食妻帯:승려가 고기를 먹고 아내를 가지는 것)인 재가주의(在家主義:출가하지 않고, 보통의 생활을 하면서 불교에 귀의한다는 주의)를 긍정했다. 90세로 생을 마감.

7) 니치렌[日蓮(1222~1282)] : 니치렌종(日蓮宗)의 개조로 법화경을 믿고 법화경의 제목을 외면 구원 받을 수 있다고 설교. 정치도 법화경을 따르지 않으면 멸망할 것이라 하며, 법화경을 따르지 않는 막부 측을 격렬히 비난했다. 그로인해 유배를 당하면서도 조금도 굴복하지 않았다.

8) 1532~1536년[덴분(天文)1~5] 니치렌종(日蓮宗)의 교토 마치슈(町衆) 신자가 중심이 되어 일으킨 반란으로 니치렌종은 잇코잇키와 심한 대립이 있었다. 교토의 니치렌 문도는 잇코종(一向宗)의 거점이었던 야마시나(山科) 혼간지(本願寺)를 습격하고 불태우는 사건이 일어난다. 이 잇키는 사카이(堺)와 나라(奈良)에 방화하고, 이어서 교토에 난입하는 추진력을 보였다.

9) 정토진종(浄土真宗) 혼간지파(本願寺派)의 승려나 농민, 상공업자, 무사등의 문도

들은 석가모니나 아미타, 데우스[11] 같은 초월적인 인격신 아래에 결집하고 그 아래에서의 평등을 내세나 관념의 차원이 아니라 그들에게 적대하는 지배자를 배제함으로써 현실사회 안에 실현하려고 했다. 그러한 동향에 따라서 진종 문도(真宗門徒)[12]가 지배하는 「불법령(仏法領)」이 서일본 각지에 형성되어 교토에는 니치렌종 문도(日蓮宗門徒)를 중심으로 한 마치슈(町衆)의 자치권으로서의 「석존어령(釈尊御領)」이 탄생하게 된다.[후지이(藤井) 1959, 구로타(黒田) 1975]

통일권력의 종교정책

이러한 종교잇키 앞을 가로막은 것이 오다 노부나가(織田信長)나 도요토미 히데요시(豊臣秀吉)와 같은 천하인(天下人, 텐까비토)[13]이었다. 그 싸움은 종종 처절한 살육을 동반한 장렬한 것이었다. 격렬한 투쟁 끝에 잇코잇키(一向一揆)는 완전히 소멸되고 기리시탄은 근절과 죽음을 당했다. 엔랴쿠지(延暦寺)나 고후쿠지(興福寺) 같은 대사원도 영지를 몰수당해 치외법권의 특권을 박탈당했다. 에도시대

가 주도하여, 또는 문도가 다른 세력과 결탁하거나 혼간지법주(本願寺法主)에 동원되거나 하여 일어난 무장봉기로, 1466년[분쇼(文正)1]から1582년[덴쇼(天正)10]에 이르는 약 120년간에 걸쳐 긴키(近畿), 호쿠리쿠(北陸), 도카이(東海) 등의 모든 지역에서 일어나 무로마치말(室町末)～센고쿠시대(戦国時代)의 정치사에 있어 중요한 역할을 했다. 진종문도(真宗門徒) 중에는 당시 잇코슈(一向衆)라 불리는 문도가 대거 몰려들었고 진종(真宗)을 또한 잇코종(一向宗)이라 부르게 되었기 때문에 잇코잇키(一向一揆)라 했다.

10) 무로마치시대(室町時代) 후기에 일본에 들어온 그리스도교(가톨릭)의 일파. 혹은 그 신도를 말한다.

11) 라틴어로 기리시탄의 신을 가리킨다.

12) 정토진종(浄土真宗)의 신도.

13) 천하를 통일한 사람.

전기에는 모든 종교 세력은 통일권력 앞에 무릎을 꿇게 되었다. 세속의 지배 권력을 상대할 수 있는 시점(視点)을 가진 종교는 사회적인 세력으로서는 소멸해버렸다.

통일권력은 교단이 가지는 세속적 권력을 빼앗았을 뿐 아니라 이념적으로도 굴복시키는 것을 목표로 했다. 그 전형이 니치렌종(日蓮宗)[14] 불수불시파(不受不施派)의 탄압이었다.

1595년 분로쿠(文録) 4년, 도요토미 히데요시(豊臣秀吉)는 히가시야마 호코지(東山方広寺) 대불전에서 각 종파의 승려를 불러 천승공양(千僧供養)[15]을 하려고 했다. 그 초청장은 교토 니치렌종(日蓮宗)에도 보내졌는데 이 법회의 출사여부를 둘러싸고 내부 의견이 둘로 나뉘었다.

그 중에 출사거부를 주장한 니치오(日奥)는 법화일경(法華一経)을 진실이라 하여 타종(他宗)과의 타협을 거부한 니치렌(日蓮)의 입장에 의거하여 다른 종파에 베풀지 않는 불시(不施) 또한 타종의 신자로부터 공양을 받지 않는 것인 불수(不受)가 종문 본래의 모습이라며 신자가 아닌 히데요시(秀吉)의 공양을 받아서는 안 된다고 하였다. 그와 반대로 니치주(日重)는 국왕인 히데요시의 공양만은 거절할 수 없는 예외라 주장했다.[수불시(受不施)]

니치렌종(日蓮宗)에 있어서 불수불시(不受不施)논쟁이 단순히 국왕의 시주를 받을 것인가 말 것인가라는 외면상의 문제에 그치지 않고 그 배경에 세계관의 대립이 있었다는 것은 간과할 수 없다. 수불시(受不施)의 입장에 있는 니치주(日重)는 국왕이 국토 최고주권자

14) 가마쿠라시대에 니치렌대사가 개조한 일본 불교 종파의 하나이다. '법화경(法華経)'을 종지(宗旨)로 하며 법화종이라고도 한다.
15) 천명의 스님을 초대하여 식사를 제공하는 것으로 극히 공덕이 크다고 한다.

임을 전제로 하여 왕토(王土)에서 생활하는 것 자체가 국왕의 은혜이고 공양이라며 국왕의 명령만은 따라야 한다고 설파했다. 한편 니치오(日奥)는 「지금 이 세상은 전부 교주석존(教主釈尊)의 영토이다. … (중략) … 소국의 군주 누군가 석존의 영토를 횡령한 것이다.」『슈기세이호론(宗義制法論)』이라고 하면서, 절대적 존재로서의 석존이야말로 국토의 본원적 주권자이며 그곳에 살았다고 해도 결코 국왕의 공양을 받았다고는 할 수 없다고 반론한다.

이 논쟁을 통하여 니치렌종(日蓮宗) 각 파는 「불수불시(不受不施)」와 「수불시(受不施)」라는 두 입장으로 분열된다. 이후 지배 권력은 변해도 수불시측이 근세 동안 니치렌종의 공인된 종파로써 존속한다. 한편 세속의 권력을 뛰어넘는 종교적 권위의 실재를 강조한 불수불시 그룹은 몇 차례 탄압을 받은 후, 1665년 간분(寛文) 5년에 최종적으로 금지되어 숨어서 활동 하는 신세가 된다.

노부나가信長 · 히데요시秀吉의 신격화

통일정권은 종교 세력의 무릎을 꿇게 한 것만으로는 만족하지 않았다. 잇코잇키(一向一揆)의 무서운 파워를 목격한 천하인은 민중이나 적대세력이 신앙을 구실로 또 다시 반항하는 일이 없도록 종교적 권위를 자신의 지배 질서 안에 두어 자신의 권위를 위해 이용하는 것을 중요한 과제로 삼았다. 그러기 위해 그들 스스로가 신이 되려고 하였다.[아사오(朝尾) 1974]

천하인의 신격화 지향은 오다 노부나가(織田信長)에게서 볼 수 있다. 예수회 수도사인 루이스 프로이스가 예수회 총장에게 보낸 1582

년 11월 5일부의 보고서(『예수회 일본연보』)에는 노부나가가 스스로를 어떻게 성화(聖化)시키고 있었는지 자세하게 적혀있다.

그 보고서에 따르면 일본 대부분의 구니(国)[16]들을 평정한 노부나가(信長)는 자신이 「죽어야 하는 인간이 아니라 신으로서 불멸한 존재가 되어 존경받기를 희망했다」고 한다. 그러기 위해 아즈치성(安土城) 산 위에 소켄지(総見寺)라는 사원을 건립하고, 자신을 「신타이(神体)」 혹은 「살아있는 신불(神仏)」로 모시고 사람들로부터 숭배받기를 바랐다.

그 곳으로 가는 사람은 그 공덕에 의해 부와 장수를 얻고 후계자가 없는 사람은 자손을 보며 평화롭고 안락한 생활이 보장된다. 역으로 「이것을 믿지 않는 사악한 사람은 현세에도 내세에도 멸망할 수밖에 없다」는 것을 강조한다.

노부나가의 신격화에 대해서는 사료적인 제약이 있어 이 기술을 뒷받침할 증거를 찾을 수는 없다. 신뢰할 수 있는 문헌에 의해 신격화의 경위를 어느 정도 자세히 알 수 있는 것은 그 뒤를 이어 권력을 손에 넣은 도요토미 히데요시(豊臣秀吉)의 경우이다. 히데요시의 신격화는 생전부터 의사가 있었기 때문에 1598년 게이초(慶長)3년에 히데요시가 죽자 곧 그를 위한 포석이 놓여졌다. 이를 실행한 중심 인물이 요시다케(吉田家) 출신의 본슌(梵舜)[17]이었다.

장례 다음 달에는 이미 히데요시를 모시기 위한 사당 건축이 개시되었다. 신전은 반년 넘는 공사를 거쳐 완성되고 쇼센구(正遷宮)[18]

16) 고대부터 근세까지의 행정구역 중 하나이다.
17) (1553~1632) 에도초기의 신도가(神道家)이자 승려이다.
18) 신사의 개축·수선이 완료되어, 신타이(神体)를 가전(仮殿)에서 신전(新殿)으로 옮기는 것이다.

가 행해졌다. 신호(神号)는 처음에 「신하치만(新八幡)」이었으나 최종적으로 「호코쿠 다이묘진(豊国大明神)」이라는 명칭이 채용되었다.

요시다신도吉田神道의 역할

히데요시(秀吉)의 유지에 어긋나는 「호코쿠 다이묘진(豊国大明神)」이란 이름이 선택된 배경에는 본슌(梵舜)의 출신모체인 요시다케(吉田家)의 신도사상 영향이 있다고 전해진다. 요시다 가네토모(吉田兼倶)[19]가 신도를 모든 종교의 근원에 두는 이른바 근본지엽화실설(根本枝葉花実説)을 주장했다는 것은 앞에서 잠깐 다루었다. 요시다신도는 불교자에 의해 독점된 코스몰로지[20]의 해석권을 신기신앙(神祇信仰)쪽으로 되돌리려 했다.

요시다 신도는 이에 덧붙여서 신도의 역할을 크게 전환시키는 또 하나의 개혁을 단행했다. 그것은 신도 독자의 장제의례(葬祭儀礼)를 만들어 그동안 불교에게 독점되었던 사자공양(死者供養)을 신도측으로 빼앗아오려 한 것이다.

가마쿠라시대에 이세신도(伊勢神道)에서 요시다신도로의 흐름 속에서 불교에 대한 신기신앙(神祇信仰)의 독자성을 강조해왔으나 사자공양(死者供養)이라는 점에 대해서는 신기신앙 담당자들도 그 역할을 승려에서 맡길 수밖에 없는 상태가 지속되었다. 요시다케(吉田家) 대대의 당주(当主)도 병세가 위독하면 염불을 외며 극락왕생을

19) (1435~1511) 무로마치시대(室町時代) 중기부터 센고쿠시대(戦国時代)에 걸쳐 활동한 신도가(神道家)로 본명은 우라베 가네토모(卜部兼倶)이며 요시다 신도(吉田神道)의 사실상 창시자이다.

20) 우주론(Cosmology).

비는 것이 당연시 되었다. 송장은 화장하여 묘지에 넣거나 납골을 위하여 고야산(高野山)으로 옮겨졌다.

그것이 크게 전환된 것은 15세기 요시다 가네토모 시대였다. 시신을 토장하여 그 위에 레이샤(靈社)[21]를 건립하고 신으로 모시는 방법이 생겨났다. 가네토모 이후에는 역대 당주에 대한 레이샤가 만들어졌다.[오카다 쇼지(岡田莊司) 1996] 레이샤의 성립과 병행하여 승려가 신직(神職)의 장례에 관여하지 않게 되는 등, 장송에 대해서도 불교색의 배제와 신도의례 확립이 진행되었다. 독자의 신도장제(神道葬祭) 의식은 가네토모(兼俱)로부터 반세기정도의 모색을 거쳐 16세기 후반의 가네미기(兼右)·가네미(兼見) 시대에 완성된다.

豊神社(京都)

21) 조상의 영혼을 모신 사당, 영묘(靈廟).

사람을 「레이샤」로서 모시는 배경에는 앞장에서 살펴본 바와 같이 사람과 신을 일체시 하는 사상적 전통이 있었다. 그것은 에도시대에 요시다 가네오(吉田兼雄)의 다음과 같은 말로 이어지고 있다.

> 신이란, 하늘과 땅이 갈라지기 전의 원기를 말한다. 하늘에 있어서는 신, 땅에서는 기(衹), 사람에 있어서는 귀(鬼)라 한다. 귀란 마음이다. … (중략) … 생겨나는 것의 원(元)도 천지가 원이고, 끝나는 곳의 본(本)도 천지가 원이다. 생사의 양의(両儀)는 모일 때 살고 흩어지면 죽는다. 이것을 깨달으면 즉, 정토도 없고 지옥도 없다. 단지 신에서 나와 신으로 돌아갈 뿐이다.
>
> [「신도대의(神道大意)」]

이 글에 단적으로 드러난 것처럼 주자학의 이기론을 차용하여 사람의 생사의 반복은 신기(神気)의 집산(集散)으로 파악했다. 죽음은 타계에 있는 정토나 지옥으로 떠나는 것이 아니라 「신에게 돌아감」 이외 그 무엇도 아니었다. 생사의 사이클은 이 현실세계 안에서 완결되는 것으로 파악된 것이다.

요시다 가네미기(吉田兼右)의 아들로 태어나 불교 영향에서의 이탈이 목표였던 본슌(梵舜)이 불교색채가 짙은 하치만 대보살(八幡大菩薩)로서 널리 사람 입에 오르내리는 명칭을 채용하는 것에 강한 저항이 있었다는 것은 당연했다.

2. 신격화된 이에야스家康

묘진明神인가 곤겐權現인가

히데요시(秀吉)가 죽은 후 내란을 뛰어넘어 천하를 손에 넣은 도쿠가와 이에야스(徳川家康)는 1616년 겐나(元和) 2년 4월, 은거하던 슨푸(駿府)22)에서 75세의 생애를 마쳤다. 죽기 전에 이에야스(家康)는 자신의 유해를 슨푸 교외에 있는 구노잔(久能山)에 묻고 1주기를 넘기면 닛코(日光)23)에 「작은 사당」을 지어 신령을 권청(勧請)하도록 유언했다고 한다. 이에야스는 아울러 자신이 「핫슈노진주(八州24)の鎮守25))」가 될 것이라고 했다.[『혼코코쿠시일기(本光国師日記)』]

이미 히데요시의 선례가 있어 이에야스도 스스로가 만든 신령의 제사를 유언으로 남겨놓았기 때문에 즉각 신으로 모시기 위한 작업이 시작되었다. 그것을 지휘한 인물이 히데요시 신격화에 있어서 중요한 역할을 한 본슌(梵舜)이었다. 이에야스의 유해는 유언대로 구노잔(久能山)에 매장되어 다이묘진(大明神)으로서의 제사준비가 진행되었다. 요시다신도(吉田神道)에 의한 다이묘진으로서의 신격화는 이미 기정방침인 것처럼 여겨졌다.

그러나 여기에서 문제가 생긴다. 천태종의 승려 덴카이(天海)가 이 방식에 이의를 제기하여 다시 산노이치지쓰신도(山王一実神

---

22) 지금의 시즈오카시(静岡市).
23) 도치기현(栃木県) 북서부 일대.
24) 가마쿠라(鎌倉)를 중심으로 한 하코네(箱根)에서 동쪽에 있는 여덟구니(国). 무로마치(室町)이후 명칭으로 사가미(相模), 무사시(武蔵), 고즈케(上野), 시모쓰케(下野), 아와(安房), 가즈사(上総), 시모우사(下総), 히타치(常陸)를 일컫는다.
25) (그 고장·절·씨족 등을) 진호하는 신.

道)[26)]에 의한 곤겐호(権現号)로의 제사를 주장한다. 장군 히데타다(秀忠)를 사이에 두고 다이묘진호(大明神号)를 추진하는 본순(梵舜)·스덴(崇伝)과, 곤겐호(権現号)를 설득하는 덴카이(天海) 사이에서 논쟁이 일어났다.

결국 채용된 것은 덴카이의 안이었다. 곤겐호(権現号)로의 제사가 조정에 신고 되어 조정에서는 곤겐호(権現号)의 칙허가 내려짐과 동시에 「도쇼(東照)」·「니혼(日本)」·「이레(威霊)」·「도코(東光)」라는 신의 이름에 대한 사안이 제시되었다. 히데타다(秀忠)의 선택에 의해

東照宮德川家康御廟(日光)

26) 히요시신도(日吉神道), 이치지쓰신도(一実神道), 천태신도(天台神道)라고도 한다. 천태종 측에서 나온 신도설(神道説)로서 법화경(法華経)에 기초를 두고 히에이잔(比叡山) 엔랴쿠지(延暦寺)의 지주신에 해당하는 히요시신(日吉神)을 산노(山王)로 숭배한다.

「도쇼다이곤겐(東照大權現)」 신호가 확정되었다. 이듬해 4월에는 1주기를 맞이하여 새롭게 지어진 닛코토쇼구(日光東照宮)로 센구(遷宮)[27]가 행해져 막번 체제하의 새로운 성지 닛코(日光)가 탄생한다. 이 때 이에야스의 유해도 또한 닛코로 옮겨진다.

도쇼다이곤겐東照大權現의 본지本地

그렇다면 이에야스를 신으로 모시는데 왜 「곤겐(權現)」이라는 칭호를 선택하였을까. 굳이 불교풍의 명칭을 고른 이유는 무엇일까.

곤겐이란 본지의 부처가 「임시로 나타남」이라는 의미이고, 본지수적(本地垂迹)[28]의 논리를 근거로 한다. 실제로 도쇼다이곤겐(東照大權現)의 본지는 약사여래여서 닛코(日光)에 본지당(本地堂)을 지어 약사불상을 안치하였다. 이것은 불교 영향을 가능한 한 배제하려고 한 히데요시(秀吉)의 경우와는 대조적으로 중세적인 본지수적 논리로의 회귀를 의미하는 현상인 것일까.

당시 도쇼다이곤겐의 관념을 알 수 있는 사료로서 3대장군 이에미쓰(家光)시대에 편찬된 『도쇼샤엔기(東照社緣起)』가 있다. 이 엔기(緣起)[29]는 한문체로 쓰여 있는 「마나엔기(真名緣起)」와 일문에 의한 「가나엔기(仮名緣起)」의 두 종류가 존재한다.

이 엔기를 읽고 알 수 있는 것은 신불에 대한 기술은 한결같이 천

27) 신전(神殿)을 고쳐 지을 때 신령(神靈)을 옮기는 의식.
28) 부처나 보살이 중생을 구제하기 위해 여러 가지 다른 모습으로 변화하여 그 자취를 드리우는 것을 수적(垂迹), 변화하지 않은 본래의 부처나 보살을 본지(本地)라고 한다.
29) 신사·절의 유래.

태종의 수호신인 산노신(山王神)과 도쇼다이곤겐(東照大權現)의 역할에 집중되어 있어 양자의 본지(本地)인 약사여래에 대한 설명이 거의 없다는 점이다. 중세의 본지수적설(本地垂迹説)[30]에서 최종적인 구제 기능을 담당하는 것은 본지였다. 수적은 중생과 직접 접촉하여 본지로 이끄는 중요한 사명을 가지고 있지만 신불세계 안에서의 중심적 존재는 철저하게 본지인 타계 부처들이었다. 그러나 이 엔기(縁起)에서 그려지는 것은 어디까지나 수적인 도쇼다이곤겐(東照大權現)이 가지는 위대한 힘이고 본지의 의의에 대해서는 접할 수 없다.

『도쇼샤엔기(東照社縁起)』에서 최초로 성립했다고 되어있는 「마나엔기(真名縁起)」의 상권에서, 이에야스가 천태승(天台僧)에게 「산노곤겐(山王権現)의 신도, 본지수적(本地垂迹)은 무엇인가」라고 묻는 장면이 있다. 그에 대하여 「산노신도(山王神道)는 종교의 근본이 아니고 본적엔기(本迹縁起)가 아니며 료부습합(両部習合)[31]도 아니다. 나는 신관의 집에서 태어났다. 그러나 쉽사리 이어받을 수 있는 것이 아니다」라고 모호하게 대답할 뿐 본지수적 구조 그 자체는 전혀 설명하지 않았다.

그와 대조적으로 자세히 설명하고 있는 것이 산노신도에서 이어왔다는 「치국이민(治国利民)」법이다. 「속체상주(俗諦常住)」(이 세상이야말로 영원한 정토이다)라는 천태종의 기본적인 입장을 토대로 왕법을 도와 평안한 치세는 물론 「가문번창, 씨족영영(氏族永栄)」까지

30) 일본의 신(神)들은 모두 인도의 부처가 일본인을 구하기 위하여 나타난 것이라고 하는 중세의 설법(說法).

31) 료부(両部)는 「료부신도(両部神道)」의 줄임말로 밀교(密教)의 2대법문으로 곤고카이(金剛界)와 다이조카이(胎蔵界)를 말한다. 습합(習合)은 서로 다른 학설이나 교리를 절충·조화시키는 일이다.

를 실현하는 것이 이 법의 취지이며 도쇼다이곤겐(東照大権現)이 바라는 것이다.[「마나엔기(真名縁起)」]

여기에서 산노곤겐(山王権現)·도쇼다이곤겐(東照大権現)은 중세 수적이 실현된 이 세상과 저 세상을 매개한다는 역할에서 완전히 해방되었다. 그 중요한 임무는 어디까지 현세의 안온과 국가 안녕의 실현이고 사후 구제는 아니었다.[소네하라(曽根原) 2008]

본지수적설本地垂迹説의 변용

나는 지금 『도쇼샤엔기(東照社縁起)』의 본지수적설에서는 도쇼다이곤겐이 수적이라 되어있지만 본지의 실태가 어떤 것인지, 그것이 무슨 목적으로 왜 명백히 나타나는가라는 문제에 대해서는 거의 관심이 제시되지 않은 것을 지적했다. 본지불에 대한 침묵은 그 움직임이 생생하고 구체적으로 묘사되는 수적의 경우와는 대조적이다. 본지는 그 자체가 어떠한 기능을 담당하는 것이 아니라 수적의 배후에 보다 고차적인 성성(聖性)이 있음을 암시한다는 점에 대해서만 존재 의의를 가지고 있었다.

엔기(縁起)의 본지수적설에서 또 하나 주목되는 것은 눈에 보이지 않고 타계적이었던 중세의 본지와는 대조적으로 엔기에서는 그것이 철저하게 차안(此岸)[32]적인 존재로 그려져 있다는 점이다.

「마나엔기(真名縁起)」에서 무엇보다 자세히 본지가 언급된 것은 본지당(本地堂)의 설명이다. 「본지약사여래(本地薬師如来), 묘각랑연(妙覚朗然)[33]한 형태, 참으로 진귀하고 불과원만(仏果円満)한 자

32) 이승, 반의어 피안(彼岸).

태, 진정 새롭다」라는 말에 이어, 그곳에 안치되어 있는 약사여래상의 모습이 자세히 묘사되어 있다. 「가나엔기(仮名縁起)」에서 약사여래의 등장은 이에야스의 부모가 자손의 탄생을 바라며 호라이지(鳳来寺)[34]의 약사에 참배하는 장면이다. 이때의 소원이 이루어져 이에야스가 탄생했다고 한다. 이에야스는 약사여래가 환생한 것이라는 암시를 주려는 것이다.

이 두 경우 본지불이란 당사에 안치되어 있는 불상이었다. 중세처럼 불상을 수적으로 보고 그 배후에 본원적인 깨달음의 세계를 보려고 하는 발상은 없다. 여기에는 본지수적이 차원을 넘어 두 개의 세계를 수직으로 연결하는 논리가 아니라, 현세 내부에서 완결하는 논리다. 본지수적이 불상－신, 인도－일본이라는 이 세상 두 개의 지점을 수평으로 잇는 논리로서 기능하는 것이 근세의 본지수적설의 특색이었다.

본지수적이라는 논리자체는 계승되면서도 『도쇼샤엔기(東照社縁起)』에서는 그 내용이 완전히 달라진 것을 알 수 있다. 그 원인의 하나에는 중세후기에 생긴 코스몰로지 변동인 타계의 리얼리티 쇠퇴와 현세의 부상이 있었다고 추정한다. 사람들의 사고회로를 추정하는 기본 소프트라고도 할 수 있는 세계관의 변질이 그 위에서 기능하는 본지수적이라는 응용 소프트의 움직임을 전혀 다른 것으로 바꿔버리고 만 것이다.

33) 묘각(妙覚) : 진정한 깨달음. 낭연(朗然) : 밝고 뚜렷한 모습.
34) 아이치현(愛知県) 미나미시타라군(南設楽郡) 호라이초(鳳来町)에 있는 진언종의 절.

도덕을 옹호하는 신

같은 이에야스 관련 사료에 대해 중세적인 본지수적설이 변질되고 있는 또 하나의 예를 제시하려 한다. 도쿠가와 이에야스(徳川家康)는 크리스트교를 금지하면서 다음과 같은 성명을 발표했다.

> 원래 우리나라는 신국이다. 개벽 이래 신을 공경하고 부처를 존중한다. 부처와 신은 수적으로 다르지 않다. 군신충의의 길을 다지고 패권 국교 맹세의 약속, 변하지 않음을 신을 두고 믿음의 증표로 삼는다. [1612년 게이초(慶長) 17년 멕시코 총독에게 보낸 도쿠가와 이에야스의 편지]

이 문장에 보이는 신불동체설(神仏同体説)의 근거에는 본지수적설을 생각나게 하는 논리가 사용되고 있다. 그렇기 때문에 한번 본 것만으로는 이것을 중세적인 신국사상과 구별 짓기 곤란하다. 그러나 여기에서도 신불동체설의 근거가 되는 수적은 타계로서의 정토와 현세를 연결시키는 논리라고는 확인되지 않았다. 한편 신은 군신충의(君臣忠義)라는 유교 도덕을 기능시키는 근거로써의 역할을 하고 있다.

중세적인 본지수적·신국 이념의 배후에 항상 있었던 머나먼 피안의 관념은 완전히 모습을 감추고 있다. 대신에 인간이 일상생활을 영위하는 현세와 거기에 질서를 부여하는 유교논리가 부상하고 있다. 이 사료에서도 본지수적은 타계와 현세를 잇는 수직의 관계가 아니라 현세를 무대로 하는 수평의 신불관계로 변화를 꾀하고 있다.

언뜻 정반대 방향을 지향하는 것처럼 보이는 호코쿠 다이묘진(豊国大明神)과 도쇼다이곤겐(東照大権現)의 신격화 논리는 단순히 권력자의 성화(聖化)라는 것뿐만 아니라 중세적인 본지수적의 틀에서 벗어난다는 점에서 공통된 측면을 가지고 있다. 그것은 본지수적의 틀에 얽매이지 않는 히토가미가 활발하게 활동하는 중세후기의 정신세계를 빠져나와 탄생한 논리였다.

현세의 질서를 유지하려는 사람이 신불을 강조하는 것은 근세에 널리 보이는 경향이었다. 1613년 게이쵸(慶長) 18년에 쓰인 스덴(崇伝)의 『배기리시탄문(排吉利支丹文)』에서는 일본은 「신명응적(神明応迹)[35]의 나라로 대일(大日)[36]의 본국(本国)」이라는 본지수적의 논리에 의해 신불 동체를 설명하고 있다. 하지만 「일본은 신국·불국으로 신을 존중하고 부처를 공경하며 오로지 인의(仁義)의 도리를 다하여 선악의 법을 바로 잡는다」라는 말에서 나타나듯이 그런 신불에 부여되는 것은 도덕의 감시자로서 그 역할을 함께하는 것이었다.

18세기 정토종의 승려 다이가(大我)는 저서 『산이쿤(三彝訓)』에서 「불신성현(仏神聖賢)[37]이 그 분쟁의 소용돌이를 심히 불쌍히 여겨 삼국(三国)[38]에 행차하시어 가르침을 만세에 내려주고, 인간들로 하여금 이것에 의해 미혹(惑)을 풀도록 했다. 이것으로 삼교(三教)의 길은 다르지만 그 귀결은 하나이다. 선을 권하고 악을 징벌하여 사람의 마음을 바르게 하는 것이다.」라 적혀있다. 중세론에서는 인도의 석가·중국의 공자·일본의 신은 근원인 부처가 이 세상에 보내준 구원자이고, 불교·유교·신도 모두 사람들을 피안으로 유인하여 본지불로 잇는 임무를 맡고 있다고 되어있다. 그 구원자로서의 역할이 상실되어 「민심을 바로 잡는다」는 극히 세속적인 의의로 바뀌었다.

---

35) 신명(神明)은 제신(祭神)으로서의 아마테라스 오미카미(天照大神)를 일컫는다. 응적(応迹)은 부처나 보살이 중생을 구하기 위해 모습을 바꾸어 나타난 것이다.

36) 대일여래(大日如来)의 줄임말로 진언밀교(真言密教)의 교주, 우주의 실상을 불격화(仏格化)한 근본불(根本仏)을 말한다.

37) 부처와 신과 성인과 현인.

38) 옛날에 일본·중국·인도의 총칭. 전세계.

3. 신을 지향하는 권력자들

사당의 사상

왕생(往生)[39]해야 하는 피안 이상세계를 배경화 함과 더불어 중생을 피안으로 인도하는 역할을 면제받은 히토가미들은 수적인 구제자라는 속박에서 해방되어 그 존재기반과 활약의 장소가 비약적으로 확대되었다. 덧붙여 중세후기는 만인에 의한 가미의 내재라는 언설이 보급되는 시대였다. 어느덧 히토가미는 보통 인간과 그 본질을 달리하는 존재가 아니었다.

히데요시와 이에야스가 신으로 숭배되었던 것은 새로운 히토가미 시대의 막을 여는 상징적인 사건이었다. 이것을 계기로 생전에 권력을 손에 넣은 인물을 사후에 신으로 모시는 사례가 급증한다. 그 중심에 있는 것이 각 번(藩)의 번주들이었다.

1578년 덴쇼(天正) 56년, 에치고(越後) 가스가야마성(春日山城)에서 죽은 우에스기 겐신(上杉謙信)의 유해는 성내 묘소에 묻혔다. 그 후 우에스기가(上杉家)의 이봉(移封)[40]에 따라 유해도 이동을 계속했지만 최종적으로 요네자와성(米沢城)안에 정착했다. 1612년[게이초(慶長)17]에는 좌우에 각각 젠코지여래(善光寺如来)·비사문천(毘沙門天)을 배치하고 중앙에 겐신(謙信)의 유해를 넣은 사당이 만들어졌다. 이 사당은 메이지시대에 들어와 보다이지(菩提寺)의 관할에서 떨어져 나와 우에스기 신사가 된다.

센고쿠말(戦国末)의 대란시대를 극복한 다테 마사무네(伊達政宗)

---

39) 〈불교〉 목숨이 다하여 다른 세계에 가서 태어남.
40) 영주의 봉토를 다른 지방으로 바꿈.

는 1636년 간에이(寛永) 13년에 죽었다. 마사무네는 생전에 자신의 유해를 중세 이래 성지로 알려진 교가미네(経ヶ峯)[41]라는 작은 산 정상에 묻으라고 명했다. 다음해 제2대 영주인 다테 다다무네(伊達忠宗)는 이 땅에 마사무네(政宗)의 영묘(霊廟)[42]를 세우고, 이름을 즈이호덴(瑞鳳殿)[43]이라 지었다. 교가미네 산기슭에는 보다이지(菩提寺)[44]로서 즈이호덴이 세워졌다. 교가미네에는 계속해서 다테가(伊達家) 역대의 사당이 마련되었다. 교가미네에는 경총(経塚)[45]이 있고 판비(板碑)[46]도 세워져 있어 중세에는 이 세상과 저 세상의 경계라고 인식되던 땅이었다. 마사무네는 이 성스러운 땅을 택하여 자신의 유해를 그 정상에 모시게 했다.

이 즈이호덴처럼 에도시대 초기에는 유력한 번(藩)의 번주(藩主)가 죽으면 도쇼구(東照宮)를 본떠서 그 영을 모시는 사당이 건립되었다. 그것은 단순히 사당을 넘어 각 번(藩)에 있어 종교적인 성지로서의 의미를 부여받았다. 즈이호덴에는 마사무네의 유해 위에 지어진 본전(本殿)에 그 영정이 안치되었다. 그 앞에는 배전(拝殿)[47]이나 열반문(涅槃門)[48]이 지어져 있어 애초부터 마사무네(政宗)의 영(霊)을 예배하는 목적으로 만들어진 것으로 볼 수 있다. 에도시대에는 고야산 오쿠노인의 참배 길가에도 많은 다이묘(大名)의 사당이

---

41) 미에현(三重県) 쓰시(津市)의 서부에 있는 해발 819m 산.

42) 선조의 영혼을 모신 사당.

43) 미야기현(宮城県) 센다이시(仙台市) 소재. 1637년[간에이(寛永)14]에 조영. 태평양전쟁에 의해 불타 없어졌지만 1979년[쇼와(昭和)54]에 재건되었다.

44) 선조 대대의 위패를 모신 절.

45) 경전 · 경석(經石) · 경와(經瓦) 등을 묻고 만든 무덤.

46) 편평한 돌로 만든 솔도파. 윗부분을 삼각형으로 만들고 그 아래에 깊은 가로 줄을 새겨 넣고 불상 · 범자(梵字), 생년월일, 이름 등을 새겨 넣었다.

47) 신사배례하기 위하여 본전(本殿) 앞에 지은 건물.

48) 번뇌를 떠나 깨달음의 경지에 드는 출입구.

마련되어 있다. 그 중에는 유키 히데야스(結城秀康)[49]의 석묘(石廟)와 같이 도리이(鳥居)가 있는 신사건축도 보이는데, 사자(死者)를 신으로 모시려는 지향성을 엿볼 수 있다.[미즈타니(水谷) 2009a]

일찍이 히라이즈미(平泉)의 후지와라(藤原) 3대나 가마쿠라(鎌倉)의 미나모토노 요리토모(源頼朝)가 스스로 건립한 마을을 내려다보는 고지대 위에 묻혀 그 수호신으로서 자리매김했다. 에도시대에는 각 번(藩)의 번주가 그 역할을 맡았다. 단지 중세와는 달라서 근세 번조(藩祖)[50]의 영(霊)은 사람들을 먼 정토로 이끄는 또 하나의 사명을 면제받았다. 그들은 도쇼다이곤겐(東照大権現)과 마찬가지로 어디까지나 이 세상의 가미였다.

반야문(정면), **瑞鳳殿**(仙台市)

49) 유키 히데야스(結城秀康)(1574~1607년) 에도시대(江戸時代) 초기의 다이묘. 도쿠가와 이에야스(德川家康)의 차남으로 에치젠구니(越前国) 후쿠이번(福井藩)의 초대 번주이다.

50) 번주의 조상.

스이카신도垂加神道와 이키가미신앙生き神信仰

사후, 자신의 유지(遺志)에 의해 신으로 모셔지는 인물이 급증함과 더불어 나타난 에도기의 특색 중 또 하나의 현상은 이키가미(生き神)가 무더기로 생겨나는 것이었다. 지금까지 역설한 히데요시(秀吉) 이하의 권력자들이 신격화를 시도하는 것은 모두 사후에 이루어진 일이다. 그에 반해 이키가미는 생전부터 특정 인물이 신으로 모셔지는 것이다.

이러한 유형의 히토가미 전례로서는 고대의 아키츠카미인 천황이 있다. 그러나 그것이 궁정세계를 넘어서 널리 사회에 공유되었는지는 의문이다. 중세에는 고승을 생불로 칭송하거나 신관(神官)을 신으로 간주하거나 하는 경우도 있었지만 실제로 살아있는 인간을 가미로서 예배했다는 실례는 드물다. 『덴구조시(天狗草紙)』에는 잇펜(一遍)을 너무 숭경한 나머지 신도가 그의 소변을 「만병통치약」으로 삼았다는 이야기가 있는데, 그 광신하는 모습을 야유하는 맥락에서의 주장이었다. 그런데 근세에는 살아있는 인물, 그것도 세속인을 신으로 모시는 것이 사회적으로 공인된 행위로 인정받기에 이른다.

근세에 사람을 신으로 모시는 예로써 우선 들 수 있는 것은 유학자이자 스이카신도(垂加神道)[51]의 창시자인 야마자키 안사이(山崎闇斎)이다. 안사이(闇斎)는 생전에 자신의 영혼을 거울에 들러 씌워 스이카신사(垂加神社)라는 액자를 걸고 제사를 지냈다고 한다. 이 제사를 승인한 다음, 레이샤호(霊社号)를 준 인물이 요시다 신도(吉

51) 근세 초기의 유학자인 야마자키 안사이가 제창한 신도. 스이카(垂加)는 그의 레이샤호(霊社号)이다. 근세는 유학이 유행한 시대였지만 동시에 신도도 사상계의 일대조류로서 커다란 영향을 주었다.

田神道)의 요시카와 고레타리(吉川惟足)였다. 호코쿠 다이묘진(豊国大明神)을 비롯해 근세의 히토가미신앙의 배후에 종종 요시다 신도 관여가 곳곳에 있었지만 그것은 여기에서도 보였다.

고레타리는 아이즈(会津)[52]의 번주인 호시나 마사유키(保科正之)에게도 「하니쓰(土津) 영신(霊神)[53]」호를 부여한다. 서거한 해인 1672년 간분(寛文) 12년에는 반다이산(磐梯山)[54] 기슭에 자신의 묏자리를 선정했는데 빠르게도 그 다음해에는 그 사당이 아즈치레이샤(土津霊社)라는 신사로서 모셔진다. 근세 중기 이후 각 다이묘케(大名家)에서 교토의 요시다·시라카와(吉田·白川) 양가에 신청해 선조에게 신호(神号)를 수여 받는 경우를 흔히 볼 수 있다.[기시모토(岸本) 2008]

막부의 로주(老中)[55]를 맡았던 마쓰다이라 사다노부(松平定信)는 끝까지 지성을 다함으로써 사람은 신이 될 수 있다는 신념을 가지고 있었다. 그것은 자신에 대해서도 예외는 아니었다. 이 이념을 토대로 사다노부(定信)는 생전부터 자신의 목상(木像)을 만들고 에도 쓰키지(江戸築地) 별장의 감응전(感応殿)이라 불리는 신전에 모셨다. 게다가 교토 요시다케(吉田家)에 신청하여「슈코쿠다이묘진(守国大明神)」이라는 신호(神号)를 받아 스스로 예배했다고 한다. 이외에도 가토 겐치(加藤玄智)가 논하고 있는 바와 같이 근세에는 생전에 신으로 모셔지는「세이시(生祀)」의 실례를 다수 찾아 볼 수가 있다.

---

52) 후쿠시마현(福島県) 서쪽의 지역.
53) 영험이 있는 신.
54) 후쿠시마현(福島県) 북부에 있는 화산. 해발 1816m. 1888년[메이지(明治)21]의 폭발로 히바라코(檜原湖)가 생겼다. 아이즈후지(会津富士).
55) 에도막부(江戸幕府), 쇼군(将軍)에 직속하여 정무를 총괄하고 다이묘(大名)를 감독하던 직책 혹은 사람.(정원 4~5명).

세이시의 실천은 레이겐천황(霊元天皇)[56], 사쿠라마치천황(桜町天皇)[57]등 역대 천황에게도 영향을 미쳤다.[가토(加藤) 1931]

유행신流行神과 히토가미신앙

신도에 의한 정규 프로세스를 밟아서 추앙된 경우와는 달리, 아래에서부터의 운동이 특정 인물을 신으로까지 상승시킨 예도 있다. 그 대표적인 것이 천황신앙이다.

1787년 덴메이(天明) 7년, 극심한 기근 속에서 교토에서는 고쇼(御所) 「센도마이리(千度参り)」라 불리는 운동이 일어났다. 이것은 궁중을 둘러싼 벽 주위를 돌면서 고쇼(御所)를 참배하는 것인데 참가자는 만 단위로 늘어났다. 참배자는 남문·가라몬(唐門)[58] 앞에서 예배를 행하고, 쌀값 안정 같은 소원을 적은 종이에 새전을 싸서 던져 넣었다. 궁궐에는 많은 액수의 새전이 던져졌다고 한다.[후지타(藤田) 2011]

에도시대에 있어서 정치적인 실권을 잃은 천황이 행해야만 하는 가장 중요한 공무는 가미고토(神事)였다. 천황은 무엇보다 우선 신을 모시는 사람이었다. 센도마이리(千度参り) 원인의 모든 것을 순수한 종교적 동기로 보는 것은 불가능했지만 그 배경에 천황을 성스러운 존재로 보는 공통 인식이 존재했다는 것은 의심할 수 없다. 그

56) 제112대 천황(1654～1732). 재위 1663～1687년. 이름은 사토히토(識仁).

57) 제115대 천황(1720～1750). 재위 1735～1747년. 이름은 데루히토(昭仁). 와카(和歌)에 뛰어났다.

58) 지붕에 가라하후(唐破風; 중앙 부분이 아치형이고, 양끝이 약간 치켜 올라간 곡선 모양의 장식판)이 붙어있는 문.

러한 천황상 형성에 공헌한 것이, 신을 모시는 일에 몰두하는 천황의 이미지였다고 생각할 수 있다.

권력자의 이키가미화(生き神化)에 관해 하나 더 들고 싶은 사례는 「고양이 그림의 도노사마(殿様)[59]」에서 보이는 번주신앙(藩主信仰)이다. 고즈케노쿠니(上野国)[60] 닛타군(新田郡) 이와마쓰(岩松) 가문의 영주는 쥐를 싫어하는 양잠농가의 요청을 받아 대량의 고양이 그림을 제작했다고 알려져 있다. 그들은 그 고양이 그림이 쥐를 없애는 효과가 있다고 믿었다. 이 고양이 그림은 「누에의 신」으로 존중되었다고 한다. 막부말기에는 이와마쓰(岩松)의 도노사마가 가지는 종교적 파워에 대한 사람들의 기대는 더욱 가속화되었고, 그 아래로 천연두·역병·기쓰네쓰키(狐憑き)[61]를 퇴치하는 부적을 비롯한 다양한 욕구를 가져오게 된다.[오치아이(落合) 1996]

번주가 신으로 추앙되는 경우는 근세에 결코 드문 것이 아니었다. 다치바나 난케(橘南鶏)는 1785년[덴메이(天明)5]부터 동국유람의 모습을 기록한 기행문 『동유기(東遊記)』에서 에치젠(越前)지방에는 민가 집집마다 「호소카와 엣추노카미(細川越中守)」라 쓰인 부적이 붙어있는 모습을 기록하고 있다. 호소카와 엣추노카미란 덴메이(天明) 5년에 죽은 히고(肥後)[62]의 번주 호소카와 시게카타(細川重賢)이고, 그 이름이 부적(護符)으로서 멀리 떨어진 호쿠리쿠(北陸)에서 통용되고 있었다. 시게카타는 명군(名君)[63]으로 알려진 인물이었고, 히

59) 영주·귀인에 대한 존칭.
60) 옛 지명. 지금의 군마현(群馬県). 조슈(上州)라고도 함.
61) 여우에게 홀려서 난다는 정신병; 또 그 병자(실제로는 미신에 의해 일어나는 정신병).
62) 옛 지방 이름, 현재의 구마모토현(熊本県).
63) 선정을 베푸는 훌륭한 군주.

고번(肥後藩)에서는 생전부터 그를 숭배하는 도노사마 마쓰리(殿樣祭り)를 행하고 있었다.

천황도 이와마쓰 우지(岩松氏)도 시게카타(重賢)도 딱히 의식하여 종교자로서의 행동을 한 것은 아니다. 오로지 가미고토(神事)를 행했던 천황조차 그 역할은 신을 모시는 일이었다. 자신의 세이시(生祀)를 실행한 일부 천황을 제외하면 자신을 신으로 과시하려는 언동을 취하는 일은 없었다. 그럼에도 불구하고 의사와는 관계없이 주위의 기대에 의해 현세의 다양한 문제를 해결해 주는 특별한 존재로 추앙되고 있다.

이러한 신의 탄생 과정에 자신의 욕구를 충족시켜주는 가미를 가까운 소재를 이용하여 자신들이 만들어 간다는 근세인 특유의 정신구조를 발견할 수 있다.

지배권력과 신불神仏

중세에는 가미가 내재화함에 따라 사람과 가미와의 거리는 현격히 축소되었다. 그러나 피안세계가 압도적인 존재감을 가졌던 중세, 특히 그 전기에는 이 세상의 가미는 피안세계와의 중개자로서의 역할을 쉽게 넘어설 수 없었다. 히토가미는 자신 안에 광원(光源)을 가지는 것이 아니라 저세상의 근원신의 빛을 받아서 빛나는 존재였다. 또 수적으로서의 가미는 기본적으로 구제자 측에 서기 때문에 구제되는 측인 인간과의 거리는 여전히 남겨진 채였다.

중세후기의 전환을 거쳐, 근세에서 피안세계는 후경화(後景化)되어 그 적극적인 존재의식을 상실했다. 게다가 만인이 성성(聖性)을 품고 있다고 여겨지던 시대였다. 타계의 후원자를 잃은 히토가미와 보통 인간을 가르는 결정적인 장벽은 이미 존재하지 않았다. 그러한 사상 상황을 배경으로 모든 인간에게 선한 본성을 나누어 주고, 누구나가 배워서 성인이 될 수 있다고 설득하는 주자학의 본격적인 수용이 시작되어 그로부터 사람과 가미의 거리를 한층 좁혀갔다. 이렇게 하여 에도시대에는 등신대의 가미가 이 세상에 넘쳐흐르게 되었다.

피안세계가 축소되고 사람들이 지역을 넘어 하나의 근원적 존재의 품에 안겨있다는 공동환상(共同幻想)[64]이 상실된 근세에는 세계에 대한 통일적인 설명원리를 가지는 특정종교가 정신계(精神界)를 독점하는 것은 불가능했다. 도쇼다이곤겐(東照大権現)이나 이키가미(生き神)로서의 천황도 또한 중세에 타계의 본지불(本地仏)이 차지하고 있던 지위에 대해서 동시대의 종교계 전체를 지배하기까지에 이르지 못하였다. 그것은 결국 현세에 있는 수많은 신불의 하나로서의 입장을 넘을 수는 없었다.

그래서 에도시대에 있어서 지배 권력의 장엄화(荘厳化)는 신군사상(神君思想)이나 유학사상 등의 좁은 이념보다도 오히려 쇼군(将軍)의 「위엄」을 보인 무수한 의례나 상징들이 담당하게 되었다.[와타나베(渡辺)1997] 서열의 최상위에는 신불이 아니라 관위의 수여자인 천황이 위치했다. 때문에 막부 말기에 이르러 외국의 침략에 대한 위기의식이 높아져 「구니(国)」인 번(藩)을 초월한 통일국가가 모색되었을 때, 그 중요한 존재로서 천황 이외 선택의 여지가 없었다. 막말유신(幕末維新)의 국민국가 형성기에 신다이(神代)[65]이래의 전통을

---

64) 개인을 초월한 집단(가족·사회·국가·민족 등)의 질서를 유지하거나 그것으로의 귀속을 이해하는 관념. 또 공동으로 만들어낸 정신의 성과(종교·이데올로기 등)도 이렇게 불린다.

가지는 일본고유 존재로서 천황이 주목되어 부상하는 필연성은 거기에 있었다.

---

65) 일본 역사상 진무텐노(神武天皇) 이전의 시대를 신(神)의 시대라고 일컫는다.

제 8 장

총생叢生하는 이키가미生神

1. 신으로 모셔지는 서민들

희생 제물의 변용

근세에 있어서 신이 탄생한 것은 천황·장군·번주 등 지배계층으로부터 만은 아니었다. 스스로의 의지에 의해 신으로 숭배되어진 인물이 다양한 계층으로부터 배출되는 점이 근세의 특징이었다. 스가에 마스미(菅江真澄)[1]의 『쓰가로노오치(都介路迺遠地)』에는 쓰가루(津軽)에 모셔지고 있는 후쿠덴(福田)신의 유래가 기록되어 있다.

> 구로이시(黑石) 근교의 사카이마쓰(境松)[2]라는 장소에 세키하치(堰八)촌이 있어 강의 흐름이 여덟 곳으로 나뉘는 제방이 있다. 이 제방은 언제나 급류에 휩쓸려 제방으로서의 기능을 하지 못했다. 그곳에 세키하치 다로자에몬(堰八太郎左衛門)이라는 인물이 스스로 희생제물이 되겠다고 자처했다. 다로자에몬은 치수 성공을 천지에

1) 1754~1829 에도시대의 여행가, 민속학자.
2) 현재 아오모리현 구로이시시 사카이마쓰(青林県 黑石市 境松).

> 빈 다음 1609년 게이초(慶長)14년 가로누워 예리한 우물 말뚝의 앞 부분으로 자신의 배에 찌르고 그것을 치게 하여 말뚝에 박힌 채 묻히고 말았다. 그 후 어떤 장애도 없이 공사는 완성되고 여러 마을의 논에 물을 댈 수가 있었다. 이후 다로자에몬의 영을 신으로 모시고 세키하치묘진·후쿠덴의 신으로 칭하게 되었다. (개략)

토목공사를 할 때 사람을 희생 제물로 세우는 일은 고대에서도 볼 수 있다. 『니혼쇼키』에는 닌토쿠천황(仁德天皇)[3] 7년의 일로 만다(茨田)[4]제방을 쌓을 때 천황의 꿈속에 강의 신이 나타나 고와쿠비(强頸)와 만다노 무라지고로모노코(茨田連衫子) 두 사람을 공양해주기를 요구한 사건이 기록 되어 있다. 고와쿠비는 탄식하며 슬퍼하면서도 물에 들어가 희생이 되고 그 때문에 제방은 무사히 완성 되고 고로모노코는 계략을 써서 목숨을 구했다는 이야기다.

중세의 『신토슈(神道集)』[5]에는 세쓰 나가라바시(攝津長柄橋)[6]의 하시히메(橋姬)이야기가 수록되어 있다. 이 다리가 놓이자마자 자꾸 부서져서 곤란하게 생각하던 다리의 관리 책임자인 부교(奉行)[7]는 우연히 그곳을 지나던 나그네와 어린아이를 데리고 있던 아낙네를 억지로 희생 제물로 삼았다. 이 여성이 하시히메[8]라 불리고 애처로워하던 사람들은 사당을 세우고 하시히메묘진으로 제(祭)를 올렸다고 한다.

---

3) 기키(記紀)에 기록된 5C전반의 천황. 오진(応神)천황의 제4황자.
4) 지금의 오사카부 네야가와시 부근(大阪府 寢屋川市 付近).
5) 신토서(神道書) 10권. 난보쿠초시대(南北朝時代) 성립 제국(諸国)의 신사(神社)의 연기(緣起)나 혼지(本地) 등을 설화풍으로 기록. 무로마치시대 이후의 문예에 큰 영향을 미친다.
6) 셋쓰(摂津)는 지금의 오오사카부(府) 서부. 나가라바시(長柄橋)는 오오사카시 기타구.
7) 상명(上命)을 받들어 공사(公事)·행사(行事)를 집행하는 일. 또는 그 담당자.
8) 다리를 지키는 여신. 특히 교토 남부의 우지강의 우지다리를 말한다.

『니혼쇼키』에는 공양을 요구한 것은 강의 신이고 지명된 자는 자신의 생명과 맞바꾸어 공사를 완성하도록 했다. 신으로 추대되어진 인물은 자신의 의지로 원한 것이 아니고 사후에 신으로 모셔지는 일도 없었다. 야마타노 오로치(八岐大蛇)[9]의 이야기에서 보이는 것과 같이 일방적인 지명에 의해 신의 산제물이 된 패턴은 고대 공양의 일반적인 형태였다. 『신토슈(神道集)』의 하시히메는 사후 신으로 받들어 모셔진 이로 그것도 자신이 원한 결과는 아니었다.

그것에 비해 다로자에몬은 자신 스스로 목숨을 던졌다. 그 이유도 주변사람들이 고통을 받았기 때문이지 신으로부터 요구 된 것은 아니었다. 그는 신에게 봉사한 것이 아닌 다른 이를 위한 헌신의 결과 지역 사람들로부터 신으로 숭앙받기에 이르렀다.

같은 희생 제물 이야기라도 이 세 가지의 에피소드의 구조는 대조적이다. 세속 수준의 문제로 생명을 잃은 사람이 그로부터 은혜를 입은 주위 사람에 의해 피안세계의 초월자를 개재(介在)하지 않고 신으로 숭배 되어 지는 점에서 근세의 히토가미신앙의 특색을 찾아낼 수가 있다.

근세에는 사쿠라 소고로(佐倉惣五郞)[10]의 전형적인 의민담(義民譚)이 윤색되어 그 주인공이 신격화된 케이스가 각지에서 보이지만 거기서 실재의 인물이 신으로 모셔지는 과정은 앞의 인간의 희생 제물의 그것과 비슷하다. 반란의 주모자로 처형된 인물이 다른 사람들을 위해 생명을 바친 그 행위로 인해 신으로 이 세상에 재생하는 것이다.

---

9) 고지키에 나오는 큰 뱀.

10) 지금의 지바현 나리타시의 농민. 영주는 사쿠라(佐倉)의 사쿠라한(左倉藩)으로 세금이 가혹한 악정(惡政)으로 에도농민의 대표로 4대 장군에게 직소했다. 사쿠라 소고로 일족은 책형(磔刑)으로 사형 되었지만 악정은 개선되었다.

즉신불即身仏의 출현

근세에 유행하는 즉신불 신앙에도 동일한 신격화의 윤리를 찾을 수 있다.

요즘에도 야마가타현(山形縣)의 유도노산(湯殿山) 주변에는 스스로의 의지로 땅속에서 죽음을 맞이한 즉신불(미이라)이 여러 곳에 산재해 사람들의 신앙의 대상이 되었다. 즉신불을 안치하고 있는 사원에서는 모셔진 행자가 죽음을 결의해서 완수하기까지의 전승(伝承)을 전하고 있다.

유도노산 최초의 즉신불인 혼묘카이쇼닌(本明海上人)은 아사히무라(朝日村)의 혼묘지(本妙寺)에 안치되어져 있다. 세속의 이름을 도가시 키치베(富樫吉兵衛)라고 하는 하급무사로 열성인 유도노산의

本明海上人 入定의 **땅**(朝日村, 本妙寺)

신앙인이었다. 40세에 주렌지(注連寺)에서 출가하여 센닌자와(仙人沢)에서 수행을 더했다. 1683년 덴와(天和) 3년 자신의 성불과 여러 사람의 소원 성취를 비는 뜻의 유언을 남기고 3년 후에 무덤에서 파내게 하고 땅속에서 죽음을 맞았다고 한다. 이에 연이은 것이 사카다시(酒田市)[11]의 가이코지(海向寺)에 모셔지고 있는 주카이쇼닌(忠海上人)이다. 주카이쇼닌도 하급무사인 도가시가(富樫家) 출신으로 2년 정도 센닌자와(仙人沢)에서 목식행(木食行)[12]을 실천한 후 1755년 호레키(宝暦) 5년 땅속에서 죽음을 맞이했다고 한다.

다이니치보(大日坊)[13]로 모셔지는 신뇨카이쇼닌(眞如海上人)이 죽음을 맞이한 것은 1783년 덴메이(天明) 3년 이었다. 덴메이(天明) 원년부터 천일동안 곡기를 끊고 채식만 행한 신뇨카이쇼닌은 그해 8월 다이니치보로부터 2km떨어진 다이니치산(大日山)에서 산채로 땅속으로 들어가 목탁을 두드리며 독경하면서 입적할 때를 기다렸다. 주카이쇼닌(忠海上人)이 죽은 호레키(宝歴) 5년, 신뇨카이쇼닌(眞如海上人)이 죽은 덴메이(天明) 3년은 어느 쪽이나 극심한 최악의 기근이었다. 특히 덴메이의 기근은 4대 기근[14]으로 일컫는 에도시대의 기근 중에서도 최악이었다. 이 두 사람만이 아닌 다른 많은 즉신불에 공통된 것은 죽음을 맞이한 해가 어느 쪽이나 기근이 덮친 해였던 것이다. 나이토 마사토시(內藤正敏)는 이 점을 지적한 위에 「굶는 이들을 위해 자신의 육체를 기아화(飢餓化)해 기도한 것이 유도노산(湯殿山) 일세대 수행자들이 행한 목식행(木食行)의 본질적인

11) 야마가타현의 시(市).
12) 오곡(五穀)을 끊고 나무열매만을 먹는 수행(修業).
13) 대일여래(大日如來)를 안치한 당(堂).
14) 에도시대의 기근으로 寛永(1642～16430)기근, 享保(1732)기근, 天明(1782～1787)기근, 천보(1833～1839)기근을 말한다.

사상은 아니었을까」라고 서술했다.[나이토(內藤) 1999] 나이토는 이 즉신불에서 일본 민속신앙에 이어져온 메시아사상을 찾아낸 것이다.

유도노산에서 죽은 많은 이는 하급무사나 농민출신이었다. 그들은 가혹한 수행을 거듭하여 최후에는 단식으로 생명을 끊었다. 여기에도 다른 사람의 행복을 빌고 스스로 생명을 내던진 서민이 있고 그 뜻을 받들어 그 인물을 신으로 모시는 사람들의 자세가 보이는 것이다.

유행신流行神의 성쇠盛衰

사람들에게 닥친 불행을 우려하여 스스로 죽음으로써 가미로 모셔진 사람이 있는 반면, 그런 대단한 의지와는 관계없이 일상의 사소한 문제를 해결해주는 기능의 극히 한정된 히토가미가 대량으로 발생한 것이 근세라고 하는 시대였다.

오사카시 텐노지구(天王寺區)에 있는 잇신지(一心寺)의 경내에 있는 혼다 다다토모(本多忠朝)의 묘는 금주(禁酒)를 맹세하는 사람이나 술주정 부리는 사람이 있는 가족의 갱생을 기원하는 사람들의 참배의 대상이 되었다. 다다토모는 도쿠가와가(德川家)의 중신으로 있던 혼다 다다카쓰(本多忠勝)의 차남으로 태어나 세키가하라(関が原) 전투에서 활약했으나 오사카성(大阪城) 공략의 겨울 전투에서 음주로 인해 방심하여 실수를 했다. 그 오명을 씻기 위해 여름의 진영에서 분전(奮戰)하여 전사하였다고 한다. 죽는 순간 장차 술 때문에 실수하는 이를 돕겠다는 말을 남겼다하여 「술 끊는 신」으로 알려지게 되었다.

이와 같이 어떤 문제를 가진 인간이 사후(死後) 같은 고민을 가진 인간을 구제하는 신으로 모셔졌다는 케이스는 극히 많다. 두통·충치·치질·눈병 등 다채로운 효능을 가진 히토가미가 각지에서 출현되었다.

우시고메레스이반쇼(牛込冷水番所)15)에 있는 하타모토(旗本) 오가와 모사부로(小川茂三郎)의 집의 부지 현관 옆 사당은 가래·기침에 효과가 뛰어나 기도하여 병이 나은 사람은 팥 한 봉지를 바쳤다는 풍습이 있었다. 호레키(寶曆) 말경 오가와씨의 가신으로 오랫동안 가래로 괴로워하던 야마다 고자에몬(山田幸左衛門)·오시모(お霜)라는 부부가 「내가 죽은 후 가래로 근심하는 사람은 나를 마음속으로 빌면 맹세컨대 낫게 하겠다」고 하는 맹세를 하고 죽었다 한다. 그로 인해 두 사람의 이름 한자씩 따서 「소코다이묘진(霜幸大明神)」이라 빌고 근처 사람들의 신앙을 모으게 되었다 한다.[『미미부쿠로』(耳囊)卷8]

생전의 유지에 의한 이런 케이스와는 별도로 근세사회에서는 본인도 전혀 예상치 못한 형태로 어떤 인물이 죽어서 신으로 모셔지는 현상을 종종 찾아 볼 수가 있다.

1805년 분카(文化) 2년 오니아자미 세키치(鬼あざみ淸吉)라는 악명 높은 강도가 붙잡혀 에도에서 처형당했다. 세키치의 유체는 아사쿠사(淺草)의 엔조지(円常寺)에 묻혔는데 얼마 안 되서 그 무덤이 사람들의 신앙의 대상이 되어 막부 말에는 세키치 다이묘진 「세키치다이묘진(淸吉大明神)」이라는 깃발이 세워지기까지 했다 한다. 세키치다이묘진은 조시가야(雜司ヶ谷)묘지의 한 모퉁이로 옮겨져 수험 시즌에는 많은 수험생이 합격을 기원하고 있다. 큰 도둑으로는 네즈미

15) 지금의 도쿄 신주쿠구 다마가와(玉川) 상수(上水)를 감시하는 검문소(番所)가 있는 부근이다.

本田忠朝의 **묘**(大阪, 一心寺)

코조 지로기치(ねずみ小僧二郎吉)도 사후에 또 신으로 숭배 되었다.[16] 또 해안가에 떠내려 온 물에 빠진 시체가 복을 가져 오는 신으로 숭배 되는 경우도 있었다.

미야타 노보루(宮田登)는 이와 같이 민중의 욕구에 응해 새로운 가미가 차례차례 등장하고 쇠퇴하는 현상을 「유행신(流行神)」으로 파악했다. 게다가 「현실의 일상생활에 직접 관련 있는 신불을 자유자재로 만들어 막부가 뭐라고 하든지 간에 자기 좋은 대로 마음대로인 신앙」이라는 에도 서민의 고유의 특성을 발견 할 수 있다.[미야타(宮田) 1989]

근세사회는 누구나 상황에 따라 가미가 될 수 있는 시대였다. 많

16) 옛날 일본에서는 야쿠자가 인기가 있어 묘석을 뽑아 가지면 도박 등의 내기에서 이긴다고 믿어 왔다.

은 사람들이 신분계층을 불문하고 가미가 되기를 원하며 그것을 실현해 갔다. 피안의 초월적 세계를 배후에 두지 않는 무수히 작은 가미들이 난립하는 시대가 되었던 것이다.

산에 깃든 조상의 영혼

무수히 많은 히토가미가 무더기로 생겨났다는 말을 들었을 때 우리들이 생각을 떠올리는 것은 일본에서는 어느 정도의 기간이 경과한 선조의 영혼이 신이 된다고 논한 야나기타 구니오(柳田国男)[17]의 주장은 아닐까. 본 서적 「서장」의 모두에도 언급한 우리들과 생을 함께해온 사람들을 「한 사당의 신으로 모시고 제를 지내고 숭배하며 빌며 기도 한다」(『사람을 신으로 모시는 풍습』)는 것이 「일본민족」의 전통이라는 야나기타의 말에는 그가 생각하는 일본인의 선조관의 특색이 단적으로 묘사 되어 있다.

야나기타에 의하면 사자(死者)가 멀리 손에 닿지 않는 세계로 떠나 버렸다는 이미지는 일본인이 가지지 않았다. 일본열도에서 죽은 자의 혼은 고향을 굽어내려 보는 산의 정상에 머무르며 추석이나 히간(彼岸)[18] 등 행사 때마다 집에 초대되어 남겨진 친족과 친밀한 교감의 시간을 공유했다. 불교에서 얘기하는 십만억토의 저 세상의 정토라는 개념과는 전혀 이질적인 타계관을 일본의 일반인들은 공유했던 것이다.

그런 일본에서도 사후 일정 시간이 경과하면 산자와 죽은 자의 관

17) 민속학자 (1875~1962), 민간에서의 민속학 연구를 주도.
18) 춘분·추분일을 가운데 날로 해서 그 전후 7일간.

계는 크게 전환한다. 야나기타는 같은 책 속에서도 「33년째」라는 일절(一節)을 만들어 일본의 각지에서 33년이라고 하는 시간을 고비로 최종의 제사가 이뤄지고, 이후 죽은 자는 「선조」가 되고 혹은 「신」이 된다는 전승이 많이 보인다고 지적한다. 게다가 「일정한 세월이 지나면 선조의 영혼은 개성을 잃고 융합해 일체가 된다」고 서술하고 이를 계기로 선조는 「영원히 조상신이 되어 집을 보호하고 또 이 나라를 지키려는 것이라고 옛날 사람들은 생각하고 있었는지도 모른다.」고 결론지었다.

대부분의 선조가 신이 된다는 것이 일본의 전통적 관념이라는 야나기타의 지적은 오늘에 이르기까지 민속학을 중심으로 절대적인 영향력을 가지고 있다. 그러나 지금까지 살펴보았듯이 선조를 신으로 모시는 풍습은 결코 「일본민족의 평소의 관습」등은 아니었다. 그 전제에는 죽은 자가 영원히 이 국토에 머무른다고 하는 관념이 정착하는 것과 동시에 그 죽은 자를 기억해 계속적으로 공양하는 「이에」(イエ)시스템이 확립되는 것이 불가결한 요소였다. 또 인간이 신이 되기 위해서는 가미(カミ)와 인간을 연속해서 파악하는 견해가 넓게 공유되었던 것도 중요한 요건이었다.

선조가 가미가 된다고 하는 관념이 넓게 사회에 정착된 것은 이상과 같은 조건이 구비되는 에도시대 그것도 그 중반 이후의 일이었다고 생각된다. 그 시기는 또 죽은 자가 전부 「부처」라고 불리게 되는 시대의 도래와 함께 축을 같이 했던 것이다.

2. 참예參詣에서 순례巡禮로

수적垂跡에서 영험불靈驗仏로

중세사회에서 근세사회로 전환하는데 동반하는 히토가미 관념의 형태 변화의 배후에는 가미의 기능에 대한 인간의 기대 변화가 있었지만 그것은 다른 면으로 신앙 형태의 전환으로써 나타나게 되었다.

중세 전기의 히토가미신앙의 주류는 특정 인간을 피안 부처의 수적(垂迹)[19]으로 여기고 그 임무를 이 땅의 중생과 정토의 부처의 중개자로 본 것이었다. 그에 대해 신란(親鸞)[20]과 니치렌(日蓮)[21]등 이른바 가마쿠라(鎌倉)불교의 특색은 수적 등의 중개자를 배제한 사람들이 피안의 부처와 직접 연결하는 것과 같은 타입의 구제론을 추구한 점에 있다. 조사(祖師)[22] 자신이 본불(本仏)의 수적으로서 구제의 중계자로 임하지도 않았고 스스로 예언자로 자처하는 일도 없었다.

그러나 사후 제자들의 손에 의해 완전히 바뀌어 조사의「생신화(生身化)」로 추진되었다. 조사는 부처님의 수적으로 강조 되어 신앙의 대상이 되었던 것이다. 많은 신도가 사당을 방문하여 조사의 초상에 구제를 기원하는 광경이 일상화되어 간 것이다.

니치렌슈(日蓮宗)에서는 니치렌(日蓮)의 7주기를 기념해서 건립된 이케가미 혼몬지(池上本門寺)의 니치렌 좌상의 배속에 유골이 담

---

19) 부처나 보살이 중생을 구하기 위해 여러 가지 모습으로 다시 이 세상에 나타나는 일.

20) 가마쿠라 초기의 승려, 정도진종(淨土真宗)의 개조(1173～1262).

21) 가마쿠라시대의 승려. 니치렌슈(日蓮宗)의 개조 법화경(法華經)만을 신앙.

22) 한 종파(宗派)를 시작한 인물. 개조.

겨져 「생신(生身)의 조사(祖師)」로 초상 자체가 신앙의 대상이 되었다.

또 니치렌교단의 교학(教学)에 있어서는 니치렌이 상행보살(上行菩薩)[23]의 재탄생이라고 강조되어 성스런 존재의 화신으로서 특별한 제단에 받들어 모셨다.

이런 것은 니치렌 자신이 「생신화(生身化)」되어 그 생애가 신화로 변화하는 과정으로 볼 수 있다. 그 연장선상에 신비적인 위력을 몸에 담고 미래를 예언하고 몽고를 굴복 시키는 초인, 니치렌의 이미지로 형성되는 것이다.

조사(祖師)의 생신화는 니치렌만이 아니라 소위 「가마쿠라불교」의 조사들 사이에서는 많이 보이는 현상이었다. 「제자는 한 명도 두지 않겠다」 『탄니쇼(歎異抄)』[24]라고 했던 신란은 사후에 초상이 제작되어 오타니[25]의 사당에 모셔졌다. 신란쇼닌에덴(親鸞上人絵伝). 『잇펜히지리에(一遍聖絵)』, 간키코지(歡喜光寺)에는 미에도(御影堂)[26]에 안치되어 예배를 받는 잇펜(一遍)[27]의 조상(彫像)이 그려져 있다. 스스로 피안의 부처님의 세계와 중생을 잇는 특권적 지위를 거부한 조사들은 그들 자신이 구제를 초래하는 성스런 존재로서 사당에 안치되어 각각의 교단에 있어 서민생활의 중심적 대상이 되었던 것이다.

사후 생신화(生身化)가 진행되는 「가마쿠라불교」의 조사들의 이

23) 석가가 법화경을 설법 했을 때 지면으로부터 나타났다고 하는 보살.
24) 신란의 제자, 유이엔(唯円)이 정리한 신란의 어록(語錄).
25) 오타니혼뵤(大谷本廟), 교토의 오타니에 있는 신란의 묘. 마치 왕족처럼 혼뵤(本廟)라고 불린다.
26) 국보나 귀인의 초상화, 사진, 조상 등을 안치하는 건물.
27) 가마쿠라 중기의 승려로 시종(時宗)의 개조.

미지에 오래지 않아 한 번 더 큰 전환이 생긴다. 중세 후기가 되면 다른 신과 마찬가지로 조사들은 피안(彼岸)과 차안(此岸)을 잇는 중개자로서의 기능을 점차로 상실한다. 그들은 이미 피안세계의 부처님의 대리인−구제자는 아닌 그 자신이 대단한 파워를 지닌 존재로 여겨지게 된 것이다. 니치렌슈에 관해 말하면 호리노우치 묘호지(堀之内妙法寺)의 조사상은 「액 막이」가미로 에도 대중의 신앙을 모았다. 이케가미 혼몬지(池上本門寺)[28]의 닛초상(日朝像)[29]도 또 영험이 뚜렷한 가미로 알려져 눈병 쾌유나 학업 성취를 비는 사람들이 드나들었다.

이런 전환을 거쳐 에도시대에는 미에도(御影堂)[30]에 진좌(鎮座)하는 조사나 고승의 상은 병을 낫게 하거나 재앙막이를 시작으로 대중의 다양한 세속적 욕구에 직접적으로 응하는 「영험불(靈驗仏)」로 인식 되게 된 것이다.

영장靈場의 변질과 순례巡禮의 정식화

중세 후기에 피안표상의 쇠퇴와 조사의 영험불화(靈驗仏化) 현상은 영혼이 있는 장소의 상태에도 큰 영향을 미쳤다. 사후의 정토왕생이 제일의(第一義)의 목적이 아니게 된 지금, 히토가미가 진좌(鎮座)하는 영장(靈場)도 또 이 세상의 정토·피안으로의 통로로서 의의를 상실하고 세속사회에서 다양한 욕구 충족을 지향하는 현세 이익

28) 니치렌(日蓮)이 사거(死去)한 도쿄 오타쿠에 있는 큰 사찰.
29) 무로마치 중기의 니치렌슈(日連宗)의 승려.
30) 종조(宗祖) 등의 초상(御影)을 안치하는 당.

의 기원이 큰 비중을 차지하게 되었다.

가내안전·병 치유·사업번창·자손번영이란 다양한 소원에 응하도록 다채로운 신불을 모시는 사당이 점차 경내에 건립되어져 간다. 흔히 병의 종류에 대응하여 많은 전문병원이 생기는 것과 마찬가지로 이 세상의 기도에 응한다는 점에서 동질의 기능을 가지며 기도 내용에 응하는 신불의 역할 분담이 진행된다. 그런 중에 히토가미로서의 조사(祖師) 또한 특정의 한정된 이익을 초래하는 존재로 인식되었다.

그 결과 근세 영장(靈場)의 우주론은 다수의 신불을 모시는 사당을 떠맡고 다초점을 가지는 원의 형태를 취하게 되었다. 하나의 초점을 가진 고대 사원, 두 개의 초점을 가진 타원형의 우주론의 중세 사원에 대하여 근세의 특색은 동등한 기능을 가진 다수의 신불을 모시는 사당을 그 내부에 포함한 점에 있었다.

근세적인 영적 장소의 전형으로서 나카야마 호케쿄지(中山法華經寺)[31]를 들 수 있다. 현재 나카야마 호케쿄지의 기본적인 가람 배치는 근세에 만들어진 것이다. 그 경내를 보면 니치렌을 모시는 소시도(祖師堂)[32]를 시작으로 기시모진도(鬼子母神堂)[33], 우가신도(宇賀神堂)[34], 세이쇼코도(淸正公堂)[35], 호케도(法華堂), 사쓰도(刹堂)[36],

---

31) 지바현 이치가와시 나카야마에 있는 니치렌슈(日連宗) 본산(本山)의 사원. 1260년에 창건.

32) 니치렌상(日連像)을 안치한 건물. 1702년에 세워진 일본의 중요 문화재.

33) 인도 야차(夜叉)신의 딸로 아이를 잡아먹는 귀신이었지만 불교에 귀의해 어린이의 보호신으로 순산·유아보호 등의 소원을 들어줌. 그녀를 모시는 당.

34) 우가신은 흰 뱀의 모습을 한 보호신으로 재복신이나 양잠(養蚕)의 신으로 신앙됨.

35) 가토 키요마사(加藤淸正)를 신으로 모시고 전쟁, 눈(目)의 신으로 신앙되어짐.

36) 주라세쓰뇨(十羅刹女)를 모시는 당. 기시모진(鬼子母神)과 함께 법화경의 수지자(受持者)를 보호하는 10인의 나찰녀.

묘겐도(妙見堂)[37] 등이 원을 그리듯이 연결 되어 있다. 산문을 빠져나와 경내에 발을 들인 사람들은 각각의 당(堂)을 돌면서 한 가지 한 가지 기원을 집중해 간다. 오로지 사후의 구제를 기원하고 직선적으로 목적지를 지향하는 중세의 참배와는 다른 절의 경내를 순례하며 이 세상의 일을 기원하는 점이 근세적인 영장참영(靈場參詣)의 형태상의 특색이 있었다.

지금 나는 영장 내부의 참배 형식의 특색으로서 중세의 목적지 왕복형에 대하여 근세의 회유형(回遊型)을 들었지만 그것은 영적 장소로 향한 참배의 코스에 대해서도 말할 수 있는 것이었다. 이미 서술한 것과 같이 중세의 절이나 신사 참예는 목적하는 장소를 왕복하는 것이 기본적인 형태였다. 『난도시치다이지준레이기(南都七大寺巡禮記)』[38]나 고시라카와인(後白河院)의 온준레이(御巡禮)[39]에 보이는 것과 같은 다수의 절이나 신사로 참배가 없었던 까닭은 아니지만 귀족이나 승려를 따로 하면 일반 참예(參詣)의 형태는 왕복형이었다. 구마노(熊野)와 같이 복수의 목적지를 가진 성지도 존재했지만 그 순례는 최종적인 구제에 도달하기 위한 수단으로 순례라는 행위 그 자체가 목적화 되는 일은 없었다.

그에 비해 중세 후기부터 시코쿠(四国) 88개소, 사이고쿠(西国)[40]

---

37) 북극성 혹은 북두칠성을 신격화한 묘견보살을 모시는 당.

38) 나라(奈良)의 7곳의 큰 절을 말한다. 오에 지카미치(大江親通)라는 귀족이 1106년과 1140년에 나라의 7군데의 절을 순배(巡杯)한 『난도시치다이지준레시기』(南都七大寺巡礼私記)를 말한다. 헤이안시대 말기의 나라(奈良)의 큰 절의 상황을 전하는 유일한 책. 불교 미술의 연구에 귀중한 책.

39) 고시라카와(後白河)천황(1127~1192)은 천황을 은퇴하고 난 후에 살고 있는 고시라카와인(後白河院)에서 원정(院政)을 행하여 은퇴 후 고시라카와인(後白河院)이라 부른다. 지금의 와카야마현 구마노(熊野) 지방을 34회 순례한 것을 말한다.

40) 지금의 규슈지방.

33관음이라는 영장 순례 코스가 형태를 갖추게 되고 예배를 반복하면서 장기간에 걸쳐 그 사찰들을 도는 관습이 사람들 사이에 침투해 갔다. 거기서 코스는 고정화 되고, 순례 자체가 목적으로 되어 갔다. 센고쿠시대(戦国時代)에는 66부[41]라 불리는 지방마다의 영장에 법화경을 납경(納經)하며 걷는 지방을 돌아다니는 고승도 있었다. 순례라는 풍습은 에도시대에 들어와 완전히 사회에 정착했다. 중세의 참예에서 근세의 순례까지 성지 참배의 형태에 변용이 생긴 것이다. [구로다 히데오(黑田日出男) 1986]

각지에 예배소가 만들어져『사이고쿠 산주산쇼메쇼 즈에(西国三十三所名所圖會)』『기이노쿠니 메이쇼 즈에(紀伊国名所圖會)』[42] 등의 가이드북이나 순례 그림지도, 고에이카(御詠歌), 도추닛기(道中日記) 등의 출판도 성행하게 되었다. 오이세 마이리(お伊勢参り)와 같은 거의 반은 관광으로서의 의미를 겸한 영장 순회의 여행으로 대중이 모여서 참가하는 시대가 도래했다.「영장」이라는 말이 정착된 것도 에도시대에 들어오면서 부터였다.

묘지화 하는 영장靈場

이렇게 에도시대에는 현세 이익을 상품화하는 후다소(禮所)[43]가 번창하는 한편, 중세이래의 납골영장에서는 묘지화가 진전되었다.

---

41) 자신이 쓴 법화경의 사본을 전국 66개 지방의 영장에 한 부씩 납경(納經)하는 일본 일주(一周)의 힘든 순례.

42) 와카야마현과 미에현의 일부.

43) 사이고쿠(四国) 33곳에 관음을 안치한 절 또는 시고쿠 88곳에 고보대사(弘法大師)의 영지 등 순례자가 참배한 표시로 호부(護符)를 바치거나 받거나 하는 곳.

여태까지 몇 번이나 언급했던 고야산 오쿠노인(高野山奥の院)[44]은 12세기 이후 납골의 영장으로 알려진 지역이었다. 고보대사(弘法大師)가 살아 있을 때의 모습 그대로 사당에 머물러 있다고 하는 입정신앙(入定信仰)이 널리 퍼져 대사의 슬하에 뼈를 묻겠다고 희망하는 사람들이 증가하였던 것이다.

『헤이케이 모노가타리(平家物語)』에 의하면 아리오(有王)는 기카이가시마(鬼界ヶ島)[45]에서 죽은 순칸(俊寛)의 유골을 목에 걸고 고야산(高野山)에 올라 오쿠노인에 납골하고 자신은 렌게다니(蓮華谷)에서 법사(法師)가 되어 주인의 후생을 애도했다.(「소즈시쿄(僧都死去)」) 난토야키우치(南都焼き討ち)[46]의 장본인 다이라노 시게히라(平重衡)[47]의 유골도 최후는 고야산에 보내졌다.(「시게히라 기라레루(重衡被斬)」) 유골을 가지고 오쿠노인을 방문한 사람들은 유골을 참배길 옆에 매장하고 그 위에 목재의 공양탑을 세웠다. 그러나 납골자나 가까운 친척이 묘소 참배를 위해서 다시 오쿠노인을 방문하는 일은 없었다. 한번 뼈가 적당한 장소에 묻히게 되면 그 행방에 관심을 가지지는 않았다. 뼈를 요리시로(依代)로 하는 사자의 영혼은 수적으로서의 고보대사(弘法大師)의 인도에 의해 정토에 왕생한다고 믿어졌던 것이고 납골한 장소에 사자가 언제까지나 머물렀던 것은 아니었다.

하지만 그런 상황은 중세 후기가 되면 변화를 보인다. 사자가 먼

44) 와카야마현 북동부에 있는 산. 진언종의 영지. 사원의 본당보다 안쪽에 영불(霊仏)이나 개산시조(開山祖師) 등의 영을 안치하는 곳.

45) 규슈 남쪽의 여러 섬.

46) 교토의 남쪽, 나라(奈良)를 불태운 사건을 말한다.

47) 헤이안 말기의 무장(武將). 1180년 12월 平重衡를 대장군으로 하는 해이케이(平家)의 군(軍)이 나라의 도다이지(東大寺), 고후쿠지(興福寺) 등 나라의 큰 사원을 불태웠다.

세계에 날아가지 않는 시대가 도래한 것이다. 오쿠노인의 사령도 또한 그 행복은 알 수 없는 낯선 정토에의 왕생이 아닌, 고보대사 가까이에서 그 파워로 보호받으며 편안히 안식한다고 생각한 것이다.

이런 사후 관념의 변화에 대응해서 에도시대가 되면 고야산의 히토바시부터 오쿠노인에 이르기까지 참배길 주변에 점차 다이묘가의 묘소가 건립되어 정기적인 참배가 관습화 되었다. 거대한 오륜탑을 갖춘 묘지가 만들어지고 묘표(墓標)가 세워졌다. 고야산은 이미 피안으로의 통과점이 아닌 사당이나 묘표를 요리시로(依代)로 하는 언제까지나 망자의 영혼이 머무는 장소였다. 다이묘의 사당과 같이 그 영을 가미로 받들어 모시고자 하는 시도도 이루어졌다(제7장 제3절 참조). 고야산에는 오늘날까지 계속 성묘의 관습이 정착해 간 것이다.

3. 민중종교의 신관념

이키가미가 된 서민들

후쿠덴(福田)의 신이 된 다로자에몬(太郎左衛門)도 의민(義民)도 즉신불(即身仏)도 천황이나 영주 등 지배층에 속하는 인물은 아니었다. 근세 사회에서는 시정에서 생활하는 많은 서민이 자신의 의지와 주변의 감사의 뜻에 의해 가미로 상승해 가는 현상이 보였다. 그런 사람들 가운데에는 살아서부터 가미로 칭송되어진 인물(生き神・イキガミ)이 있었다.

그 선구자라고 해야 할 인물은 에도시대 초기에 실재했던 오타케

다이니치(お竹大日)가 있다. 가난한 하녀였던 다케(竹)를 「살아 있는 대일여래(大日如來)」로 모시는 오타케 다이니치도(お竹大日堂)는 하쿠로산(羽黑山) 기슭의 몬젠 슈라쿠(門前集落)[48], 고개인 쇼젠인 고가네도(正善院黃金堂) 경내(境內)에 있다. 다케(竹)는 1638년 칸에이(寬永)15년에 죽었지만 주인집의 사쿠마(佐久間)씨는 오타케 다이니치도를 건립하고 그 관리를 겐료보(玄良坊)[49]에게 맡겼다.

오타케와 같은 서민 출신의 이키가미의 배출은 막부 말이 되고 부터의 일이다. 그런 이키가미를 교조(教祖)로 각지의 덴리쿄(天理教), 곤코쿄(金光教), 구로즈미교(黑住教) 등 민중종교가 잇달아 탄생했

お竹大日堂(羽黑町)

48) 신사나 절 앞에 형성된 인가(人家).
49) 하쿠로산(羽黑山)의 야마부시(산야에 기거하며 수행하는 중)의 이름.

다. 덴리교의 교조 나카야마 미키(中山みき), 곤코교의 교조 아카자와 분지(赤澤文治), 마루야마교(丸山教)의 교조 이토 로쿠로베(伊藤六郎兵衛), 오모토교(大本教)의 교조 데구치 나오(出口なお) 등은 전부 농민 등 서민층의 출신으로 신의 계시를 받아 새로운 신앙의 포교를 개시했다.

교조들은 그 해설 방법의 차이는 있어도 자신이 가미라고 자인하거나, 혹은 자신이 가미임을 부정하지는 않았다. 그러나 그 한편으로 가미를 교조가 독점하는 일 없이, 넓게 신도나 일반 인간들 속에서 신성(神性)을 찾으려 한 것은 중요한 것이다.

민중종교의 선구라고 해야 할 후지코(富士講)[50]의 지키교 미로쿠(食行身綠)는 1733년[교호(亨保)18] 후지산 중의 에보시이와(烏帽子岩)에서 단식 입정(斷食入定)을 실행했다. 죽음에 이르기까지의 하루하루의 가르침을 엮은 「31일의 미마키(御巻)」[51]에는 후지산＝선원(仙元)대보살과 인간이 일체라는 신념을 근거로 「인간의 생명은 귀한 것이다. 그 몸에 마음이 있어 행동을 하면 신불(神仏)에 가깝다」라고 우리 몸의 존엄이 강조되어 있다. 게다가 「삼체구족(三體具足)의 인간, 귀천의 격차도 없고, 내 몸보다 어떤 것도 귀하지 않다」, 단지 이 가르침에 따라 사악함을 없애고 마음을 깨끗이 하며 남녀는 어떤 차이도 없다. 동등한 인간이라고 신분이나 성(性)의 차이를 두지 않는 인간으로서의 평등이 설파된 것이다.

18세기라는 시대에 있어 이런 이념이 당장 신분제의 철폐라는 과격한 주장으로 연결 되지는 않았다. 이내 몸이 신과 동체(同體)라는

50) 후지산을 신앙하는 고샤(講社).
51) 동굴의 입구를 돌로 봉쇄하고 6월13일부터 7월13일까지 단식행을 행하였다. 굴 밖에서 제자 다나베 주로에몬(田辺十郎衛門)이 일기처럼 매일 기록했다고 한다.

사상은 사민(四民)의 차별을 부정하는 방향이 아닌 사농공상 각각 스스로 「일에 태만하지 않고 노력하는」 것에 의해 「부귀자재의 몸으로 거듭 태어난다」는 보다 성장 가능한 논리로 전개 되었다. 그러나 에도시대의 신분제 사회하에서 독자적 인간관에 근거한 인간으로서의 평등이 주장되기 시작한 것은 주목할 가치가 있다.

이키가미의 공동체

막부 말의 민중종교가 되면 보다 자각적인 이키가미 관념이 출현한다.

곤코쿄(金光教)의 교조 아카자와 분지(赤澤文治)는 중병 극복의 체험을 통해서 근원신인 덴지카네노카미(天地金乃神)와 만나 그를 주신으로 하는 신앙 공동체를 형성해간다. 거기서 분지(文治)는 신과의 사이를 중재하는 이키가미로 여겨졌다. 단지 「이키가미」는 교조 한 사람으로 한정되어지는 일은 없었다. 그 교단에서는 분지에 의해 신앙을 전수 받은 「지키신(直信)」도 신의 호칭을 받은 「이키가미」로 활동하고 신앙인들 중에서 다시 새로이 많은 「이키가미」를 만들어 낸다고 하는 구조로 되어 있다. 「초기 곤코쿄의 신앙 공동체는 서로 신의 호칭을 가진 「이키가미 집단」이었던 것이다.[가쓰라지마(桂島) 2005]

곤코쿄에 있는 이키가미 공동체의 논리는 세속의 신분질서를 초월 하고자 하는 명확한 지향성(指向性)을 가지고 있었다.

덴지카네노카미(天地金乃神)에게 예배드리고 그 다음에 빠짐없이

> 곤진사마(金神様)에 숭앙하고 예배드리지 않으면 안 된다. 여러분이라 해도 좋다. 이자나기(伊邪那岐), 이자나미노미코토(伊邪那美命)도 인간, 아마테라스 오미카미도 인간이라면 그 연결되는 천자님(天子様)도 인간이 아닌가. 「곤고다이신리카이(金光大神理解)」

이것은 메이지시대 들어서의 분지의 발언이지만 사람과 신을 연속적으로 파악하는 발상에 의해 천황의 권위가 명확하게 상대화 된 것이다.

오자와 히로시(小澤浩)는 민중종교 대부분의 교조의 말에 「인간=신의 아들」관이라 말할 수 있는 사상이 엿보이는 것에 착안한다.

그것이 「각각의 구제의 교의(教義)를 근본부터 지지하는 중심적 역할을 떠맡고 있었다」는 것을 지적한 다음 「교조들에 있어서의 구제론의 대전제는 각각의 신의 성격이 고난의 밑바닥에서 허덕이는 사람들의 구제를 자신 스스로의 비원(悲願)으로 하는 위대한 구제신이지만, 「인간=신의 아들」은 먼저 무엇보다도 그 같은 신의 무한한 사랑에 대한 확신을 단적인 말로 표현했다는 것이다」라고 서술하고 있다.[오자와(小沢) 2010]

여기까지도 막부 말의 민중종교에서는 세속을 초월하는 근원적인 존재로서의 신이 여러 차례 모습을 보이는 것도 주목되어졌다. 「강력한 일신교적인 최고신」이 등장한 현상인 것이다.[무라카미(村上) 1971] 단지 그것은 사후세계나 피안세계의 주재자는 아닌, 어디까지나 현세의 신이었다. 또 그것은 먼 타계에서 명령을 내리는 서먹하고 냉담한 존재가 아니라 인간 내면에서 말을 거는 것에 의해 이 세상에 무수한 히토가미를 생성해 내는 원천으로서의 역할을 짊어진 것이었다.

이 시기 한편으로는 니노미야 손토쿠(二宮尊德), 오하라 유가쿠(大原幽学) 등이 농촌에 들어가 아래로부터의 운동으로 농촌을 부흥시키고자 하는 방법의 실천을 왕성하게 했다. 또 이시다 바이간(石田梅岩)과 같이 서민에 있어 엄격한 자기 규율과 도덕 준수의 중요성을 설명하는 사상가도 출현했다. 야스마루 요시오(安丸良夫)는 바이간(梅岩)이나 손토쿠(尊德)의 사상을 받아들여 그들이 주장한 근면·검약·화합이라는 통속 도덕의 실천이 민중에 있어 그런 가치관의 내면화·주체화를 초래한 것을 지적하고 거기에 근대 사회 형성기에의 특유한 주체 형성의 과정을 간파해야만 한다는 것을 논했다.[야스마루(安丸) 1974] 막부 말의 신슈(眞宗)에서 유통하는 이상적인 신앙인을 묘사한 『묘코닌덴(妙好人傳)』에도 통속 도덕을 내면화한 견실한 일상생활을 보내는 서민의 모습이 그려져 있다.

이런 사상운동의 배후에도 인간에 내재하는 무한한 가능성을 인정하고 사회에 있어 그것을 발견해 가고자 하는 시대사조를 발견해 낼 수가 있다. 사람이 가미가 된다는 것은 이미 중세와 같은 신비적 경지의 각성은 아니었다. 각각의 인간이 사회 속에서 주어진 자기 직분을 수행함으로써 자신 스스로를 빛나게 하는 것이었다.

천황신앙의 구조

여기까지 나는 근세가 극히 보통 인간 중에서 신의 모습을 찾아내는 시대인 것과 중세와 같이 절대자－본지(本地)의 후광을 입지 않더라도 스스로의 내적의 빛으로 가미로 상승하는 인물을 배출하는 시대임을 논했다. 에도시대 후기가 되면 스스로 신을 자처하는 자,

다른 사람들에 의해서 살아 숭앙 받는 자(이키가미)가 다수 등장한다. 막부 말의 민중종교는 그 절정에 위치하는 것이었다.

그 한편으로 에도시대 후기부터 막부 말에 걸쳐 전혀 다른 문맥으로 사람을 가미로 상승 시키는 논리가 점차 영향력을 키워 갔다. 야마자키 안사이(山崎闇斎)로부터 시작하는 스이카신도(垂加神道)와 거기에 영향을 준 요시다신도(吉田神道)가 주장하는 천황에 봉사함으로써 사후에 가미의 자리에 오를 수 있다고 하는 사상이다. 앞에서 논한 것과 같이 스이카신도에 있어서는 특정 인물의 영혼에 「레이샤(靈社)」란 호칭을 부여해 받드는 일이 행해졌다. 그 계보로부터 천황과의 관계에 있어 인간을 가미로 받들어 모시는 논리가 생겨 실천되어져 간 것이다.

야마자키 안사이에서 시작하는 기몬학파(崎門学派)의 와카바야시 교사이(若林强齊)는 스이카신토의 비전(秘傳)을 예기한 『신토다이이(神道大意)』에 있어 아라히토가미(現人神)인 천황에 진력한 인간은 누구라도 「야오요로즈노가미(八百萬神)의 아랫자리에 줄지어서 군상(君上)을 보호하고 받들어 국가를 평정케 하는 영신(靈神)이 된다」고 기록하고 있다. 이런 표현은 18세기 이후의 스이카신도와 관련된 저작 여기저기서 조금씩 보인다. 육체는 스러져도 영혼은 영원히 멸하지 않고 생전의 공적에 의해 인간은 신의 세계에 합류할 수가 있다. 영계에도 천황을 중심으로 하는 현실 세계와 같은 질서가 형성 되어져 있지만 천황에 대한 헌신의 정도에 의해서는 현세의 신분 질서를 한 번에 초월하여 천황과 직결하는 자리를 차지하는 것도 가능했다. 스이카신도는 새로운 사후의 안심론을 천황신앙과의 관계에 두고 제기한 점에서 획기적인 의미를 가지는 것이었다.[마에다(前田) 2002]

우덴신토(烏傳神道)의 교조 가모노 노리키요(鴛茂規淸)는 1843년 덴포(天保) 14년, 절과 신사의 부교쇼(奉行所)[52]에 의견서인 「개미의 염(蟻の念)」을 제출했다. 이 상서에서 노리키요는 에도 시중(市中)에 있는 무연불(無緣仏)의 증가와 과거의 충효자를 잊는 망각의 대책으로 인공의 산으로 「충효산(忠孝山)」의 축조를 제안하고 있다.[스에나가(末永) 2001]

이것은 스미다가와(隅田川) 등의 강의 준설로 발생하는 토사를 이용해서 후카가와(深川) 하구에 높이 9장(丈. 27미터)에 이르는 9단의 쓰키야마(築山)[53]를 설치한다는 장대한 계획이다. 산 위에는 오미야(御宮)를 짓고 9단의 최상단에는 니니기노미코토(瓊々杵尊), 천손강림에 수반했던 32신(神), 도쇼구(東照宮),[54] 미카와 후다이노카미(三河譜代の神)[55], 천자를 모시고, 이하 2단에는 준고(准后), 3단에는 대신(大臣) 이상과 신분에 따른 「국가」의 공로자를 배치하고, 9단 째에는 농공상의 신분인 자를 모시게 되어 있다.

이 땅은 명승지로 정비되어 사람들의 참배의 장으로 함과 동시에 행락지로서의 기능도 다할 수 있도록 고구되고 있는 것이다.

노리키요의 충효산 구상은 모든 계층에 걸쳐서 국가에 공헌한 인물을 신으로 현창함과 동시에 그것을 도쇼구와 천황을 정점으로 하는 영계의 질서에 편입시키려 했던 것이라 할 수 있다. 노리키요는 이 4년 후에도 충효산의 개정판인 향산(香山)구상을 올리고(「야마토 이쿠사아키쓰소나에(和軍蜻蛉備)[56]」), 충과 효를 다하는 이를 영원

52) 가마쿠라시대 이후의 행정 재판 사무 등을 담당하는 무사, 부교(奉行)의 집무소.
53) 가산(假山)은 돌·흙 등을 쌓아서 산처럼 만든 곳.
54) 도쿠가와 이에야스를 모시는 신사.
55) 도쿠가와 이에야스의 고향이 아이치현(愛知県) 미카와노쿠니(三河の国)이였기에 이에야스 시대부터 고향의 신들이 신앙 되어졌다.

히 신으로 모심으로써 많은 사람들이 사후에 이 산에 모셔지고 싶다고 하는 마음을 일으키게 해야 한다고 설명하고 있다.

신분제 사회로부터 국민국가로

막부 말에 쏟아지는 이런 타입의 히토가미 또는 이키가미 관념의 고양도 민중종교의 경우와 마찬가지로 인간의 주체성과 가능성을 적극적으로 긍정하려고 하는 시대사조의 고양을 보이는 현상으로 간주할 수 있다. 스이카신도(垂加神道)가 천황, 민중종교가 토착신이라는 상위점(相違點)은 있었지만 어느 쪽이나 히토가미를 창안해내는 것보다 고차원의 권위로서 불교나 그리스도교 등의 보편종교의 가미가 아니라 극히 토착성이 강한 신이 재발견되어 간 것이다.

사람들의 긍정적인 자기 인식과 상승지향은 19세기에는 이미 막번 체제하의 고정화된 신분질서를 질곡(桎梏)이라 느끼는 단계까지 도달해 있었다. 민중종교에 있는 사회개혁의 신의 모색이나 스이카신도에 있는 천황의 부상과 직결해서 스스로가 신이 되는 것에 의해 현실의 질서를 단숨에 초월하려고 하는 바람은 동시대에 빈발하는 반란이나 파괴와 같은 현 체제를 타파해 수평인 유토피아적 질서가 창설되기를 기대하는 민중의 심층 의식의 반영이었다. 그런 의식은 막부 말에 유행하는 파괴자·구제자라고 하는 대립하는 두 개의 측면을 가진 메기의 그림에서도 엿볼 수 있다.[Ouwehand?(アウエハント) 1989]

56) 돈보(蜻蛉)는 곤충 돈보(잠자리)로 옛날에는 '아키쓰'라 했다. 일본의 다른 이름은 아키쓰노쿠니(あきつの国)임.

막부 말 유신의 동란은 단순한 정치투쟁이 아닌 천년 단위의 숙성을 거쳐 팽배해져서 터져 나온 새로운 인간관의 큰 물결이 기존의 경직화된 신분제 사회에 맞부딪쳐 그것을 돌파하려고 하는 대규모의 지각변동이었다. 그렇기 때문에 체제가 변하고 내란이 수습된 뒤에도 「자유」와 「평등」을 끊임없이 요구하는 민중 봉기가 길고 강력하게 계속 일어났다.

막번 체제의 붕괴 후 이들의 운동이 내포하고 있던 민중의 능동성을 어떻게든 국가의 편으로 취해 국민국가를 자발적으로 지지하는 균등한 「국민」의 창출에 결부시켜 가는 것이 천황제 국가의 제일 중요한 과제가 된 것이다.

종장

야스쿠니靖国에의 길

1. 아라히토가미現人神의 여정

가미의 발견

본 서적에서는 조몬시대부터 에도막부 말기까지의 기간을 다루며 8장에 거쳐서 일본열도에 관한 히토가미의 탄생과 변모의 발자취를 더듬었다. 여기서는 이러한 고찰을 염두에 두고 근대이후의 히토가미신앙을 전망하고자 하는데 그 전에 이제까지 주장해온 논지를 간단하게 살펴보고자 한다.

저자는 서장 모두에서 대체로 이 세상에 가미를 안 가지는 종족이나 민족은 없었다고 했다. 일본열도에 있어서 사람들이 최초로 인간의 능력을 초월한 성스러운 존재를 인지하기 시작한 것은 다른 지역과 동일하게 두려운 자연현상이나 인간이 못 가진 능력을 소유한 동물에 대해서였다고 생각한다. 가미는 당초 가미로 인식된 개별 현상과 불가분한 것으로 파악되었다. 천둥이나 화산분화는 그 자체가 가미로서 두려움의 대상이 되었다. 동물들도 하나씩 그 개체가 그대로 가미였다. 두려움을 일으키는 거대한 돌이나 나무도 가미로 인식되었다.

이러한 원초적인 가미 관념은 이윽고 다음 단계로 넘어간다. 구체적인 것이나 개개 현상을 그대로 가미로 보는 단계에서 그 배후에 다마(魂) 등으로 불리는 영이(靈異)를 일으키는 추상적·근원적 존재로서의 가미를 상정하는 단계로 전환된 것이다.

일본열도에서 이러한 전환이 지금부터 약 4000년 전 조몬시대 후기로부터 서서히 진행되었다고 여겨진다. 조몬토기(縄文土器)를 대표한 토우는 본래 인간을 흉내 내서 만들어진 것이지만 조몬시대 후기가 되면 하트모양 토우나 차광기 토우(遮光器土偶) 등 사람과 전혀 다른 형상을 가진 작품들이 나타난다. 성스러운 존재가 현세의 구체적인 것으로부터 분리되어 그 추상화가 진행되어가는 것이다.

마침 그 때 묘지가 취락에서 떨어져서 지리적으로도 공간적으로도 자립된 사자세계(死者世界)의 이미지가 떠오르는 시대였다. 다마(魂)와 영혼이 동물·식물·시체라고 하는 물질의 구속으로부터 해방, 이념화되어 절충되면서 초월성을 높여갔다. 그러한 눈에 안 보이는 존재로 인해 구성된 또 하나의 세계에 대한 리얼리티(reality)를 사람들이 공유해 가는 것이다.

가미의 추상화는 야요이시대(弥生時代)에 들어서 더욱 진전된다. 야요이시대에는 성성(聖性)의 표상이었던 조몬시대의 토우처럼 가미가 구체적인 모습을 나타내는 일이 없어졌다. 가미의 요리시로(依代)로서 나무나 가미를 모시는 신전, 제사 주재자로서 무속인이 그려지는 일이 있더라도 가미 그 자체가 표현되는 일은 없었다. 이 시대에 가미는 대체로 저쪽에 있다는 기준은 있어도 어느 한 곳에 머무르는 일은 없었다. 그러므로 야요이시대부터 고분시대에 걸쳐서 가미를 모시는 형태는 가미를 제사 자리로 권청(勧請)하여 끝나고 돌아가시도록 하는 형식을 취하게 되었던 것이다.

세상의 더러움을 싫어하는 가미가 가장 좋아했던 것은 청정한 산이었다. 다만 산은 신이 사는 곳이긴 하나 가미 그 자체는 아니었다. 일본의 오래된 전통으로 여겨지는 산을 신체(神體)[1]로 요배하는 형식이 이 시대에는 없었다. 산천초목 같은 만물에 성령이 깃들어있다는 인식은 중세 이전에는 일반화되지 않았다. 산의 신을 모시는 경우도 멀리서 절하는 것이 아니라 산을 바라보는 제사 자리에 가미를 불러 모셔서 가미의 말씀을 듣고 사람이 가미에게 말을 거는 형식을 취했다.

이러한 가미 관념을 전제로 하여 일본열도에서 최초로 사람을 가미로 모시고자 하는 명확한 전략이 실체화된 것이 전방후원분이었다. 전방후원분은 가미가 산에 산다는 당시 통념을 전제로 하여 수장 영을 새로 탄생한 국가전체 수호신으로 모심과 동시에 그 거주지를 인공적으로 만들어내고자 하는 장치였다. 그 제사도 봉분 자체를 산기슭에서 숭배하는 형식이 아니라 봉분 주변에서 그 때마다 조령을 요리시로로 권청해서 행하는 방법이었다고 여겨지는 것이다.

신사의 창건과 탁신託身하는 가미

야요이시대부터 고분시대에 걸쳐서 주류를 이룬, 앞에 설명한 가미 관념이 변화된 계기가 7세기 말에 덴무·지토천황(天武·持統天皇) 때에 일어난 개혁이었다. 당나라나 신라에 대항할 만한 강력한

1) 신도에서 신이 머무르는 곳으로 여겨지는 물체를 말하며 예배의 대상이 된다.

왕권 확립을 목표로 한 이 시기에 국가가 취한 방책은 국가의 중심에 위치하는 왕의 구심점을 높이도록 성스러운 존재의 높이까지 왕을 끌어올리는 것이었다. 이 목적을 실현하기 위해서 천황이란 칭호가 채용되었고 아마테라스 오미카미부터 당대에 이른 신의 계보가 만들어졌다. 또한 기존의 고분들이 역대천황의 무덤에 비교·추정되어갔다. 천황은 사후에도 산릉(山陵)에 머물러 천황령으로서 국가와 천황을 영원히 수호해 나가는 것으로 여겨졌다. 전방후원분 이래 길러온 수장이 가미가 되어 자손을 지킨다는 관념이 국가방침 아래 체계화·가시화되어 여기에 히토가미가 명확한 윤곽을 들어낸 것이다.

7세기 말은 신사의 위치가 고정되어 신이 신전에 상주한다는 관념이 정착되는 시대이기도 했다. 지토천황(持統天皇)이 후지와라쿄(藤原京)[2]를 건설한 이후 천황이 교대될 때마다 궁전이 옮겨지는 습관이 쇠퇴하여 대륙식 도성이 천황의 거주지가 되었다. 율령국가는 천황령에 더하여 전통적인 신기(神祇)[3]를 국가의 수호자 위치에 두었으나 평소 소재지가 불명하고 그 의사도 짐작하기 어려운 종래부터의 다타리가미(祟り神)는 그 역할의 수행자로서 적절하지 않았다.

그래서 국가는 신이 항상 진좌하는 장소로서 주요한 신들의 신사를 건립하는 것과 동시에 조석의 식사봉사 등 그곳에 신이 있는 것을 명시하는 것과 같은 규정을 정해간다. 또한 수호신으로서의 존재감과 현실감이 있는 눈빛의 추구는 신상(神像)[4]이라는 새로운 신의 표현형식을 만들어냈다. 오랫동안 신체성(身體性)을 상실해온 신이

---

2) 690년에 착공되어 694년에 천도되었다. 현재 나라현(奈良県)에 위치하는 일본 역사상 최초 최대의 도성.
3) 천신(天神)과 지기(地祇).
4) 신앙의 대상이 되는 가미를 상징한 조상(彫像) 또는 화상(画像).

또 다시 탁신(託身)하기에 이른 것이다.

이러한 가미 관념의 변용이 그 신앙형태에도 변화를 일으켰다. 종래처럼 제사마다 신을 권청(勧請)하는 형태로부터 사원참배와 같이 인간이 신이 있는 곳으로 가서 예배드리는 형식으로 전환되었던 것이다. 산릉(山陵)제사도 신관(神官)[5]이나 관리(官吏)가 공물을 드리는 형태를 취하게 된다. 신의 권위가 높아져 신전이 고정화·거대화됨에 따라 모셔지는 신과 모시는 사람과의 물리적인 거리가 멀어졌다. 신은 일방적으로 제사를 받는 존재가 되어 공적인 제사 자리에서 신과 사람과의 대화가 사라지는 것이다.

신사에 상주하는 천신지기(天神地祇)[6]는 국가수호라고 하는 흔들림 없는 의사를 가지며 항상 그 임무를 수행해 나가는 신뢰할 만한 존재로 있어야 했다. 이렇게 역사상 처음으로 명확한 목적의식을 구비한 선신(善神)이 일본열도에 등장하게 되었던 것이다.

이것은 한편에서 종래부터 신이 가지고 있던 재앙을 일으키는 다타리가미(祟り神)로서의 측면을 분리시켜 악신(惡神)이나 사악한 사령을 파생시키는 결과를 초래했다. 나라시대에 들어 사령들이 날뛰기 시작하자 사람들은 다타리를 초래하는 강력한 영혼에 대해 그것을 가미로 모시는 것으로써 그것이 가지는 거대한 부(負)의 에너지를 한꺼번에 플러스 방향으로 전환시키고자 했다. 대중에 열린 고료신앙(御霊信仰)[7]이 닫힌 궁정사회(宮廷社會)의 천황령 신앙을 대신

5) 국가의 관리(官吏)로서 가미를 모시거나 가미를 모시는 시설에 봉직(奉職)하는 하사람을 말한다.

6) 일본신화에 등장하는 신의 분류. 아마쓰카미·구니쓰카미(天津神·国津神)라고도 한다.

7) 사람들을 위협하는 천재나 역병 발생으로 한을 가지고 죽거나 비업하게 죽은 인간의 영에 의한 것으로 두려워하여, 이것을 진정시켜 고료(御霊)로 함으로써 다타리를 면하여 평온과 번영을 이루고자 하는 신앙이다.

해 히토가미신앙의 주역 자리를 차지하게 되는 것이다.

9세기 이후 기능분화와 더불어 가미의 개성화가 급속도로 진행되어 여러 모양을 가진 그 표상들이 나타나게 된다. 다양한 성별, 용모, 기능을 가진 가미가 잇달아 나타나자 사람들의 욕구를 받아주는 시대가 도래하는 것이다.

구제자로서의 가미로

고대까지는 일본열도의 가미는 철저하게 외재적이며 사람과 대치하는 존재였다. 그것에 대하여 인간에게 내재하는 성성(聖性)이 발견되어가는 것이 중세라는 시대였다.

그 배경에는 초월적 존재에 대한 사변(思辨) 심화와 체계화=신학의 형성이 있었다. 일본열도에서 그 즈음에 사상적인 소재를 제공한 것이 불교였다. 불교 논리를 이용하여 10세기 후반부터 일종의 가미가 절대적 존재－구제자로까지 끌어올려졌으며 인간세계(현세)로부터 근원신(根源神) 세계(타계)의 분리와 그 팽창이 진행되는 것이다. 아미타불의 극락정토로 대표되는 타계의 가미 세계는 이제는 보통 사람들이 쉽게 찾아갈 수 있는 곳이 아니었다. 현세와 이상적 정토가 긴장감을 가지고 대치하는 세계관이 구축되어 근원신이 사는 피안[8]이야말로 진실세계로 여겨졌다. 이 세상은 그곳에 도달하기 위한 임시 거처라고 하는 인식이 사람들 사이에 일반화 되어가는 것이다.

---

8) 불교의 교의(教義)에서는 미혹한 생존을 차안이라 부르고 이에 대하여 번뇌의 흐름을 넘어선 깨달음(涅槃)의 세계를 피안이라 부른다.

이리하여 고대의 영이(靈異)로 대체하여 현세의 삶을 돌파하는 진실한 인생의 탐구와 이상세계로의 도달, 즉 「구제」가 중세인들에 있어서 최대 관심사로 떠오른다. 가미 세계의 재편 가운데 전 시대(前時代) 이래 가미의 대부분이 피안의 근원신과 인간을 개재하는 이 세상의 가미(수적)으로 자리 잡게 되어가는 것이다.

그것은 히토가미에 대해서도 예외가 아니었다. 쇼토쿠태자(聖德太子)[9)]나 고보대사(弘法大師)[10)]와 같은 성인이 피안의 본불(本仏)[11)] 화현(化現)[12)]=수적(垂迹)으로 여겨져 많은 사람들이 정토로의 왕생을 찾아 그것이 진좌하는 곳에 참배하게 된다. 이러한 주류 인물뿐만 아니라 국토 여기저기에 사람들을 피안으로 유인하는 구제자인 수적으로서 히토가미가 나타나는 것이 중세라는 시대였다.

구제자로서의 가미에 대한 사변(思辨)의 심화는 한편으로 피구제자로서의 인간에 대한 고찰 심화를 초래했다. 이러한 사색 끝에 만인이 가지는 내적 성성(聖性)이 발견되어간다. 그것은 최초로 불교에 쓰이는 「불성(仏性)」이라고 하는 말로 개념화되었다. 이어서 그 대항언설(對抗言說)로서 신기(神祇) 신앙자 편에서 법성신(法性神)이나 본각신(本覚神)」으로 논리화된다. 근원적 존재는 초목 국토를 비롯한 삼라만상에 편재한다. 그것은 인간에게도 다다른다. 사람은 자기 마음속에 성성(聖性)을 발견하여 그것을 나타냄으로써 스스로 성스러운 존재의 높이로 올라갈 수 있는 것이다.

중세 전기에 있어서 내재하는 가미라는 관념이 어디까지나 이념

---

9) 574년2월7일~622년4월8일. 아스카시대(飛鳥時代)의 황족, 정치가.
10) 헤이안시대(平安時代) 초기의 고승 구카이(空海)의 시호.
11) 수많은 부처 가운데 근본이 되는 부처.
12) 부처와 보살이 중생을 교화하고 구제하려고 여러 가지 모습으로 변하여 세상에 나타남.

단계에 머물러 일거에 만민을 가미까지 끌어올리는 논리로서 현실적으로 기능하지는 않았다. 사람이 가미로 상승하는 것은 본지(本地)－수적(垂迹)[13]의 논리에 의하여 피안 본지불(本地仏)과의 관계로서 설명되는 것이 예사였다. 일반인들은 아직까지 가미에 의한 구제 대상이었다. 그러나 중세도 후기에 들어서 피안세계의 현실성이 퇴색됨에 따라 사람이 절대신의 빛을 받지 않고 가미로 상승하는 사례가 급증한다. 그 끝에 천하인의 신격화가 생기는 것이다.

히토가미 시대의 개화

근세에 있어서 중생들을 피안으로 인도하는 역할이 면제된 히토가미들은 구제자라는 멍에로부터 해방됨으로써 사회에서 활동하는 자리와 기능을 비약적으로 확대하였다. 이제 히토가미는 보통 인간과 그 본질을 달리하는 존재가 아니었다. 근원적 존재의 빛을 받아서가 아니라 스스로 내적인 성성(聖性)을 발현시킴으로써 누구나 상황에 따라 가미가 될 수 있는 시대가 도래하게 된다. 선으로서 본성을 회복하면 모든 인간이 성인이 될 수 있다는 주자학의 논리도 이러한 사상 상황을 배경으로 사회에 수용되어가는 것이다.

근세 초기에 먼저 신이 된 것은 도요토미 히데요시나 도쿠가와 이에야스와 같은 천하인이었다. 이어서 천황이나 도노사마(殿様)[14]가 신으로 여겨졌고 에도시대도 후기에 들어와서는 가미가 되는 사람들

13) 불교가 흥성한 시대에 나타난 신불습합사상 중의 하나. 일본의 수많은 신들은 사실 여러 부처들이 화신(化身)으로서 일본 땅에 나타난 권현(権現)이라고 하는 사상.
14) 에도시대에 다이묘(大名) 또는 하타모토(旗本)에 대한 높인 말.

結城秀康石廟. 신으로 제사지내능 형식이 취해져 있다.(高野山)

의 계층도 낮아졌다. 신분계층을 불문하고 사람들이 신이 되기를 원하며 그것을 실현한다고 믿었던 시대, 그것이 근세 후기의 사회였다.

게다가 근세의 히토가미를 볼 때 주목되는 현상은 사람들이 살면서 신으로 여겨진다는 일종의 이키가미(生き神)[15]의 현저한 증가이다. 그것은 에도막부 말기에 급증하는 민중종교에서 절정에 이른다. 그 교조들의 대부분이 스스로 신이라는 것을 부정하지는 않았다. 그러나 한편에서 자신이 신을 독점할 것 없이 넓게 신도들이나 보통 생활자에게서 공통된 신성(神性)을 찾아내고자 했다. 막번체제[16] 아래 신분제 사회 자체가 비판받지는 않았지만 가미로서의 존엄을 근

15) 살아있는 신.
16) 막부와 여러 번에 의하여 지배되던 일본 근세의 정치 체제.

거로 하여 신분이나 성차(性差)에 좌우되지 않는 만민의 평등이 설명되는 것이다.

사람들이 스스로의 의사나 노력에 의하여 가미가 될 수 있는 시대가 도래하게 된다. 가미로서의 각성은 중세의 그것과는 달리 종교적인 의미로서의 깨달음이 아니라 개개인이 스스로 직분을 수행함으로써 사회에서 자신을 빛나게 하는 것이었다. 이리하여 에도막부 말기에는 피안의 진리세계를 광배(光背)[17]로 하지 않는 무수한 작은 신들이 이 열도에 난립되는 것이다.

2. 가미의 추적에서 보이는 것

「고유의 신」이라는 말의 허구성

일본열도에 있어서 성스러운 존재는 조몬시대부터 근대에 이르는 긴 역사 가운데서 몇 번이나 변신을 거듭했다.

가미가 하나하나의 사물이나 사상(事象)에 접해서 파악되는 단계에서 추상화가 진행되어 눈에 안 보이는 존재로 여겨지는 단계로 전환되었다. 예측할 수 없는 의사를 가진 선악을 초월한 다타리가미로부터 명확한 목적의식을 가진 수호신으로 변신했다. 외재하는 것으로부터 인간에게 내재하는 것으로 이행했다. 이러한 가미관념의 변용에 따라 일본의 「신」과 히토가미도 또한 그 성격을 계속 변화시켜 왔던 것이다.

오늘날 신사에서 모시는 신을 일본고유의 존재로 규정하여 일본

17) 불신(仏神)의 배면(背面)에 광명을 표현한 원광. 후광.

민족의 본질을 체현(體現)하는 것으로서 태고 이래의 그 전통을 현창(顯彰)하는 방법이 얼마나 실태와 동떨어진 것인지를 명확히 알 수 있을 것이다. 신은 그 자체 단독으로 존재해온 적이 없었고 이 열도에 있어서 항상 무수한 가미들의 하나로서 시대마다 극적인 변모를 거듭하면서 오늘에 도달했던 것이다.

신도사의 일환으로서 일본의 신을 다루어 연구 재료로 올려놓고 그 본질을 묻는 것은 물론 학문의 한 방법으로서 있을 수 있다. 다만 신의 역사적 또는 사상사적인 의의를 묻고자 한다면 그 모습을 규정하는 시대의 코스몰로지(cosmology) 속에 자리매김하는 작업을 하지 않을 수가 없으며, 신의 변신을 시야에 넣은 통시적인 시점에서 고찰하지 않을 수가 없다.

이렇게 말하면 자칫 일본문화의 진수인 신도의 전통을 부정한다는 비판을 받을지도 모른다. 그러나 그것은 전혀 온당치 않는 비난이다. 이미 살펴왔듯이 일본열도의 신은 내외사조와 교착되면서 다른 초월자들과 더불어 그 모습을 크게 변화시켜왔다. 이것은 이 열도에 살던 사람들의 풍부한 상상력의 산물이다. 이것을 밝혀나가는 작업은 사람들이 얼마나 이 국토와 자연에 애착을 가지며 그것을 소재로 깊은 사색을 되풀이해왔는지를 밝히는 것과 다름이 없다. 이것을 「태고 이래의」라고 하는 본질론이나 「토착의」라고 하는 일본문화론의 틀에 박아놓는 것은 이 열도 사람들이 신에게 의지하여 이루어온 풍요로운 창조성과 사색들을 모두 그 한 마디로 봉인해 버리는 결과를 불러올지도 모른다.

분석개념의 재검토

일본열도의 가미를 넓은 문맥 속에서의 역사적인 시점에서 분석하는 것은 또 하나의 학문적인 가치가 있다. 그것은 종교사나 신도사를 넘는 보다 넓은 학문분야에 공헌하는 것이다.

가미의 변용 배경에는 여러 사건들이 있었다. 율령제 도입에 따른 신사의 고정화나 정토신앙의 유행, 통일 권력에 의한 종교 세력의 압살(壓殺) 등이 그 대표적인 예이다. 그러나 저자는 일본열도에 가미관념의 변화를 일으킨 가장 근본적인 요인은 이러한 개별적인 사건이나 국가의 방침 전환, 외래문화의 이입 같은 것이 아니라 가장 깊은 수준으로 진행된 사람들의 정신세계인 코스몰로지의 변용이었다고 생각한다.

일본열도에 있어서 인간이 가미·사자(死者)라고 하는 초월적 존재와 같은 공간을 공유한다고 하는 고대적인 세계관이 11세기를 계기로 하여 크게 변한다. 초월적 존재에 대한 사변(思辨)의 심화와 체계화인 신학의 형성이 그러한 어떠한 것을 절대적 존재로 구제자로까지 끌어올려 인간세계(현세)로부터 가미세계(타계)를 자립시켜 팽창시키게 되었다. 고대적인 일원적(一元的) 세계관으로부터 중세적인 이원적(二元的) 세계관으로 전환된 것이다.

이전에 같은 공간을 공유한 인간과 가미 사이에 명확한 선이 그려져 그 거주지가 피안과 차안(此岸)으로 나눠졌다. 신학 분야에서 구제자가 있는 피안세계의 이미지가 어디까지나 확대되어서 그 모습이 자세하고 리얼하게 그려지기 시작했다. 현세와 이상정토가 긴장감을 가지고 대치하는 세계관이 구축되었다. 가미가 사는 피안세계야말로 진실세계로 여겨져 이 세상은 그곳에 도달하기 위한 임시 세상이라고 하는 인식이 사람들 가운데 일반화되었다. 피부 색깔이나 언어 차이를 넘어 이 세상 사람들을 둘러싸는 보편적 세계가 현실세계 배후에 실재한다고 널리 믿게 된 것이다.

이러한 세계관이 유포된 지역에서는 종교적 권위가 피안에 있는 특정한 초월자·절대자로 일원화되어 세속 지배자인 왕이 가진 신비적 권위는 떨어졌다. 즉자적(卽自的)인 성성(聖性)을 잃은 왕은 피안의 초월자 권위를 나눠 받음으로써 비로소 왕으로 승인된다는 역사적 단계가 도래한다. 죽은 왕을 묻는 장대한 분묘는 의의를 잃고 대신 피안세계의 가미 권위를 나타내는 종교건축이 온갖 사치를 다해 건립되는 것이다.

이 세상과 저 세상을 엄격히 구별하여 절대적 존재가 있는 피안으로 도달하는 것을 이상으로 하는 중세적 세계관도 머지않아 전환기를 맞이한다. 사람들 사이에서 피안세계의 실재에 대한 현실성이 사라져 정토왕생에 대한 갈망이 없어져간 것이다. 사람들이 이제는 사후 먼 타계에 도달하는 것을 이상으로 하지 않았다. 먼저 현세 생활을 충분히 즐기고 사후에도 이 세상의 한 구석에 편히 잠들어 후손들과 계속 친하게 지내는 것을 이상으로 삼게 되었다.

이러한 변동은 사회의 세속화라고 표현되는 현상과 밀접한 관계를 가진다. 인간이 실제로는 경험할 수 없는 초월적 세계·피안세계를 추상적인 사변(思辨)만으로 재구축하고자 하는 중세신학은 자연계에 대한 사람들의 식견이 넓어지면서 그 구조를 실증적으로 밝히고자 하는 정신이 발흥됨에 따라 서서히 그 설 자리가 좁아져갔다. 지역이나 민족을 넘어 사람들이 절대적 존재 품에 안긴다는 감각이 없어지며 가미는 개개인 내면 수준의 문제가 되었다. 공동체의 끈으로서의 기능을 상실한 가미를 대신해 내셔널리즘(nationalism)이 사람들의 마음을 묶어놓는 역할을 하게 된 것이다.

이러한 코스몰로지의 변용 과정은 일본열도 고유의 것이 아니라 다양성을 지니면서 세계 수많은 지역에 공통적으로 볼 수 있는 현상이라고 생각한다. 단 한 번의 우연적 사건이나 외래문화의 영향이 가미를 변모시키는 것이 아니다. 깊고 조용히 진행되는 정신세계의 지각변동이 이러한 사건을 필연적인 것으로 불러들이는 것이다.

세계적 시야에 서서 신을 상식적인 일본문화론의 틀에서 해방시킴으로써 열도 사상세계의 다양성과 풍요성을 실태에 들어맞게 밝혀나가는 작업이 앞으로의 과제이다. 몇 가지 사상적 요소의 혼재와 다양한 명중(冥衆)의 공존은 동아시아에 공통적으로 볼 수 있는 현상이다. 그러므로 그 성과는 일본열도를 넘어 여러 차례 샤머니즘(shamanism)이라고 하는 개념으로 똑같이 파악되기 쉬운 동아시아의 종교세계 연구에 적용될 가능성이 있다.

본 서적에서 깊이 살펴보지는 않았지만 일본 근대만을 봐도 히토가미 탄생의 과정에는 복잡한 유형이 있었다. 안느·부쉬(Anne Bouchy)는 일본 무격(巫覡)의 대부분이 「가미가카리(神憑り)[18]」라고 하는 형태를 가지는 것에 주의를 환기시켜 그것을 표현하는데 있어 샤머니즘이 아니라 영 등이 붙는 「빙의」라는 표현을 사용한다.[부쉬 2009] 이러한 지적도 또한 시야에 넣어 앞으로 실태에 알맞은 보다 치밀한 고찰과 분석개념의 재검토를 진행해가면 종래 「종교」개념으로는 다 파악하지 못한 열도의 정신세계를 재발견할 수 있음에 틀림이 없다. 이것은 또한 일신교 교의를 중심으로 이루어진 「논리」를 중시하는 유럽과 미국의 전통적인 사상연구의 틀을 상대화시키는

18) 신내림. 또는 신내린 사람.

관점을 제시하게 될 것이다.

이러한 관점에서 다시 한 번 다른 세계지역의 가미 비교문화론적인 고찰을 진행해나가고자 한다.

명冥의 역사와 현顯의 역사

또 하나 생각해보고 싶은 것은 가미연구와 역사학과의 관계의 재구축이다. 종래 역사학은 가미의 문제에 대해 지극히 냉담했다. 역사학자들은 아무런 의문 없이 「사회」나 「세계」의 구성자(構成者)를 인간이라고 생각했다. 가미는 사람이 사람을 지배하는 과정에서 생겨난 일종의 허위의식이라고 여겨졌다.

그러나 널리 동서고금에 아직까지 가미(초월적 존재)를 인정하지 않는 사회는 없었다. 가미의 시원은 지금부터 수 만 년 전 구석기시대로까지 거슬러 올라가 국가 탄생보다 훨씬 앞서가는 것이었다. 일본열도에 있어서도 조몬시대에 명확한 가미 인식의 흔적을 찾을 수 있다.

근대 이전 사람들의 이해에 따르면 이 세계의 구성자(構成者)는 인간만이 아니었다. 거기서는 신불이라고 하는 초월자나 사자(死者)가 압도적인 존재감을 가졌다. 동물이나 식물도 같은 세계의 일원이었다. 사람들은 날마다 그러한 존재를 느끼고 그들의 목소리를 들으며 생활했다. 인간과 인간 외의 존재가 함께 한 우주를 이루고 있다고 믿어졌다. 가미는 이처럼 인간에게 없어서는 안 될 존재였다. 가미 없이 사람이 있을 수 없을 뿐만 아니다. 공동체나 국가도 성립되지 않는 것이다. 특히 중세 이전 사회에서는 신불의 존재감과 그것들이 차지하는 위치는 각별히 컸다. 이 세계의 주인공은 인간이 아니라 오히려 신이나 부처였다. 그들의 의사가 사회에서 가장 근원적인 수준에서 꿰뚫어 움직이고 있다고 여겨진 것이다.

만약 이러한 전제가 인정된다면 우리가 전근대 국가나 사회를 고찰하고자 할 경우에 그 구성요소로서 인간을 시야에 넣는 것만으로는 부족할 것이다. 인간과 인간을 초월한 존재가 어떤 관계를 유지하면서 같은 세계를 이루고 있는 지를 밝힐 필요가 있다.

왕의 문제를 생각하고자 하는 데 있어서도 이러한 관점이 없어서는 안 된다. 왕의 창출은 인간계뿐만 아니라 신불이나 사자(死者)에 의해 구성되는 이계(異界)나 자연계를 포함한 세계 전체에 질서를 부여하는 행위였다. 반대로 왕이 세계에서 안정된 위치를 차지하기 위해서는 지배조직을 정비하고 권력기반을 확충할 뿐만 아니라 신불이나 사자들과 올바른 관계를 맺어야만 했다. 초월적 존재와 적절한 관계를 맺지 못한 왕권은 겉으로 봐서 아무리 강력하다고 하더라도 의외로 취약함을 내포하게 되었던 것이다.

물론 가미나 코스몰로지만이 독보적인 것은 아니다. 각각 토지 고유의 기후나 풍도가 그 발현 모습을 크게 규정했을 것이다. 또한 인간이 토지에서 생활에 필요한 것을 끌어내는 생산양식－마르크스주의 역사학에서 말하는 하부구조가 중요한 역할을 했다는 것도 틀림이 없다. 각각 지역에서 이루어지는 자연과 인간의 관계성 총체가 그 토지마다 가미와 코스몰로지의 고유성을 만들어내 그 변동을 일으키고 있는 것이다.

가미 없이 인간은 존재할 수 없었다. 가미나 코스몰로지가 공동체와 국가의 모습을 규정하는 것이다. 이제까지의 역사학자들은 이러한 가미의 현실성을 얼마나 정확하게 파악해왔을까?

신불과 무연無緣의 원리

지금까지 주장해온 문제의식을 가지고 연구사를 되돌아봤을 때 일본사의 세계에도 인간을 초월한 존재가 역사에 미치는 역할에 대해 정확히 인식한 역사가가 있었다. 아미노 요시히코(網野善彦)이다. 아미노는 그의 저서 『무연(無緣)·공계(公界)·낙(樂)』(1978)에 있어서 그 어떤 것에도 구속받지 않는 근원적인 자유를 추구하는 원시·미개 이래에 맥맥히 이어진 움직임을 「무연」이라고 하고, 그 원리 전개와 쇠퇴의 과정을 축으로 하여 역사를 파악하고자 했다. 이때 아미노는 서구에 아질(asylum)[19]의 발전단계설을 참조하면서 무연이 나타나는 방법을 3단계로 구분시켰다.

인류가 최초로 무연의 원리를 자각한 것은 자연에게 완전히 압도당하는 야만 단계를 거쳐 인류의 정주와 이동이 명료해지고 족장의 권력과 원초적인 노예가 출현하는 미개 단계 이후의 일이었다. 거기서는 「무연」은 그 대극에 「유연(有緣)」과 「유주(有主)」을 석출하면서 그것과 스스로를 구별하는 방법으로 그 원리를 드러낸다. 왕과 족장·제사장은 「무연」의 원리를 체현한 존재이며 묘소(墓所), 공동체의 창고는 무연의 장소였다. 이 제1단계는 아직 미개한 특질을 많이 남기고 있으며 무연의 원리는 여러 신에 연결된 성스러운 것으로서 그 모습을 드러내고 있는 것이다.

제2단계는 무연의 원리가 명확히 자각되는 것과 동시에 불교 등 다양한 종교사상으로서 체계화되는 단계이다. 일본에서는 가마쿠라

19) 아질(독일어) 또는 어사일럼(영어)이라고 한다. 역사적·사회적 개념으로 「성역(聖域)」「자유영역(自由領域)」「피난소(避難所)」「무연소(無緣所)」라고도 불리는 특수한 영역을 뜻한다.

시대(鎌倉時代) 후기부터 그 전까지의 성적(聖的)·주술적 아질을 대신해 실리적 아질이라고도 할 만한 현상이 널리 사회에 나타나 무로마치(實町)·센고쿠시대(戦国時代)에 일러 거의 완전한 모습을 드러낸다. 무연의 원리는 종교적인 색채를 남기면서도 「무연」·「공계(公界)」·「낙(樂)」이라고 하는 명확히 의식화된 자각적인 원리가 되는 것이다.

여기서 사상의 심화가 보이는 한편 유주(有主)와 유연(有緣)의 원리에 의한 무주(無主)와 무연의 원리를 거둬들이는 움직임이 활발해져 「원무연(原無緣)」의 쇠퇴도 진행한다. 이것은 동시에 아질(asylum)의 제3단계 무연의 원리 쇠퇴와 종말단계 시작의 시기이기도 했던 것이다.

아미노에 의하면 무연의 원리는 항상 인간을 넘은 성스러운 존재에 의하여 떠받쳐졌다. 그 대표적인 아질은 신이나 부처가 지배하는 성스러운 공간이었다. 사적 소유가 전개되는 것은 자연·야생에 생긴 무연의 원리를 거둬들이고 극복하는 과정이며 이것은 인간이 스스로 만들어낸 쇠사슬로 자신을 묶어내는 행위와 다름이 없었다. 아미노는 이러한 방법으로 역사가 전개된 것을 되돌아보며 인류가 그 쇠사슬을 끊고 자유를 회복하는 길로서 무소유의 심화·발전의 법칙을 밝혀나갈 필요에 대해 논의하였다.

아미노사학網野史学의 이단성

근대가 되어 서구에서 생겨난 사상이나 철학은 인간의 이성에 전폭적인 신뢰를 두며 인류와 사회의 끝없는 진화를 믿는 입장을 취했다. 역사관도 그 예외가 아니다. 근대 역사관은 기본적으로 진보사관의 입장을 취해 도달해야 할 이상향을 먼 미래에 설정했다. 노예제→ 농노제 → 자본제라고 하는 변화를 거치면서 사적 소유가 진행되었고 최종적으로 사회주의 사회실현의 필요성을 주장하는 마르크스주의사관도 사회 진보를 전제로 한 점에 있어서 근대사관의 한 변형에 다를 바 없었다.

출발점은 같은 마르크스주의에 있으면서도 아미노가 『무연·공계(公界)·낙(樂)』으로 그려낸 역사상은 이것과 대조적이었다. 아미노는 모든 인간이 자유에 대한 근원적인 욕구를 가진다고 생각하며 이것을 무연이라고 명명했다. 그 원리는 보편적이면서도 시대와 사회에 따라 다양한 형태를 가지며 나타났다. 인간의 자유는 후천적으로 누군가에 의하여 주어진 것이 아니라 자연과 연결된 초월적 존재에 의하여 선천적 또한 보편적으로 보장된 권리였다. 그러므로 성스러운 존재의 조락(凋落)은 즉시 무연 원리의 축소와 직결했다. 이것은 초월적 존재와 깊이 연결된 「비인(非人)」을 비롯한 일군의 사람들의 권위의 몰락과 차별을 진행시키기도 했던 것이다.

아미노에 있어서 참된 자유와 평화 공간은 무연의 원리가 다른 어떤 것에도 방해받지 않고 기능한 과거에만 존재했다. 인류역사는 인간이 가지는 본원적인 자유 쇠퇴의 역사였다. 고지타 야스나오(小路田泰直)[20]는 아미노사학(網野史学)을 「현대판 말법사상[21]」이라고 규정했는데 이것이 참으로 적확한 표현이라고 해야 할 것이다.[고소다

20) 1954년생. 일본역사학자. 나라여자대학교(奈良女子大学) 교수.
21) 석가모니의 올바른 가르침을 행하고 수행으로 깨달음을 얻는 사람들이 있는 시대인 정법(正法)이 지나면 다음으로 가르침을 행하나 겉으로만 수행자를 닮아 깨닫는 사람이 없는 시대인 상법(像法)이 오고 그 다음으로 사람도 세상도 최악이 되어 정법을 전혀 행하지 않는 시대인 말법(末法)이 온다고 하는 역사관.

2003]

이것은 메이지유신(明治維新)[22] 이래 상식이 된 일본근대 진보사관을 근본부터 바꿔 쓰고자 하는 것이었다. 아미노사학(網野史学)이 가지는 급진적인 이단성은 바로 이 점에 있다. 그러나 실제로 아미노가 하는 일에 적지 않은 과제가 남겨져 있는 것도 사실이다. 무엇보다도 아미노는 스스로가 중요시하는 무연(無緣)＝성스러운 것의 실태를 그리는데 성공하지 못했다. 전근대사회에 있어서 성스러운 존재, 초월적 존재가 큰 역할을 했다는 것은 계속 설명해온 바이다. 하지만 그 성성(聖性)의 내용은 태고이래 일관되지 않았다. 단지 그 나타내는 방법·영향력이 변화되었다고 할 뿐만이 아니라 성성(聖性)의 질 자체가 몇 번이나 극적인 변모를 이루고 있었다. 6세기의 신과 12세기의 신 사이에는 같은 「신」이란 말로 파악하기 어려울 정도의 갭이 존재하는 것이다.

게다가 난보쿠초시대(南北朝時代)에 신·불·천황이라고 한 「성스러운 존재」가 가지는 권위가 결정적으로 조락(凋落)한다는 아미노의 주장에서는 그 3자들 사이에 생긴 질적인 차이에 대한 배려가 보이지 않는다. 중세에 있어서 신·불·천황 각각이 가지는 권위는 결코 같지 않았다. 부처 하나를 보더라도 다양한 수준의 성성(聖性)을 가진 부처들이 한 시대에 공존했다. 아미노의 무연론(無緣論)에는 이러한 초월성·성성(聖性)의 다양성과 질적 변용이란 관점이 결정적으로 결여된다.

대체로 아미노는 성스러운 존재의 역할을 지극히 중요시하면서도 그가 이해하는 방법은 몹시 단조롭고 평범하다. 저명한 유럽역사 연

---

22) 에도막부 체제가 붕괴하고, 근대 통일 국가와 그것을 뒷받침하는 신정권이 형성된 일련의 정치 사회적 변혁.

구자인 아베 긴야(阿部謹也)[23]의 도식을 빌렸을 뿐 독자적인 분석이 이루어지지 않았다.[아베 1987] 인간에 있어서 항상 파트너로 있던 가미의 리얼리티(reality)를 어떻게 파악하고 그것이 가지는 의의를 역사서술에 어떤 식으로 집어넣을 것인가에 대한 문제는 거의 손대지 않은 채 계속 과제로 남아있는 것이다.

3. 히토가미人神의 근대

신분제를 넘어서고자 하는 사람들

근대사회는 누구에게나 가미가 내재하여 가미가 될 수 있는 가능성을 가진 시대였다. 그러나 실제로 신으로서 모셔지기 위해서는 남을 위해 목숨을 바친다고 하는 영웅적인 행위가 필요하며 일반사람들이 주체적으로 그것을 실천하는 것이 결코 쉬운 일이 아니었다.

보통 인간이 가미가 되기 위해서는 일종의 매개체가 필요했다. 그 역할을 한 것이 두 가지 있었다. 하나는 민족종교에 대표되는 토착성이 강한 가미이며, 또 하나는 스이카신도(垂加神道)[24]나 국학에 있어서의 천황이다. 둘 다 현세의 신분차별을 넘어서 히토가미로 상승될 가능성을 밀어주는 점에서 동일했다. 거기에는 사람들의 자기 능력에 대한 신뢰와 고정된 사회질서에 얽매이지 않는 상승지향(上

---

23) 1935년2월19일~2006년9월4일. 일본의 역사학자. 전문은 독일중세사. 히토쓰바시대학(一橋大学) 명예교수. 학문·예술 등에 공적이 있는 사람에게 정부가 주는 자수포장(紫綬褒章)을 수상했다.

24) 에도시대 전기에 야마자키 안사이가 제창한 신도설(神道説).

昇志向)을 간취(看取)할 수 있다.

에도시대 후기에는 상층농민 부농이나 돈 많은 상인들을 중심으로 무사계급 이외의 피지배계층에도 유교나 국학 등의 학문이 널리 받아들여졌다. 또한 와카(和歌)[25]나 교카(狂歌)[26] 등을 매개로 한 지적 네트워크가 열도사회를 에워쌌다.[다카하시 아키노리(高橋章則)[27] 2007] 많은 사람들이 농업개선에 관심을 가지며 니노미야 손토쿠(二宮尊德)[28] 등이 실시한 방법을 도입하여 농촌개혁에 임했다. 그들 중에서는 국가수준의 정치문제에 대해 적극적으로 발언하는 등 사회개혁에 뜨거운 관심을 가진 인물도 나타났다. 경직된 신분제 사회의 변혁을 지향하여 아래로부터의 움직임은 에도막부 말기가 다가옴에 따라 보다 하층 민중들에게까지 퍼져 그 바람을 반영하는 잇키(一揆)[29]나 우치코와시(打ち壊し)[30] 등이 자주 일어났다.

사람이 신이 된다는 언설이 널리 퍼진 것은 피지배자들의 이러한 움직임에 대응한 것이었다. 체제에 대해서 직접 비판하는 언설이 많지 않았지만 19세기 열도 사람들의 심층의식은 명확히 신분제 질서를 속박이라고 느끼는 수준에 도달했었다.

에도막부 말기의 동란과 메이지유신, 그리고 그 후에 장기에 걸친 사회변동 근본에는 열도를 무대로 한 천년 단위의 코스몰로지 변동이 있었다고 생각된다. 신분제 사회를 해체시키고 등질인 「국민」으로 이뤄진 근대국가 창건을 향하는 에도막부 말기와 메이지유신 시기에

25) 일본 고유의 정형시.
26) 일상의 잡다한 일을 소재로 해학·익살·풍자 등을 담은 비속한 단카(短歌)
27) 도호쿠대학교(東北大学) 문학부(文学部) 준교수. 전공은 에도시대(江戸時代)의 출판문화. 문화교류사.
28) 에도시대 후기의 농정가(農政家)·사상가.
29) 중세·근세에 일어났던 농민·신도 등의 폭동.
30) 에도시대, 흉년에 빈민이 부잣집·관청을 때려 부수고 약탈하던 폭동.

변혁 저류를 이루었던 것은 히토가미 관념의 침투에 보이는 수평성을 지향하는 새로운 인간관이었다. 그러므로 막번체제에서 천황제 국가로 체제가 바뀌어도 그것이 운동의 종착점이 되지는 않았다. 평등을 추구하는 열렬한 바람이 메이지시대 전기에는 자유민권 운동을 비롯한 초망굴기(草莽崛起)[31] 운동을 지탱하는 기능을 다하는 것이다.

충혼비忠魂碑 건립

메이지 정부는 사회의 근원적 변혁을 바라는 이러한 민중들의 소망과 운동이 활성화 되어 탄생한 것이었다. 그러므로 민중들의 상승지향을 힘으로 압살한다는 선택은 있을 수 없었다. 오히려 에도시대 후기 이래 신장되어온 민중들의 주체성을 어떻게 국가에 대한 충성으로 전환시켜서 신체제 기반강화에 도움이 되게 하는지가 제일 중요한 과제가 되었다. 신분제라는 외투를 벗은 근대국가를 건설하기 위해서는 국가에 대한 헌신을 꺼리지 않는 자발적인 국민 창출이 필요불가결한 중요한 과제였다.

메이지유신 정부가 취한 정책은 히토가미로 모셔지기를 원하는 형태로 솟아난 사람들의 상승욕구를 신국가의 정신적 기축으로 여긴 천황에 대한 귀의(歸依)로 연결시키는 것이었다. 신분을 넘은 상비군(常備軍)인 국민군을 창출하는 것과 동시에 그 임무를 다하여 천황을 위해 목숨을 바친 자들은 신으로 다시 태어나 영원히 사람들의 기억 속에 머물러 제사를 받는다는 논리이다. 이것은 스이카 신도

31) 초망(草莽)은 『맹자』에서 초목 사이에 숨은 은자를 뜻하여 일반대중을 가리킨다. 굴기(崛起)는 일제히 일어서는 것을 뜻한다.

(垂迦神道)나 국학 계통에서 논의되어 실천해온 천황을 매개로 하는 히토가미 창출 논리를 공인하고 국가적 수준으로 대대적으로 실천하는 것을 의미했다.

에도막부 말기의 내란으로 목숨을 잃은 관군 병사들을 충혼사(忠魂社)에 모시는 시도가 그 첫 시도였다. 여기서 전사자들은 천황을 위해 목숨을 잃었기 때문에 신으로 모셔지게 되는 것이다. 그러므로 천황은 보통 인간 수준을 넘은 「아라히토가미(現人神)」여야 했다. 그들은 호국의 신이 되어 천황 곁에 대기하며 영원히 그 위업을 칭송받아야 하는 것이다. 야스쿠니신사(靖国神社)로 이어지는 히토가미신앙이 근세 이래 전통을 이어받으면서 천황제 국가에 합당한 단장을 차려 여기에 다시 나타났다. 근세에 고양되는 인간의 능동성과 가능성을 긍정하는 사조는 이렇게 해서 천황제 국가 논리에 포함시킨다.

호국신사(福島市)

그것과 병행하여 천황을 개재하지 않는 히토가미 창출구조 배제가 진행되었다. 이런 유형을 가진 히토가미신앙은 그것이 천황의 권위를 상대화하는 위험성을 가지기 때문에 철저히 말살될 필요가 있었다. 민중종교는 천지개벽설이나 그 세계관에 있어서 고대 신화 세계에서 많은 소재를 조달하고 있어 그 점에서는 새로 형성되고 있던 근대 국가신화와 많이 비슷한 측면을 지니고 있었다. 그러나 반대로 그렇기 때문에 그 코스몰로지가 천황제를 지탱하는 신화에 저촉했을 경우에 가차 없는 탄압을 받게 되었다. 민중종교는 천황제의 비판 여부가 아니라, 천황제 국가에 어울리지 않는 독자적인 코스몰로지를 가진다는 이유 하나로 이단 각인을 짊어지게 되는 숙명에 있었던 것이다.

더하여 메이지유신이 성취된 후 새로 구축된 체제가 자신들의 바람에 반하여 그 생활을 압박한다고 실감할 때 민중종교 사상은 자주 사람들의 반항심과 원차(怨嗟)를 대변하는 역할을 했다. 민중종교 사상이 메이지 정부의 근대화 정책을 비판하는 등 하마터면 반근대 사상을 지닌 것처럼 보이는 경우가 있었던 것은 그것이 민중 생활에 깊이 뿌리를 내렸기 때문이다. 그러므로 민중종교는 더더욱 위험한 대상으로 여겨져 사교(邪教)로서 배제되는 운명을 맞이하게 되었다.

이리하여 근대에 있어서 히토가미신앙은 민중의 주체성을 국가편으로 포함시키고자 하는 야스쿠니로 향하는 길과 그것을 밑에서 자발적인 운동으로서 재야에 유보하고자 하는 민중종교와의 상극(相剋)으로 진전되어가는 것이다.

히토가미에 거는 마음

가미의 탐구역사는 인간으로서 스스로의 가능성을 추구하는 역사였다. 다양한 사람들에게 내재하는 성성(聖性)의 발견은 인간 한 명 한 명이 본래 가진 존엄과 주체성의 자각이었다. 배후에 명확한 근원신을 가지지 않는 근세 이후의 히토가미·이키가미는 자연에서 사람을 분리시키는 것을 의미하며 특권적 존재로서의 인간탄생과 다름이 없었다. 근대화의 한 정의가 인간중심주의를 의미한다고 하면 중세 후기 이후에 진행되는 피안세계 후경화(後景化)와 인간의 부상은 일본열도에서 근대화를 상징하는 현상이었다. 그것이 에도막부 말기와 메이지유신 때의 변혁에서 신분제 사회 해체의 근본 요인이 되어 서구화의 원동력이 된 것이다.

근대화가 진행되는 한편 일본에서는 초목공양(草木供養)이나 신체산(神體山)[32] 사상에 보이듯이 초목국토에도 널리 성성(聖性)을 인정하는 사상이 사라지지 않았다. 이것이 유럽과 미국 등에 대비해서 뛰어난 특색이 있는 점은 유의해야 되겠지만 이러한 관점에서 여기서 더 이상 고찰하지 않는다.

가미가 된 근대인들은 점점 스스로를 전지전능한 존재로 과신하게 된다. 그러나 전능을 가진다는 것은 스스로를 멸하는 힘까지 얻게 된 것을 의미한다. 이제는 인류의 존망이 심각하게 논의되는 시대가 되었다. 근대는 인간이 가지는 무한한 가능성을 자각하게 되어가는 시대였지만 그것이 우리에게 있어서 어떤 의미를 가지는 것인지 잠시 걸음을 멈춰 되돌아볼 필요가 있을 것이다.

---

32) 주로 신도(神道)에 있어서 신이 머무른다고 여겨지는 산악신앙이나 가무나비(神奈備·신들이 머무는 숲을 가지는 산) 산을 말한다.

근대에 생겨난 철학에서는 우리는 근대인으로서의 자신을 객체시(客體視)하기 어렵다. 참으로 근대를 상대화할 수 있는 것은 유구한 시대 흐름 가운데서 인류가 만들어내서 축척해온 지혜이다. 그것은 현대인의 소망의 투영으로서 「조몬(縄文) 사상」이나 「야요이 사상」을 안이하게 꺼내는 것이 아니다. 넓은 시야를 가지고 긴 시간 속에서 근대라는 시대와 거기에 태어난 우리들의 삶의 의미를 묻는 것이 지금 우리에게 요구되는 것이 아닐까 생각한다.

저자후기

오십 고개를 넘으려고 할 무렵, 나는 남겨진 연구자로서의 인생을 걸어야 할 테마로 두 개의 과제를 설정했다. 하나는 죽음이고, 또 하나는 신이다.

당연한 것이지만 죽음은 어느 누구 한 사람도 피할 수 없는 인간으로서의 숙명이다. 또 한편 가미는 먼 과거로부터 일관 되게 사람에게 계속 붙어 다녔던 파트너였다. 인문과학의 목적이 「인간」이라는 이 불가해한 생물의 본질을 해명하려고 하는 점에 있다고 하면 더욱 깊은 레벨에서 사람과 관련되어 온 이 두 가지의 테마야말로 적합한 실마리가 될 것이 아닌가? 이 같은 문제 의식에서 출발하여 그것들을 추상적인 사변의 레벨에서 논하는 것이 아니라, 내가 일관되게 현장에서 조사해 온 일본열도를 제재로 하여 구체적인 자료에 입각해서 역사적 시점에서 해명해 보려고 생각했던 것이다.

죽음에 대해서는 2008년에 이와타쇼인(岩田書院)에서 『죽은자의 행방(死者のゆくえ)』, 한국어 번역 『일본 열도의 사생관』(도서출판 문, 2011) 이라는 책을 출판하였다. 그 후 집중적으로 「가미」의 문제를 생각해 왔지만, 그 과정에서 이것이 생각보다 어려운 테마인 것을 깨닫게 되었다.

본 서적은 가미를 찾아 나선 이 4년 정도의 칠전팔기의 고투의 결과이다. 그러나 교정 인쇄본을 다시 읽어 보면 아직 많은 문제가 산적해 있다는 것을 통감하지 않을 수 없다. 나는 저서와 논문의 집필에 즈음해서는 논지의 명석함을 가장 중요시하고 있지만, 그 점에서도 본 서적은 큰 과제를 남겨 두었다. 연구해 가야 할 여정은 멀지만 여로의 이정표로서 지금 이 조그마한 한 권의 책을 세상에 보내서 물어 보고 싶다.

본 서적을 집필함에 있어 많은 선행연구가 안내자가 되어 주었다. 나는 학문이란 존경하는 것을 배우는 것이라고 생각하고 있다. 이번에도 존경할 만한 가치가 있는 몇 개의 연구논문을 접할 수 있었던 것은 다행이었다.

관련된 테마로 이야기를 듣는 기회를 만들어주신 여러분에게도 이 장을 빌어서 감사한 말씀을 전하고 싶다. 나는 강연이나 발표 의뢰가 있었을 때에는 아무리 본업이 바쁠지라도 전문 이외의 테마일지라도, 스케줄이 허락하는 한 모두 받아드렸다.

그래서 일이 겹쳐서 난감했을 때도 있었지만 뒤돌아보니 어느 것이나 의미가 있고 즐거운 모임이었다. 발표의 준비 과정과 회의장에서의 논의에서 얻었던 착상이 본 서적 중의 여러 곳에 스며들어 있다. 자신이 연구자로서 주위 사람에 의해서 양성되어 온 것을 지금 다시 실감할 수 있다.

2011년 3월 11일 나는 센다이(仙台)에서 동일본 대지진을 경험했다. 1978년의 미야기현(宮城県)의 지진 이후 수많은 지진을 체험해 왔지만 지금의 것은 과거 어느 것과도 비교할 수 없는 과격한 것이었다. 그 후에 「미증유」로 형용되는 쓰나미(津波)라는 표현이 이어졌다. 이 지진으로 나 자신의 생명을 잃었다고 하여도 조금도 이상하지 않았다. 정말 조그마한 변덕스러운 날씨가 생사를 나누는 경계선이 되었다. 다른 많은 피해자와 같이 나도 이 대지진을 통해서 자신이 살아있는 것이 아니라 뭔가 큰 것에 의하여 살게 된 것을 알게 되었다. 이번의 체험을 앞으로의 연구에 어떻게 살려 갈 것인가? 그 위에 새로운 무거운 과제를 짊어져 버린 것 같다.

지난번 저서 『죽은자의 행방(死者のゆくえ)』에 이어 이번에도 출판을 이와타쇼인(岩田書院)에서 맡아 주었다. 이와타 출판사 이와타 히로시(岩田博)씨는 이제까지 나의 저서 이외에도 젊은 연구자 여러분의 야심찬 기획을 몇 개 수행하고 있지만, 언제나 깊은 이해를 보내 주시고 있다. 출판 불황이 본격화 되는 오늘날에도 이와타쇼인과 같은 견실하고 양심적인 학술 출판사의 존재는 더욱 중요하다. 끝으로 이와타씨에게 진심으로 감사의 말씀과 동시에 시대의 황량한 파고를 뛰어넘는 이와타쇼인이 한층 발전하기를 바라마지 않는다.

2012년 8월 9일

사토 히로오(佐藤弘夫)

사용서적일람

ア行

「吾妻鏡」新訂増補国史大系『吾妻鏡』

「蟻の念」続神道大系『烏傳神道』一

「イエズス会日本年報」新異国叢書『イエズス会日本年報』上、雄松堂書店

「石山寺縁起」日本の絵巻 中央公論社

「和泉式部集」日本古典文学大系『平安鎌倉私家集』

「一言芳談」日本古典文学体系『仮名法語集』

「一遍聖絵」日本絵巻物全集 角川書店

「一遍上人語録」日本思想体系『法然 一遍』

「今鏡」新訂増補国史大系『今鏡 増鏡』

「宇治拾遺物語」新日本古典文学大系『宇治拾遺物語 古本説話集』

「采女」日本古典文学全集『謡曲集』一

「栄花物語」日本古典文学体系『栄花物語』

「延喜式」新訂増補国史大系『延喜式』

「往生要集」日本思想大系『源信』

「大祝諏訪信重解状写」『諏訪市史』上

カ行

「海道記」日本古典文学全集『中世日記紀行集』

「閑居友」新日本古典文学体系『宝物集 閑居友 比良山古人霊託』

「紀伊国名所図会」東北大学狩野文庫

「北野天神縁起」日本思想大系『寺社縁起』

「魏志倭人伝」岩波文庫『魏志倭人伝ほか』

「玉蘂」『玉蘂』思文閣出版
「愚管抄」日本古典文学大系『愚管抄』
「九条道家惣処分状」『鎌倉遺文』10、7250号
「黒塚」日本古典文学全集『謡曲集』2
「源氏物語」日本古典文学大系『源氏物語』
「源平盛衰記」中世の文学『源平盛衰記』、三弥井書店
「興福寺奏状」日本思想大系『鎌倉旧仏教』
「高野山記」『続群書類従』28上
「粉河寺縁起」日本思想大系『寺社縁起』
「極楽寺殿御消息」小澤富夫『増補改訂武家家訓·遺訓集成』ぺりかん社
「古事記」日本古典文学全集『古事記』
「古事記伝」『本居宣長全集』九、筑摩書房
「後伏見天皇贈僧叡尊菩薩号勅」『本朝文集』
「金光大神理解」『金光教教典』金光教本部教庁、日本思想大系『民衆宗教の思想』
「光明真言四重釈」『真言宗安心全書』下
「古事談」新日本古典文学大系『古事談 続古事談』
「御鎮座本記」神道大系·論説編『伊勢神道』(上)
「後伏見天皇贈僧叡尊菩薩号勅」新訂増補国史大系『本朝文集』
「今昔物語集」日本古典文学大系『今昔物語集』

サ行

「西国三十三所名所図会」『西国三十三所名所図会』臨川書店
「ささめごと」天理本、木藤才蔵『ささめごとの研究』臨川書店、1990年
「更級日記」新日本古典文学大系『土佐日記 蜻蛉日記 紫式部日記 更級日記』
「三彝訓」日本思想体系『近世仏教の思想』
「三十一日の御巻」日本思想大系『民衆宗教の思想』

「十訓抄」新訂増補国史大系『十訓抄ほか』
「沙石集」日本古典文学大系『沙石集』
「拾遺往生伝」日本思想大系『往生伝 法華験記』
「宗義制法論」『万代亀鏡録』巻三
「続日本紀」新日本古典文学大系『続日本紀』
「続日本後記」新訂増補国史大系『続日本後紀』
「諸神本懐集」『真宗史料集成』一
「神祇正宗」『続群書類従』三上
「神道集」東洋文庫本、『神道集』角川書店
「神道大意」（吉田兼雄）神道大系・論説編『卜部神道』(上)
「神道大意」（若林強斎）神道大系・論説編『垂加神道』
「隅田川」日本古典文学全集『謡曲集』二
「善光寺縁起」『続群書類従』二八上
「草根集」和歌文学大系『草根集 権大僧都心敬集 再昌』

タ行

「太神宮参詣記」『群書類従』二
「太平記」日本古典文学大系『太平記』
「都介路廼遠地」『菅江真澄全集』三
「天狗草紙」続日本の絵巻『土蜘蛛草紙 天狗草紙 大江山絵詞』
「天神縁起」須賀みほ『天神縁起の系譜』「研究・資料篇」「図版篇」中央公論美術出版、2004
「天台法華宗牛頭法門要纂」日本思想大系『天台本覚論』
「東照社縁起 仮名縁起」神道大系・神社篇「上野・下野国」
「東照社縁起 真名縁起」神道大系・神社篇「上野・下野国」
「道成寺縁起」続日本の絵巻『桑実寺縁起 道成寺縁起』
「東遊記」東洋文庫『東西遊記』一、平凡社
「豊葦原神風和記」神道大系・論説編「天台神道」上

ナ行

「中臣祓訓解」日本思想大系『中世神道論』
「日本往生極楽記」日本思想大系『往生伝 法華験記』
「日本紀三輪流」真福寺善本叢刊『中世日本紀集』
「日本紀略」新訂増補国史大系『日本紀略』
「日本三代実録」新訂増補国史大系『日本三代実録』
「日本書紀」日本古典文学大系『日本書紀』
「日本霊異記」新日本古典文学大系『日本霊異記』

ハ行

「排吉利支丹文」日本思想大系『キリシタン書 排耶書』
「芭蕉」日本古典文学全集『謡曲集』一
「鑁阿寺樺崎縁起并仏事次第」『栃木県史』史料篇、中世一
「秘密念仏抄」『真言宗安心全書』下
「廟崛偈」『定本親鸞上人全集』六
「富士山記」新訂増補国史大系『本朝文粋』
「扶桑略記」新訂増補国史大系『帝王編年記 扶桑略記』
「風土記」日本古典文学全集『風土記』
「平家物語」日本古典文学大系『平家物語』
「宝基本記」神道大系・論説編、「伊勢神道」上
「法華経」岩波文庫『法華経』上・中・下
「法華験記」日本思想体系『往生伝 法華験記』
「発心集」新潮日本古典集成『方丈記 発心集』
「本朝世紀」新訂増補国史大系『本朝世紀』

マ行

「万葉集」新日本古典文学大系『万葉集』

「水鏡」新訂増補国史大系『大鏡 水鏡』
「耳嚢」岩波文庫『耳嚢』上・中・下
「妙好人伝」日本思想大系『近世仏教の思想』
「メキシコ総督宛徳川家康書簡」『大日本史料』一二篇の九
「求塚」日本古典文学全集『謡曲集』二

ヤラワ行

「和軍蜻蛉備」続神道大系『烏傳神道』四
「唯一神道名法要集」日本思想大系『中世神道論』
「律令」日本思想大系『律令』
「若狭国鎮守一二宮縁起」河音能平「若狭国鎮守一二宮縁起の成立」『中世封建制成立史論』東京大学出版会、1971
「若狭国鎮守一二宮神人絵系図」神道大系・神社篇『若狭 越前 加賀 能登国』
神道大系・神社編『若狭国』

図版出典

第一章

「多聞天像」図録『法隆寺昭和資材帳調査完成記念 国宝法隆寺展』奈良国立博物館他、1994年

第二章

「合掌土偶」図録『文化庁海外展大英博物館帰国記念 国宝土偶展』文化庁他、2009年

第四章

「神像」図録『神々の美の世界 京都の神道美術』京都国立博物館、2004年

「北野社絵図」図録『神仏習合』奈良国立博物館、2007年

「融通念仏縁起」続日本の絵巻『融通念仏縁起』中央公論社、1992年

第五章

「山越阿弥陀図」 図録『神仏習合』奈良国立博物館、2007年

「春日宮曼荼羅」 同右

第六章

「幽霊図」『別冊太陽』九八「幽霊の正体」平凡社、1997年

「道成寺縁起」 続日本の絵巻 『桑実寺縁起 道成寺縁起』中央公論社、1992年

佐藤弘夫．本書関連文献

1998『神·仏·王権の中世』法藏館

1999「祟り神の変身」『日本思想史学』31

2000『アマテラスの変貌』法藏館

2003『霊場の思想』吉川弘文館

2006『起請文の精神史』講談社選書メチエ

2007「「神仏習合」論の形成の史的背景」『宗教研究』353

2008『死者のゆくえ』岩田書院

2009a「前方後円墳に宿るもの」『死の機能 前方後円墳とは何か』岩田書院

2009b「死者は山に棲むか」『アジア遊学 東アジアの死者の行方と葬儀』勉誠出版

2010a『日本中世の国家と仏教』吉川弘文館 (初版 1987年)

2010b「霊場と巡礼」『兵たちの極楽浄土』高志書院

2010c「彼岸に通う音―神仏の声がノイズになるとき」『文学』岩波書店 11―6

2010d「王都奈良の原像」『ナラジア 東アジア共同体？』丸善

2011a「彼岸に誘うカミ―日本の浄土信仰におけるイメージとヴィジョン」『死生学研究』16

2011b「中世における神観念の変容」『中世神話と神祇·神道世界』竹林舎

2011c “Changes in the Concept of Mountains in Japan” Cahiers d'Extreme-Asie, 18

引用．参考文献一覧

ア行

相沢忠洋 1969『「岩宿」の発見—幻の旧石器を求めて』講談社

アウエハント＝コルネリウス 一九八九『鯰絵』せりか書房

朝尾直弘 1994「「将軍権力」の創出」『将軍権力の創出』岩波書店（初出1971—1974年）

阿部謹也 1978『中世賎民の宇宙』筑摩書房

網野善彦 1978『無縁 公界 楽』平凡社

有富純也 2008「神社社殿の成立と律令国家」『国立歴史民俗博物館研究報告』一四八

石井 進 1970「院政時代」『講座日本史』二、東京大学出版会

石田一良 1983『カミと日本文化』ぺりかん社

石野博信 2008『邪馬台国の候補地 纏向遺跡』新泉社

磯前順一 994『土偶と仮面 縄文社会の宗教構造』校倉書房

伊藤 聡 2007「神仏習合理論の変容—中世から近世へ」『宗教研究』353

伊藤 聡 2011『中世天照大神信仰の研究』法藏館

伊藤正義 1972 「中世日本紀の輪郭—太平記における卜部兼員説をめぐって」『文学』40—10

井上寛司 2006『日本の神社と「神道」』校倉書房

井上寛司 2009『日本中世国家と諸国一宮制』岩田書院

井上光貞 1984『日本古代の王権と祭祀』東京大学出版会

井原今朝男 2008「鎌倉期の諏訪神社関係史料にみる神道と仏道—中世御記文の時代的特質について」『国立歴史民俗博物館研究報告』139

今井昭彦 2005『近代日本と戦死者祭祀』東洋書林

今尾文昭 五2005「八角墳の出現と展開」『終末期古墳と古代国家』古代を考える、吉川弘文館

今尾文昭 2008「律令期陵墓の実像」『律令期陵墓の成立と都城』青木書店（初出 2006）

今堀太逸 1992「疫神と神祇信仰の展開」『仏教史学研究』36－2

入間田宣夫 1994「中尊寺金色堂の視線」『中世地域社会と交流』吉川弘文館

岩田重則 2002『戦死者霊魂のゆくえ—戦争と民俗』吉川弘文館

梅沢伊勢三 1962『記紀批判』創文社

梅原 猛 1994『日本の深層 縄文·蝦夷文化を探る』集英社文庫

江上波夫 1967『騎馬民族国家』中公新書

榎村寛之 1998『律令天皇制祭祀の研究』塙書房

大江志乃夫 1984『靖国神社』岩波新書

大久保徹也 2002「カミ観念と前方後円墳祭祀」『日本古代王権の成立』青木書店

大久保徹也 2006「古墳論—〈王〉を複製する試み」『日本史の方法』三

大久保徹也 2009「古墳造営を促した死のイメージ」『死の機能 前方後円墳とはなにか』岩田書院

大津 透 1999『古代の天皇制』岩波書店

大場磐雄 1992「考古学上から見た我が上代人の他界観念」民衆宗教史叢書『祖霊信仰』雄山閣 (初出1950)

大平 茂 2007「三輪山出土の子持勾玉祭祀とその歴史的背景」『原始·古代日本の祭祀』同成社

岡崎 敬 1961「宗像地域の展開と宗像大社」『宗像沖ノ島』宗像大社復興期成会

岡田荘司 1996「近世の神道葬祭」『近世の精神生活』続群書類従完成会

岡田荘司 1991「陰陽道祭祀の成立と展開」村山修一他編『陰陽道叢書一古代』名著出版 (初出は1987)

岡田荘司編 2010『日本神道史』吉川弘文館

岡田精司 1992「古代国家における天皇祭祀」『古代祭祀の史的研究』塙書房

岡田精司 1999「古墳上の継承儀礼説について」『日本歴史民俗博物館研究報告』80

岡村道雄 2002『縄文の生活誌』改訂版、講談社

落合延孝 1996『猫殿の殿様 領主のフォークロア』吉川弘文館

オッペンハイマー＝スティーヴン 2007『人類の足跡一〇万年史』草思社

小野一之 1991「聖徳太子墓の展開と叡福寺の成立」『日本史研究』342

折口信夫 1995a「大嘗祭の本義」『折口信夫全集』三、中央公論社、(初出1928)

折口信夫 1995b「「ほ」・「うら」から「ほがひ」へ」『折口信夫全集』四、中央公論社

カ行

景山春樹 1975「比叡山における御影堂と廟墓」『比叡山と天台仏教の研究』名著出版

景山春樹 2001『新装版神体山』学生社

片岡耕平 2004「中世の穢観念について」『歴史』102

勝田 至 1998「中世の屋敷墓」『史林』71－3

桂島宣弘 2005「民衆宗教における神信仰と信仰共同体」『幕末民衆思想の研究』文理閣 (初出1984)

加藤玄智 1931『本邦生祠の研究』明治聖徳記念学會

金子修一 1988「漢唐間における皇帝祭祀の推移」比較歴史学大系1『王権のコスモロジー』弘文堂

金子裕之 2007「神武神話と藤原京」『日本史の方法』7

上川通夫 1989「中世の即位儀礼と仏教」『天皇代替り儀式の歴史的展開』柏書房 (初出1987)

川村邦光編 2003『戦死者のゆくえ—語りと表象から』青弓社

河音能平 1971「若狭国鎮守一二宮縁起の成立」『中世封建制成立史論』東京大学出版会

岸本 覚 2005「大名家祖先の神格化をめぐる一考察—熊本藩を事例として」『明治維新期の政治文化』思文閣出版

岸本 覚 2012「旧領主の由緒と年忌」『歴史評論』743

北 康宏 1999「律令陵墓祭祀の研究」『史学雑誌』108－22

久野 健 1971『東北古代彫刻史の研究』中央公論美術出版

熊谷公男 1988「古代王権とタマ(霊)」『日本史研究』三〇八

熊谷公男 2001『大王から天皇へ』日本の歴史三、講談社

熊谷公男 2002「持統の即位儀と「治天下大王」の即位儀礼」『日本史研究』474

黒田 智 2007『中世肖像の文化史』ぺりかん社

黒田俊雄 1975「一向一揆の政治理念─「仏法領」について」『日本中世の国家と宗教』(初出1959)

黒田俊雄 1990「中世宗教史における神道の位置」『日本中世の社会と宗教』岩波書店 (初出979)

黒田日出男 1986「中世の旅姿をめぐって」『姿としぐさの中世史』平凡社

黒田日出男 1993a「神と人と─「若狭国鎮守神人絵系図」を読む」『王の身体 王の肖像』平凡社

黒田日出男 1993b「肖像画としての後醍醐天皇」同

神野志隆光 1990「神と人─天皇即神の思想と表現」『国語と国文学』平成二年十一月特集号

小沢 浩 2010「生き神の思想史」『生き神の思想史』岩波書店 (初出1987年)

小路田泰直 2003「網野史学の越え方について─現代末法思想考」『網野史学の越え方』ゆまに書房

小路田泰直 2007「人·社会·神の誕生についての仮説─依存理論の確立に向けて」『日本史の方法』六

小松和彦 2001『神になった人びと』淡交社

五来 重 1964『元興寺極楽坊 中世庶民信仰資料の研究』法蔵館

五来 重 1975『増補高野聖』角川選書

五来 重 1994『日本人の死生観』角川書店

近藤義郎 1983『前方後円墳の時代』岩波書店

近藤義郎 2001『前方後円墳と吉備·大和』吉備人出版

近藤義郎 2005『前方後円墳の起源を考える』青木書店

サ行

斉藤英喜 1995「祟る神と託宣する神」『日本の神』一、平凡社

坂本是丸 「「日本ファシズム」と神社・神道に関する素描」『国学院大学研究開発推進センター研究紀要』六

桜井好朗 1976『神々の変貌 社寺縁起の世界から』東京大学出版会

佐々木宏幹 1980『シャーマニズム—エクスタシーと憑霊の文化』中公新書

佐々木高明 2006『山の神と日本人』洋泉社

佐々木徹 2006「北上川流域に広がる霊場」『中世の聖地・霊場』高志書院

佐々木藤雄 2002「環状列石と縄文式階層社会」『縄文社会論』下、同成社

佐々木藤雄 2008「東北の環状列石—その謎に迫る」『季刊東北学』一五

佐藤眞人 1985「平安時代宮廷の神仏隔離——『貞観式』の規定をめぐって」『平安時代の神社と祭祀』国書刊行会

柴田実 1991「祖先崇拝の源流」民衆宗教史叢書『祖霊信仰』雄山閣(初出1959)

島薗 進 1978「生神思想論」『現代宗教への視角』雄山閣

島薗 進 2001「一九世紀日本の宗教構造の変容」岩波講座近代日本の文化史『コスモロジーの「近世」』

島薗 進 2010『国家神道と日本人』岩波新書

白石太一郎 1993「弥生・古墳文化論」『岩波講座日本通史 古代一』岩波書店

白石太一郎 2006「墓と他界観」列島の古代史『信仰と世界観』岩波書店

白石太一郎 2008「人物埴輪群像は何を語るか」『埴輪群像の考古学』青木書店

新谷尚紀 1992『日本人の葬儀』紀伊国屋書店

新谷尚紀 2009『お葬式—死と慰霊の日本史』吉川弘文館

末木文美士 1992『日本仏教史』新潮社

末永恵子 2001『烏伝神道の基礎的研究』岩田書院

須賀みほ 2004『天神縁起の系譜』「研究・資料篇」「図版篇」中央公論美術出版

椙山林継・山岸良二編 2007『原始・古代日本の祭祀』同成社

鈴木正崇 1991『山と神と人―山岳信仰と修験道の世界』淡交社
外池 昇 1997『幕末·明治期の陵墓』吉川弘文館
外池 昇 2001「文久の修陵」『別冊歴史読本 歴史検証天皇陵』新人物往来社
曽根原理 1996『徳川家康神格化への道』吉川弘文館
曽根原理 2008『神君家康の誕生』吉川弘文館

タ行

高木博志·山田邦和編 2010『歴史の中の天皇陵』思文閣出版
高木 豊 1970「日蓮の思想の継承と変容」日本思想大系『日蓮』岩波書店
高取正男 1979『神道の成立』平凡社選書
高橋章則 2007『江戸の転勤族 代官所手代の世界』平凡社選書
高橋 渉 1985「「山岳信仰」の概念」『宮城学院女子大学研究論文集』62
高橋美由紀 2010『増補版伊勢神道の成立と展開』ぺりかん社 (初版1994)
辰巳和弘 1992『埴輪と絵画の古代学』白水社
辰巳和弘 2006『聖なる水の祀りと古代王権 天白盤座遺跡』新泉社
辰巳和弘 2009『聖樹と古代大和の王宮』中央公論社
田中 悟 2010『会津という神話』ミネルヴァ書房
田中文英 1969「十一·十二世紀における浄土教の展開」『ヒストリア』54
谷口美樹 1992「平安貴族の疾病認識と治療法」『日本史研究』364
辻善之助 934「本地垂迹」『日本仏教史』上世篇、岩波書店
津田左右吉 1964「日本の神道」『津田左右吉全集』9
都出比呂志 2000『王陵の考古学』岩波新書
常松幹雄 2006『最古の王墓 吉武高木遺跡』新泉社
テーウエン＝マーク 2008「神祇、神道、そして神道」『文学』岩波書店、9−2
寺沢 薫 2000『王権誕生』日本の歴史二、講談社
戸田芳実 1994「律令制からの解放」校倉書院 (初出1975)

ナ行

内藤正敏 1999『日本のミイラ信仰』法藏館
ナウマン＝ネリー 1994『山の神』野村伸一・檜枝陽一郎訳、言叢社
長岡龍作 2005「神像成立に関わる一考察―古代日本の八幡神」ザ・グレイトブッダ・シンポジウム論集『カミと仏』、三号、東大寺
長岡龍作 2008「古代日本の「生身」観と造像」『美術史学』29
中沢新一 2002a『熊から王へ』カイエ・ソバージュII、講談社選書メチエ
中沢新一 2003b『神の発明』カイエ・ソバージュIV、同
中野豈任 1988『忘れられた霊場』平凡社選書
中村生雄 1994『日本の神と王権』法藏館
中村生雄 2007「殺生罪業観と草木成仏思想」『狩猟と供犠の文化史』森話社
波平恵美子 2004『日本人の死のかたち―伝統儀礼から靖国まで』朝日選書
西宮一民 1990「ヤシロ(社)考―言葉と文字」『上代祭祀と言語』桜楓社
西宮秀紀 2006「神祇祭祀」列島の古代史『信仰と世界観』岩波書店

ハ行

羽賀祥二 1994『明治維新と宗教』筑摩書房
橋本初子 1990『中世東寺と弘法大師信仰』思文閣出版
華薗聡麿 1995「日本における霊地と霊場」岩波講座『日本文学と仏教』7
林 淳「神仏習合研究史ノート」『神道宗教』117
林 幹弥 1980『太子信仰の研究』吉川弘文館
速水 侑 1975「貴族社会と秘密修法」『平安貴族社会と仏教』吉川弘文館
原田昌幸 1995『土偶』日本の美術345、至文堂
原田昌幸 2009「土偶祭祀の構造」『季刊考古学』107
原田昌幸 2010a『土偶とその周辺I』日本の美術526、至文堂
原田昌幸 2010b『土偶とその周辺II』日本の美術527、至文堂

引野亨輔 2002「近世中後期における地域神職編成―「真宗地帯」安芸を事例として」『史学雑誌』111－11

引野亨輔 2006「近世後期の地域社会における藩主信仰と民衆意識」『歴史学研究』八二〇

広瀬和雄 2008「前方後円墳と大和政権」『日本古代王権の成立』青木書店

広瀬和雄 2003『前方後円墳国家』角川選書

藤井 学 1959「中世における国家観の一形態―日蓮の道理と釈尊御領を中心に」読史会編『国史論集』一

藤井由紀子 1999『聖徳太子の伝承』吉川弘文館

藤田 覚 2011『江戸時代の天皇』講談社

ブッシィ＝アンヌ 2009『神と人のはざまに生きる』東京大学出版会

フレイザー＝J・G 2003『金枝篇』上・下 吉川信訳 ちくま学芸文庫

古屋紀之 2007『古墳の成立と葬送祭祀』雄山閣

古屋紀之 2007「弥生墳墓から古墳へ―葬送儀礼にみる変化」『墓から探る社会』雄山閣

北條勝貴 2008「古代日本の神仏信仰」『国立歴史民俗博物館研究報告』一四八

北條芳隆 2007a「巨大前方後円墳の創出」『日本史の方法』五

北条芳隆 2007b「首長から人身御供へ―始祖誕生祭としての前方後円墳祭祀」『日本史の方法』五

北條芳隆 2009「「大和」原風景の誕生」『死の機能―前方後円墳とは何か』岩田書院

細川涼一 1979「叡尊・忍性の慈善救済―非人救済を主軸に」『論究』(中央大学大学院)十一－一

堀 一郎 1953「山嶽信仰の原初形態に関する一仮説」『我が国民間信仰史の研究二 宗教史編』創元社

堀 一郎 1963「万葉集にあらわれた葬制と、他界観、霊魂観について」『宗教・習俗の生活規制』未来社

堀 一郎 971『民間信仰史の諸問題』未来社

マ行

前田 勉 2002『近世神道と国学』ぺりかん社

松木武彦 2007『列島創世記』日本の歴史一、小学館

松木武彦 2008『進化考古学の大冒険』新潮選書

松本直子等 2003『認知考古学とはなにか』青木書店

松本直子 2005『縄文のムラと社会』岩波書店

丸山 茂 1999「神社建築の形成過程における官社制の意義について」『建築史学』33

三浦佑之 2007「人間鉄骨論」『狩猟と供犠の文化誌』森話社

三橋 正 2000「古代から中世への神祇信仰の展開」『平安時代の信仰と宗教儀礼』続群書類従完成会

三橋 正 2010「古墳祭祀から律令祭祀へ」『日本古代神祇制度の形成と展開』法藏館

水谷 類 2009a『廟墓ラントゥと現世浄土の思想』雄山閣

水谷 類 2009b『墓前祭祀と聖所のトポロジー』雄山閣

ミズン＝スティーブン 1998『心の先史時代』松浦俊輔·牧野美佐緒訳、青土社

宮家 準 2004『霊山と日本人』NHKブックス

宮田 登 1970『生き神信仰—人を神に祀る習俗』塙新書

宮田 登 1977「農村の復興運動と民衆宗教の展開」岩波講座日本歴史『近世』五

宮田 登 1989『江戸の小さな神々』青土社

六車由実 2003『神、人を喰う』新曜社

六車由美 2007「人柱の思想·序論」『狩猟と供犠の文化誌』森話社

村上重良 1971「幕末維新期の民衆宗教について」日本思想大系『民衆宗教の思想』岩波書店

村上重良 1978『慰霊と招魂—靖国の思想』岩波新書

村山修一 1957『神仏習合思潮』平楽寺書店

本康宏史 2002『軍都の慰霊空間—国民統合と戦死者たち』吉川弘文館

森 浩一 1962「日本の古代文化」『古代史講座三 古代文明の形成』学生社

ヤ行

安丸良夫 1974「日本の近代化と民衆思想」『日本の近代化と民衆思想』青木書店（初出1965）

安丸良夫 1992『近代天皇像の形成』岩波書店

安丸良夫·磯前順一編 2010『安丸思想史への対論』ぺりかん社

柳田国男 1963「山宮考」『定本柳田国男集』11、筑摩書房（初出1947）

柳田国男 1990a「先祖の話」『柳田国男全集』13、ちくま文庫（初出1946）

柳田国男 1990b「人を神に祀る風習」『柳田国男全集』13、ちくま文庫（初出1926）

山折哲雄「古代日本における神と仏との関係」『東北大学文学部研究年報』

山田雄司 2001『崇徳院怨霊の研究』思文閣出版

山田雄司 2007『跋扈する怨霊―祟りと鎮魂の日本史』吉川弘文館

山本ひろ子 1995「至高者たち―中世神学へ向けて」『日本の神』一、平凡社

山本ひろ子 1998『中世神話』岩波新書

山本陽子 2006『絵巻における神と天皇の表現』中央公論美術出版

吉原浩人 1990「皇極天皇の堕地獄譚」『国文学解釈と観賞』711

ラワ行

渡辺 浩 1997『東アジアの王権と思想』東京大学出版会

和辻哲郎 1952『日本倫理思想史』上、岩波書店

【特集·論集】

日本史研究会·京都民科歴史部会編 『「陵墓」からみた日本史』青木書店、1995

「歴史検証 天皇陵」『別冊歴史読本』七八、新人物往来社、2001

橿原考古学研究所編『水と祭祀の考古学』学生社、2005

「古墳時代の祀り」『季刊考古学』九六、2006

「日本のストーンサークル」『季刊考古学』101、2007
大阪府立近つ飛鳥博物館編『埴輪群像の考古学』青木書店、2008
「縄文時代の祭り」『季刊考古学』107、2009

【市町村史・調査報告書・図録】

「史跡 遠見塚古墳」『仙台市文化財調査報告書』15、1979
「茂ヶ崎横穴墓群」『仙台市文化財調査報告書』130、1989
「考古資料」『仙台市史』特別編二、1995
「陸奥国と仙台平野」『仙台市史』通史編二、2000
「大念寺山横穴墓群発掘調査報告書」『仙台市文化財調査報告書』311、2007
図録『国宝土偶展』東京国立博物館他、2009

색인

ㄷ

ㄹ

ㅁ

ㅂ

ㅅ

ㅈ

지은이 소개

사토 히로오佐藤弘夫

일본 도호쿠(東北, 국립)대학 문학연구과 박사과정을 수료(문학박사)하고 모리오카대학(盛岡大学) 조교수를 거쳐 현재 도호쿠대학 대학원 문학연구과 교수이자 문과대학 학장으로 재직 중이며 학회봉사로 일본사상사학회 회장 역임하였다. 사상사학 관련 수많은 저서를 출판하고 현재 당면한 연구로 神仏習合, 霊場, 日蓮, 국가와 종교, 사생관 등을 키워드로 중세 사상을 중심으로 남겨진 문헌의 엄정한 독해에 의한 실증적 연구를 축으로 석탑이나 유적 등 필드워크의 방법을 취하는 거대한 정신사의 스토리를 엮어가고 있다.

주요 저서로는 『日本中世の国家と仏教』, 『神·仏·王権の中世』, 『アマテラスの変貌』, 『偽書の精神史』, 『霊場の思想』, 『神国日本』, 『死者の行方』, 『日蓮「立正安国論」』, 『ヒトガミ信仰の系譜』, 『鎌倉仏教』, 『死者の花嫁』 등 다수의 저서가 있다.

주요 논문으로는 「靈場—その成立と変貌」(『中世の聖地・靈場』 高志書院、2006年). 「「神仏習合」論の形成の史的背景」(『宗教研究』 353号、2007年). 「アラヒトガミの系譜」(『季刊日本思想史学』 73号、2008年). 「前方後円墳に宿るもの」(『死の機能前方後円墳とは何か』 岩田書院、2009年). 「靈場と巡礼」(『兵たちの極楽浄』 高志書院、2010年). 「彼岸に通う音—神仏の声がノイズになるとき」 『文学』 、岩波書店、2010年). 「中世における神観念の変容」(『中世神話と神祇・神道世界』 竹林舎、2011年) 등이 있다.

옮긴이 소개

권해주權海珠

고려대학교 대학원 일어일문학과 문예이론 전공(문학박사). 경상대학교 사범대학 일어교육과 졸업. 일본 쓰쿠바(筑波)대학 문예언어연구과 객원연구원 역임. 학회봉사로 동아시아일본학회 부회장을 역임하고, 현재 경상대학교 사범대학 일어교육과 교수.

저서로는 『가와바타 야스나리의 생사관에 관한 연구』 등이 있고, 논문으로는 「韓國の初級日本語教材における文化語の選定に關する研究」, 「現代韓国における日本語教育の役割と成果に関する実証的研究」(공동), 「미야자키 하야오(宮崎駿)의 『이웃집 도토로』에 나타난 자연관 연구」, 「구로사와 아키라(黒沢明)의 『라쇼몬』에 나타난 인간관에 관한 연구」, 「가와바타 야스나리(川端康成)의 내셔널리즘에 관한 연구」, 「俳額の起源に関する一考察」(공동) 등이 있다.

성해준成海俊

일본 도호쿠(東北)대학 대학원 문학연구과 일본사상사 전공(문학박사). 경북대학교 퇴계연구소 전임연구원 및 도호쿠대학 대학원 일본사상사연구실 객원연구원(2010년)과 큐슈대학 대학원 중국철학사 연구실 방문연구원(2014년)등 역임. 학회봉사로 「동아시아 일본학회」회장을 역임하고, 현재 동명대학교 일본학과 교수.

저서로 『동아시아 유교문화의 새로운 지향』, 『동아시아 명심보감 연구』, 『일본 명심보감의 전래와 수용 연구』(학고방, 2016) 등이 있다. 역서로 『일본사상사의 이해』, 『일본여성사』, 『근대일본의 조선인식』, 『일본열도의 사생관』, 『신국일본』 등이 있다. 논문으로 「일본속의 한국문화」, 「퇴계와 일본과의 遭遇에 관한 고찰」, 「일본 사생관에 담긴 죽음의식의 특징」, 「동양사상에서의 統治者와 被統治者의 관계」 등이 있다.

ヒトガミ信仰の系譜
히토가미신앙의 계보 사람을 신으로 섬기는 신앙

초판 인쇄 2016년 4월 15일
초판 발행 2016년 4월 25일

지 은 이 | 사토 히로오(佐藤弘夫)
옮 긴 이 | 권해주(權海珠) · 성해준(成海俊)
펴 낸 이 | 하운근
펴 낸 곳 | 學古房

주 소 | 경기도 고양시 덕양구 통일로 140 삼송테크노밸리 A동 B224
전 화 | (02)353-9908 편집부(02)356-9903
팩 스 | (02)6959-8234
홈페이지 | http://hakgobang.co.kr
전자우편 | hakgobang@naver.com, hakgobang@chol.com
등록번호 | 제311-1994-000001호

ISBN 978-89-6071-574-5 93150

값 : 18,000원

이 도서의 국립중앙도서관 출판예정도서목록(CIP)은 서지정보유통지원시스템 홈페이지(http://seoji.nl.go.kr)와 국가자료공동목록시스템(http://www.nl.go.kr/kolisnet)에서 이용하실 수 있습니다. (CIP제어번호 : CIP2016009515)

■ 파본은 교환해 드립니다.